Björn Erichsen, 31, raucht. Und zwar viel. Es geht ihm wie Millionen anderer im Lande: Er weiß, wie sehr ihm die Zigaretten schaden, immer wieder versucht er aufzuhören, doch er scheitert ein ums andere Mal. Im Frühjahr 2006 ein erneuter Anlauf. Pikant daran: Er nimmt das Angebot an, in der Online-Ausgabe des *stern* öffentlich Tagebuch über seine Bemühungen zu führen. Schon bald beschleicht ihn Angst vor der eigenen Courage, doch die Leserresonanz ist überwältigend: hohe Zugriffszahlen auf seine Beiträge, unzählige Kommentare, besorgte Nachfragen. Die Internetgemeinde fiebert mit! Und Erichsen verschweigt nichts. Schonungslos berichtet er von Demütigungen und Suchtattacken, Wutausbrüchen und Speck auf den Hüften. Die Versuchung lauert überall, beim Arbeiten, Feiern und Autofahren. Freundschaften drohen zu zerbrechen, selbst die Liebe birgt bei der Nikotinentwöhnung Gefahren. Aber es gibt auch Hochgefühle, sportliche Erfolge und andere Freuden des rauchfreien Alltags. Davon und viel mehr erzählt der Autor in diesem Buch.

Björn Erichsen, Jahrgang 1974, lebt und arbeitet als freier Journalist in Hamburg.

Björn Erichsen

Auferstanden aus der Asche
Aus dem Tagebuch eines angehenden Nichtrauchers

Rowohlt Taschenbuch Verlag

Originalausgabe
Veröffentlicht im Rowohlt Taschenbuch Verlag,
Reinbek bei Hamburg, November 2007
Copyright © 2007 by Rowohlt Verlag GmbH,
Reinbek bei Hamburg
Umschlaggestaltung ZERO Werbeagentur, München
(Foto: FinePic, München)
Satz aus der Minion PostScript, InDesign, bei
Pinkuin Satz und Datentechnik, Berlin
Druck und Bindung Druckerei C. H. Beck, Nördlingen
ISBN 978 3 499 62331 8

7	Vorwort
9	Tut er's, oder tut er es nicht?
29	Warten auf den letzten Zug
57	Jetzt wird's akut
104	The times, they're a changin'
128	Nichtrauchen und andere Ärgernisse
154	Ganz weit oben
171	Wer wird denn bei einem Sommermärchen rauchen?
189	Phoenix aus der Asche
209	Endlich frei!

Vorwort

Vor mehr als einem Jahr habe ich mir etwas geschworen: Ich wollte öffentlich nicht zu sehr leiden und mich nicht zu sehr beklagen. Zu viel Persönliches wollte ich auch nicht preisgeben und schon gar nicht mit dem Missionieren anfangen. So in etwa lauteten meine Vorsätze, als ich mir am 1. Mai 2006 meine letzte Zigarette anzündete und damit begann, in der Online-Ausgabe des *stern* ein Nichtraucher-Tagebuch zu führen.

In den letzten zwölf Monaten habe ich mit jedem dieser Vorsätze gebrochen.

Ich habe gelitten, gezetert und einmal sogar geweint. Auch habe ich Intimes ausgeplaudert, nicht nur von mir persönlich, sondern ebenso von Freunden, Bekannten und Kollegen. Irgendwann habe ich angefangen, Leuten gute Ratschläge zu geben, und habe es selbstverständlich nur gut gemeint. Aber ich bin für meine Entscheidung auch reich belohnt worden, habe gelacht, gejubelt und gefeiert. Denn das Allerwichtigste ist: Seit zwölf Monaten habe ich nicht eine einzige Zigarette geraucht.

Einfach war das nicht. Das zurückliegende Jahr war ein Schlingerkurs, ein ständiges Auf und Ab, das ich so manches Mal nur durch puren Zufall rauchfrei überstanden habe. Bitte erwarten Sie daher keine «Methode» von mir, mit der auch Sie – so Sie denn rauchen und aufhören möchten – es garantiert schaffen. So etwas habe ich nicht zu bieten. Wenn Sie das wollen, probieren Sie Ihr Glück und kaufen Sie sich irgendeinen dieser Ratgeber. Sie wissen schon: «Nichtraucher in zwölf Minuten» oder so ähnlich.

Ich möchte Ihnen lediglich eine Geschichte erzählen. Und zwar die, wie aus einem gierigen Suchtraucher mit mehr als 25 Zigaretten täglich ein (meistens) lebensbejahender Nichtraucher geworden ist. Ich werde Ihnen beschreiben, wie ich diesen Weg gegangen bin, worin die großen Versuchungen lagen und welche Strategien ich im Kampf gegen die Sucht entwickelt habe. Ich hoffe, dass dadurch eines deutlich wird: Die Entscheidung, nicht mehr Tag für Tag zur Zigarette zu greifen, verändert weitaus mehr im Leben eines Rauchers, als der sich das in seinen kühnsten Träumen vorstellen kann.

Um die ganze Geschichte verstehen zu können, beginnt das Tagebuch daher schon einige Monate vor dem 1. Mai, in einer kalten, feuchten Nacht im Januar 2006.

Björn Erichsen   *Hamburg, 1. Mai 2007*

Tut er's, oder tut er es nicht?

Samstag, 14. Januar, 23.40 Uhr

«Na, du Nichtraucher!» Markus grinste breit, sodass sein ohnehin schon eckiger Kopf noch etwas quadratischer wirkte als sonst. Verspätet war er heute Abend zu dem Spaghettiessen der Nordwohn AG erschienen, das Mia alljährlich für unsere freien Texter und Fotografen veranstaltet. Die spöttische Begrüßung zeigte Wirkung. Erst lachten nur diejenigen an dem langen Esstisch, die meine goldenen Worte von der endgültig letzten Zigarette zu Silvester noch in den Ohren hatten. Dann stimmten auch die übrigen Kollegen mit ein. Ihnen hatte die Kippe in meiner Hand den entscheidenden Wink gegeben.

Bis dahin war es ein richtig netter Abend gewesen. Pasta, Plaudern, Pinot Grigio, genau mein Ding. Bei solchen geselligen Zusammenkünften laufe ich für gewöhnlich zu kommunikativer Höchstform auf. «Jo, bin wieder dabei», erwiderte ich jetzt nur leise, bemüht, das Thema gar nicht weiter auf die Tagesordnung kommen zu lassen. Meine halbgerauchte Zigarette pfefferte ich derart schwungvoll in den cremefarbenen Terrakotta-Aschenbecher vor meiner Nase, dass dabei einige Glutbrocken wegsprangen und die rote Serviette mit dem Tannenbaummuster ankokelten. Ich löschte den Schwelbrand vorsichtig mit etwas Weißwein. Den üppigen Rest in meinem Glas stürzte ich in einem Zug herunter, um den bitteren Geschmack in meinem Mund zu übertünchen.

Für Markus waren es sichere Lacher gewesen. Es saßen fast nur Raucher am Tisch, und die reagieren bei dem Rückfall eines Artgenossen fast schon zwanghaft mit Frotzelei. Man kann davon ausgehen: Im rauchenden Bekanntenkreis findet sich garantiert jemand, der einen Gescheiterten mit einem kräftigen «Siehste!» zurück in der Herde begrüßt. Es fallen dann Sätze wie «Ja, ja, man soll es gar nicht erst versuchen», was von der versammelten Raucherschar mit nickender Zustimmung quittiert wird. Viel besser bin ich da selbst nicht. Daher weiß ich auch, dass hinter dem kollektiven Spott kein böser Wille steckt, sondern Erleichterung. Es beruhigt das Gewissen eines frustrierten Rauchers doch ungemein, wenn andere es auch nicht schaffen.

Nun war ich also mal wieder an der Reihe, die These zu belegen, dass es eigentlich völlig unmöglich ist, das Rauchen aufzugeben. Dabei kennen die Kollegen nicht einmal die ganze Geschichte. Über die haben Mia und ich Stillschweigen vereinbart. Zwölf Tage ohne, so lautet die offizielle Version. Tatsächlich waren es nur anderthalb, in der restlichen Zeit habe ich heimlich zu Hause geraucht. Selbst für meine Verhältnisse ein bemerkenswert erfolgloser Versuch.

Aus einer allgemeinen Unzufriedenheit heraus, gepaart mit nachweihnachtlicher Melancholie, war ich Ende Dezember der Versuchung erlegen, mir für das neue Jahr etwas vorzunehmen. Natürlich nicht nur eine Sache, die man eventuell auch durchhalten könnte. Nein, wie ich nun mal bin, schnürte ich gleich ein ganzes Paket guter Vorsätze: 1.) abnehmen, 2.) mehr Sport treiben, 3.) weniger gestresst sein, 4.) regelmäßig kulturelle Angebote nutzen. Und eben 5.) nicht mehr rauchen. Ein ziemlich langer Wunschzettel, letztendlich nichts anderes als ein Modellbausatz für ein Wolkenkuckucksheim.

Den Neujahrstag überstand ich vor allem deswegen rauchfrei, weil ich nach durchzechter Nacht mit Freunden vollständig verkatert daniederlag. Nach einem gruseligen Arbeitstag am 2. Januar orderte ich im Bahnhofskiosk eine Packung Zigarillos. «Next», die günstigste Marke im Sortiment. Für 1,50 Euro erhält man 19 in braune Pappe gerollte Stängel mit Filter, aus denen der Tabak in groben, holzigen Spänen herausbröselt. Dennoch fühlte ich mich wahnsinnig erleichtert, als ich mir den ersten dieser dicken Lungentorpedos ansteckte.

Zigaretten hatte ich mir bewusst nicht gekauft. Dadurch galt das nicht als Rückfall, nur als eine Art Übergangslösung. Ein wenig Genuss-Paffen würde mir die schlimmsten Sorgen des Entzuges nehmen, so das Kalkül. Es braucht allerdings schon die geballte Phantasie des Suchtrauchers, um die herbe Note der Billigzigarillos als Genuss zu empfinden. Raucht man die Biester regelmäßig auf Lunge, so wie ich in den darauffolgenden Tagen, brennt es höllisch im Hals.

Im Büro erzählte ich niemandem von dem allabendlichen Tabakrendezvous. Einsilbig und gereizt schleppte ich mich durch den nassen Januar, alle halbe Stunde warf ich Nikotinkaugummis ein, um den Schmachter irgendwie zu ertragen. An normales Arbeiten war nicht zu denken, überwiegend beschäftigte ich mich damit, den Feierabend herbeizusehnen. Anfangs war das unverdächtig, wer erwartet schon gute Laune bei einem Gerade-Abstinenten? Doch im Gegensatz zu ehrlich Bemühten besserte sich mein Zustand nicht. Von Tag zu Tag kostete es mehr Kraft, das kleine Doppelspiel zu verbergen.

Anfang dieser Woche wurde Mia skeptisch. Nach einem vollständig durchgerauchten «Next»-Wochenende kam ich mit einem derartig bellenden Husten ins Büro, dass sie mir meinen Hinweis auf die angeblich einsetzende Lungenreinigung mit einem prüfenden Blick über den Rand ihrer Brille quittierte. Ich hatte ein fürchterlich schlechtes Gewissen, sie so anzulügen, wir sind schon lange mehr als Kollegen. Vorgestern habe ich es nicht mehr ausgehalten. Als sie wieder mal aus Rücksicht auf mich zum Rauchen extra in die Raucherecke in den vierten Stock gehen wollte, beichtete ich ihr die ganze traurige Wahrheit. Mia schlug die Hände über dem Kopf zusammen und bot mir dann als Akuthilfe eine ihrer Selbstgedrehten an. Seither rauche ich wieder offiziell. Und zwar Zigaretten.

Ich bin froh, dass die dumme Scharade nun vorüber ist. Lange wäre der Lungenzug am Zigarillo nicht mehr gutgegangen. Heute Abend habe ich das befreite Rauchen im Kollegenkreis wirklich genossen. Erst das kollektive Gelächter erinnerte mich an mein eigentliches Problem. Seit fast zwölf Jahren rauche ich mindestens eine Schachtel am Tag. Bei Stress oder schönen Partys komme ich schnell mal auf das Doppelte. Ich zähle zu den Suchtrauchern, also jener Spezies, die von Zigaretten nie genug bekommt. Und immer tief inhaliert.

Mein Körper gibt mir schon seit längerem zu verstehen, dass er das tägliche Gift nicht mehr klaglos akzeptiert. Der Magen rebelliert immer häufiger gegen den täglichen Cocktail aus Stress, Kaffee und

Zigaretten, aktiver lässt sich kaum an einem Magengeschwür arbeiten. Mein Hals ist fast immer rau, viel zu oft bin ich erkältet. Als in der Firma vor kurzem der Fahrstuhl ausfiel, keuchte ich die fünf Stockwerke in das Büro hinauf, als befände ich mich auf einer Tour im Hochgebirge.

Manchmal spucke ich sogar Blut. Nur ein paar kleine Spritzer morgens beim Abhusten. Dr. Winkelmann meinte bei der letzten Untersuchung, dass es nicht aus der Lunge käme, sondern «nur» von den angegriffenen Bronchien. Damit ist es nicht ganz so schlimm, wie es im Waschbecken aussieht. Dennoch habe ich keinen Bedarf, mich an diesen Anblick zu gewöhnen.

Im Dezember bin ich 31 geworden. Noch nicht alt, aber eben auch nicht mehr ganz jung. Auch Menschen mit positiver Grundeinstellung kommen da gelegentlich ins Grübeln. Die alte Jo-Siffert-Hymne «Live fast, die young» geht mir jedenfalls nicht mehr so einfach über die Lippen. Die Lebenserwartung eines männlichen Rauchers liegt bei etwa 65 Jahren. Im Durchschnitt, wohlgemerkt. Wenn ich Pech habe, hat meine zweite Lebenshälfte bereits begonnen.

Das sind ganz schön schwere Gedanken, aber in einer regnerischen Januarnacht müssen auch die mal erlaubt sein. Das Rauchen ist Dreh- und Angelpunkt dieser frühzeitigen Midlife-Crisis: Viermal habe ich in den letzten Jahren probiert, das dumme Laster aufzugeben. So langsam verliere ich den Glauben daran, es jemals zu schaffen. Am einfachsten wäre natürlich, sofort wieder aufzuhören. Doch dafür fehlt mir die Kraft. Ich fühle mich meiner Sucht ausgeliefert. Mir fällt nichts ein, was ich dagegen tun könnte. Außer mich an den Schreibtisch zu setzen und über mein Dilemma zu schreiben.

Montag, 6. März, 18.39 Uhr
«Was hältst du davon, wenn wir künftig im Büro nicht mehr rauchen?», krächzte es heute aus meinem Handy, als ich gerade gemeinsam mit Andreas in seinem Atelier saß und Fotos bearbeitete. Ich hätte Mias Stimme fast nicht erkannt. Sie hat sich eine ordentliche Bronchitis

eingefangen und angeregt, unseren Arbeitsplatz zur rauchfreien Zone zu erklären. Sie formulierte es als Frage, jedoch ließ die demonstrative Pause im Anschluss keinen Zweifel daran, dass es sich um eine Anweisung handelte. Ich fühlte mich ziemlich überrumpelt. Doch was hätte ich sagen sollen, so krank, wie sie klang?

Das wird eine ganz gehörige Umstellung bedeuten, nächste Woche, wenn ich aus dem Fotopraktikum zurück bin. Die erste Zigarette rauchen wir gleich morgens, gegen neun Uhr, kurz nachdem ich die Außenjalousien vor den großen Panoramafenstern hochgefahren habe und das erste Licht des Tages auf unseren Doppelschreibtisch fällt. Meist noch schweigend, als ausgewiesene Morgenmuffel brauchen wir immer etwas Zeit und vor allem Kaffee, um in Plauderlaune zu kommen. Den Tag über füllen sich unsere beiden großen Aschenbecher stetig. Mit einer Zigarette in der Hand lässt sich vorzüglich arbeiten: telefonieren, Korrektur lesen, schreiben. Vor allem schreiben. Das flutscht viel besser, wenn es dabei qualmt.

Rauchen im Büro ist ein Privileg. Eines, um das mich viele Freunde und Bekannte beneiden. Wo bitte schön darf man heutzutage noch am Arbeitsplatz rauchen?

Bei der Nordwohn AG ist es dann erlaubt, wenn beide Kollegen im Raum einverstanden sind. Diesen Konsens fanden Mia und ich schnell, als ich vor knapp einem Jahr das Volontariat in der Pressestelle des traditionsreichen Hamburger Wohnungskonzerns antrat. Mia raucht seit über 30 Jahren und war ganz dankbar, dass sie mit mir einen Kollegen ins Büro gesetzt bekam, dem selbst der sehr spezielle Duft ihrer Selbstgedrehten nichts ausmacht. Wir waren uns sofort sympathisch. Beim meistausgesprochenen Satz im Unternehmen – «Das haben wir schon immer so gemacht» – bekommen wir beide eine Gänsehaut.

Bei der Arbeit sind wir ein gutes Team. Vor allem wenn Druck unterm Kessel ist, also mal wieder Redaktionsschluss ansteht, funktionieren wir schnell und eingespielt. Die Zigaretten gehen dabei praktisch nicht aus, weshalb der Sauerstoffgehalt des Raumes ungefähr auf dem Niveau einer Bundeskegelbahn liegt. Kollegen, die uns in dieser Zeit besuchen, bleiben nicht lange, und Herrn Wehmeyer tränen die Augen, wenn er uns seine Arbeitsanweisungen in den Block diktiert. «Dunst-kessel Pressestelle», spottet man bereits im Haus.

Je mehr ich darüber nachdenke, desto mehr Positives kann ich dem Rauchverbot abgewinnen. Das gemeinsame Rauchen am Schreibtisch verführt doch ungemein, immer wieder schnell nachzulegen. Künftig werden wir für jeden Rauchgenuss mindestens zwei Minuten unter-wegs sein. So lange braucht man mindestens zur Raucherecke. Mein Konsum wird sich dadurch zwangsläufig reduzieren. Zumindest, wenn ich noch Zeit zum Arbeiten finden möchte.

Weniger rauchen wäre dringend angeraten, auch mein Hals ist ge-rade wieder einmal arg geschwollen. Eine Nachwirkung von Freitag-abend. Da bin ich mit Andreas im Rahmen meines Fotopraktikums stundenlang über diverse Hamburger Dächer gerobbt und habe Fotos von den «Blue Goals» gemacht, jenen leuchtend blauen Toren, mit de-nen unsere Stadt die Fußball-WM im Juni begrüßen wird. Selbst dort oben, in 40 Meter Höhe und Temperaturen weit unter dem Gefrier-punkt, qualmten wir mit den Schornsteinen um die Wette.

Und auch sonst bietet der zähe Fotografenalltag reichlich Gelegen-heit zum Rauchen. Egal, ob wir auf besseres Licht, einen Galeristen oder den Beginn einer Pressekonferenz warten – die Lunte brennt. Andreas und ich stacheln uns gegenseitig an. Er ist Mitte 40, ein gemütlicher Typ, doch allein schon durch seinen Dauerhusten als Raucher zu er-kennen. Er gehört zu denjenigen, die schon alles probiert haben, um von der Zigarette loszukommen.

Auch ich bin auf dem besten Weg dahin. Ich rauche immer zu viel, egal, mit wem oder wo ich bin, meine Bronchitis steht kurz davor, chro-nisch zu werden. Ich beschließe daher, dass ich froh darüber bin, nicht mehr im Büro rauchen zu dürfen. Und irgendwann werde ich ganz auf-hören. Irgendwann.

Sonntag, 26. März, 23.30 Uhr
Das Konzert war gigantisch. Zweieinhalb Stunden «Element of Crime», rockig-melancholische Melodien, geistreiche Texte. Balsam für die See-

le. Wie gern bei Konzerten stand ich ganz am Rand, lässig mit Becks und Kippe an die Wand gelehnt, und beobachtete die tanzenden Leute. Der Innenraum des D-Clubs war rappelvoll, dennoch sah man nur glänzende Augen in glücklichen Gesichtern. «Wo deine Füße stehen, ist der Mittelpunkt der Welt», erklang es aus über 1000 Kehlen. So ab der fünften Zugabe – unter anderem eine 15-Minuten-Version von «All you need ist love» – riss die Band um Frontmann Sven Regener kollektiv die Arme hoch und rief immer wieder laut: «Romantik!»

Meinen Silvestervorsatz Nummer vier sehe ich damit als erfüllt an. Das Konzert ist – nach einer wenig spektakulären Fotoausstellung – bereits die zweite Kulturveranstaltung in diesem Jahr. Die entscheidende Triebfeder war Denise, wie früher, als wir noch zusammen waren, hat sie alles organisiert. Events ausgespäht, Karten besorgt und mich an die Termine erinnert. Sie hat mir schon oft vorgeworfen, dass ich das Leben zu selten genießen würde. Inzwischen hat sie es aufgegeben.

Das mit dem «Weniger-gestresst-Sein» funktioniert auch im neuen Jahr überhaupt nicht. Ich kann so schlecht «Nein» sagen, wenn es um Arbeit geht. Regelmäßig lade ich mir zu viel davon auf. «Immer her damit, kein Problem!», selbst wenn bereits ein Riesenstapel auf dem Schreibtisch liegt. Und wenn ich etwas mache, will ich es gut machen. Ein alter Freund hat mich daher mal einen «sorglosen Perfektionisten» genannt. Daher stehe ich meistens unter Strom und habe nie Zeit. Ein sorgsam kultivierter Nährboden, auf dem Stresszigaretten ganz prächtig gedeihen.

Meine Strategie dagegen heißt Sport. Dem guten Vorsatz Nummer zwei habe ich tatsächlich Taten folgen lassen: Ich schwimme regelmäßig, zwei- bis dreimal in der Woche. Keine zehn Fahrradminuten von meiner Wohnung entfernt liegt die «Kaifu», ein Fitnessclub mit angeschlossenem Schwimmbad. Als Nichtmitglied zahle ich 3,60 Euro und kann mich dafür fast bis Mitternacht in dem 25-Meter-Freiluftbecken aufhalten.

Der Anstoß kam von Adrian, der seit einiger Zeit Mitglied in dem schicken Club ist. Mein guter Freund war früher mal Leistungsschwimmer, und das merkt man ihm auch heute noch an. Selbst auf der abgeleinten Tempobahn, ganz links in dem Becken, ist er einer der Schnellsten. Sieht schon beeindruckend aus, wenn er, kaum ins Wasser gehechtet, mit schnellen Kraulzügen voranprescht. Sehr athletisch. So ähnlich könnte ich mir das bei mir auch vorstellen.

Leider klaffen Wunsch und Wirklichkeit weit auseinander. Als Kind der Ostsee bin ich mit Wasser aufgewachsen, allerdings unterscheidet sich die gelegentliche Planscherei im freien Meer grundlegend vom regelmäßig betriebenen Ausdauersport. Anfangs hatte ich ständig Muskelkater in Armen und Beinen, die Lunge brannte schon nach ein paar Metern, und ich schluckte literweise Chlorwasser. Manchmal, bei Außentemperaturen unter null Grad, wenn der kalte Wind Wellen auf dem Wasser warf, kostete mich mein neues Hobby echte Überwindung. Angetrieben hat mich vor allem das dringende Gefühl, endlich mal wieder etwas durchhalten zu müssen.

Nachhilfeunterricht gab's von Adrian: Wann habe ich zu atmen, wie halte ich meinen Hintern unter Wasser, worauf muss ich bei der Wende achten, um mir nicht den Kopf am Beckenrand zu stoßen? Sachen, die andere Leute schon beim «Seepferdchen» lernen: Aber ich habe mich gemausert: 1000 Meter Brust absolviere ich mit nur wenigen Pausen in knapp einer Dreiviertelstunde.

Seit ich mich nicht mehr darauf konzentrieren muss, mir keine Chlorvergiftung einzufangen, kann ich beim Schwimmen wunderbar abschalten. Ich liebe es, meine Bahnen zu ziehen, wenn es rundherum stockfinster ist und die Beckenbodenstrahler das Wasser geradezu feierlich erleuchten. Es lässt sich sehr gut nachdenken, während unter mir die hellblauen Kacheln monoton vorbeiziehen.

Mein Körper dankt mir den regelmäßigen Sport. Ich fühle mich etwas gesünder und habe schon ein Kilogramm abgenommen. Vorsatz Nummer eins. Wenn ich aus der Kaifu komme, gehe ich manchmal direkt ins Bett. Ohne mir noch vorher eine Kippe anzuzünden. Und das ist immerhin schon mal ein Mini-Fortschritt bei dem biestigen Vorsatz Nummer fünf.

Samstag, 1. April, 22.47 Uhr

Jetzt ist Schluss. Ich schwöre, ich werde mit dem Rauchen aufhören! Ein für alle Mal!

So etwas wie heute Abend möchte ich einfach nicht wieder erleben. Zusammen mit Adrian war ich eben in der Kaifu. Ich bin vielleicht fünf Minuten geschwommen, als es gehörig in meinem Hals kratzte. Ich hatte Schwierigkeiten, Luft zu holen, der angesammelte Schleim an den Bronchien wollte raus. Am Beckenrand angekommen, keuchte ich kräftig und spuckte ein paar dicke Brocken in die kleine Abflussrinne hinter der gekachelten Begrenzung.

Als ich nach links in Richtung Tempobahn hinüberschaute, sah ich Adrian exakt in der gleichen Pose, genauso schwerfällig daherröchelnd. Das war Synchronschwimmen der Raucher, aus gutem Grund keine olympische Disziplin!

Unsere Mitschwimmer rundherum schauten uns an wie Aussätzige. Natürlich. Hustende Menschen im Schwimmbad findet jeder eklig, die Vorstellung, sich mit irgendwelchen kranken Leuten das Badewasser zu teilen, behagt auch mir nicht im Geringsten.

Die süße Blondine in ihrem roten Badeanzug, die ich nach unserer zweiten Begegnung auf der Strecke «Pam» getauft hatte, da sie ohne jedes Casting eine Rolle bei «Baywatch» bekommen könnte, warf mir einen Blick zu, dessen Botschaft nicht schwer zu entziffern war: «Wir beide ... werden uns niemals kennenlernen!»

Ich habe das Rauchen so dermaßen satt. Dieser unfassbar unnütze Zeitvertreib, immer wieder Geld ausgeben, um mich selbst zu zerstören. Geht es noch ein bisschen dümmer? Ich weiß schon lange, wie sehr mir die Zigaretten schaden, und trotzdem bin ich einfach nicht in der Lage, aufzuhören. Allmählich empfinde ich das als persönliche Beleidigung.

Es ist jedes Mal dasselbe: Denke ich darüber nach, flüstert mir eine Stimme aus irgendeinem Sumpfloch tief in meinem Unterbewusstsein zu: «Jetzt? Ausgerechnet jetzt willst du aufhören? Wie willst du denn mit dem Stress klarkommen? Mach doch erst mal die Arbeit fertig und höre dann auf! Das ist doch viel vernünftiger!» Und ist die Arbeit dann getan, meldet sich die Stimme wieder mit einem neuen Blumenstrauß guter Gründe. Doch die Wahrheit ist eine andere: Ich habe Angst. Angst vor einem Leben ohne Zigaretten. Der ach so mutige Björn Erichsen, der selten ein Blatt vor den Mund nimmt und sich auch sonst nicht viel gefallen lässt, hat die Hosen gestrichen voll. So sieht das aus.

Das Bild von heute Abend bekomme ich nicht mehr aus meinem Kopf. Es ist eine jener Situationen, in denen man sich hinterher selbst aus der Vogelperspektive betrachtet: Ich sehe den gespenstisch beleuchteten Wasserdampf über dem Becken, die beiden hustenden Zombies am Beckenrand, und mittendrin flüchtet die schöne Pam. So etwas bleibt haften. Daher schwöre ich nun hoch und heilig: Ich werde mit dem Rauchen aufhören. Bald! Und das ist kein Aprilscherz!

Mittwoch, 12. April, 18.45 Uhr
«Schreib doch ein Nichtrauchertagebuch für uns, wenn du Lust hast. Wir suchen eh gerade ein Personality-Format, und das Thema interessiert immer.» Dieser Vorschlag von Jens aus dem Wissenschaftsressort von *stern.de* ließ mich heute erstarren. Ich sagte erst mal gar nichts.

Eigentlich war ich nur in die Redaktion am Baumwall gekommen, um mit Gernot und Klaus meine Mitarbeit während der Fußballweltmeisterschaft zu besprechen. Vor anderthalb Jahren habe ich ein Praktikum im Sportressort absolviert, und der Kontakt ist von da an nie abgerissen. Immer mal wieder schreibe ich für *stern.de*, mit den meisten Kollegen dort verstehe ich mich ziemlich gut.

Bis die beiden Sportler gesprächsbereit waren, drehte ich noch eine kurze Plaudertour durch das Großraumbüro. Fast schon zwanghaft erwähne ich derzeit, dass ich das Rauchen satthabe, und kündige an, bald aufzuhören. Mein Mund ist mal wieder schneller als mein Kopf, in Wirklichkeit bin ich auf dem besten Wege, den Rauchstopp auf die lange Bank zu schieben. Kann ich ahnen, dass Jens gleich mit so einer Idee daherkommt?

Zugegeben: Ein Nichtrauchertagebuch bei *stern.de* zu schreiben hätte durchaus einen gewissen Charme. Von einem festen Format bei einem großen Online-Magazin träumen viele Journalisten. Und so ganz nebenbei eröffnet sich da eine Riesenchance, ein für alle Mal von der Scheißsucht loszukommen.

Den guten Vorsatz schnell mal wieder zu kassieren wäre nicht drin. Genauso wenig wie heimlich rauchen. Dafür stünde ich zu sehr unter Beobachtung. Ich weiß noch, wie viel Kraft es beim letzten Mal gekostet hat, das Zigarillo-Tête-à-Tête vor den Nordwohn-Kollegen zu verbergen.

Doch was ist, wenn ich auf die Nase falle? Rückfällig werde, so nach zwei, drei Tagen? Das obligatorische «Siehste!» würde ziemlich laut ausfallen, so viel steht fest. Es wäre eine Niederlage vor recht großem Publikum, die mir noch Jahre nachhängen würde.

Schwierig das Ganze. Gebe ich Jens eine Zusage, werde ich durchhalten müssen. Komme, was wolle. Am Ende meiner Sprachlosigkeit habe ich mir daher erst mal Bedenkzeit erbeten. So etwas kann ich nicht spontan entscheiden. Es ist ein Vabanquespiel: entweder alles gewinnen und glücklicher Nichtraucher werden oder mit Spott, Schande und Zigarette untergehen.

22.20 Uhr

Die erste Zigarette vergisst man nicht. Es ist genau wie beim ersten Auto, der ersten großen Liebe und natürlich dem ersten ernsthaften Sex. Jeder Raucher erinnert sich an seinen ersten Lungenzug. Und die wenigsten tun es gern. Bei meiner ersten Zigarette handelte es sich um eine «R6», angezündet 1994 während meiner Bundeswehrzeit, kurz nachdem ich als «Matrose Erichsen» zur Grundausbildung in die Marinefernmeldeschule Eckernförde eingecheckt hatte.

Damals war ich zum ersten Mal von zu Hause weg, neugierig darauf, was das Leben so zu bieten hat. Neben sinnlosem Drill, Hemdenkantenfalten und Komasaufen waren das vor allem seltsame Abkürzungen. Zumindest in diesem Punkt zeigt sich die Bundeswehr mal kreativ. KzH bis DZE war mir noch die liebste – Krank zu Hause bis Dienstzeitende. Als Soldat war ich weder motiviert noch irgendwie talentiert. Als

Hauptgefreiter der Reserve hoffe ich inständig, dass es niemals auf mich ankommen wird, wenn es darum geht, das Vaterland zu verteidigen.

An einem kühlen Oktobertag war DZÜZ angesagt: Dienst zu ungünstigen Zeiten. Mit einem markerschütternden «Alarmschrei» hatte mich ein schnauzbärtiger Unteroffizier gegen drei Uhr nachts aus der Koje gebrüllt. «Antreten auf dem Kasernenhof in drei Minuten! Volles Kampfgepäck!» Autsch. Da standen wir dann, ein trauriges Häuflein von 80 Rekruten mit kleinen Augen, das gar nicht recht wusste, wie ihm geschah.

Es ging hinaus ins Feld. Die Aufforderung «Rührt euch, ein Lied!» wurde mit der lustlosesten Version von «Wir lieben die Stürme, die brausenden Wogen» beantwortet, die je an ein menschliches Ohr gedrungen sein dürfte. Knurrig trottete ich über schlammige Waldwege rund um das dunkle Windebyer Noor. Damals fand ich heraus, dass man problemlos im Gehen schlafen kann, wenn man sein Gesicht nur fest genug auf den Seesack des Vordermannes drückt.

Die erste Rast machten wir bei Sonnenaufgang. Die Kameraden zerrten eilig ihre Stahlhelme vom Kopf. Denn nicht nur zum Gebet, sondern auch bei «Pfeifen und Lunten», wie jegliche Rauchware im Bundeswehrjargon heißt, darf die eherne Kopfbedeckung nicht auf dem Schädel des Soldaten ruhen. Man hat in diversen Kriegen schlechte Erfahrungen damit gemacht.

Die Kulisse war idyllisch, wie in einem Tabakwerbefilm: Vor mir der See, der im Sonnenaufgang silbern glänzte, um mich herum die Kameraden in ihren olivgrünen Uniformen, erschöpft von den Strapazen der Nacht. Das Gewehr bei Fuß. Der erste Zug, der erste Husten. Die Kameraden lachten. Und dennoch: Nie wieder sollte ich dem Gefühl von Freiheit und Abenteuer so nahe sein.

Warum ich es tat, kann ich heute gar nicht mehr so genau sagen. Sicher war es Gruppendruck. Aber auch ein Akt persönlicher Rebellion gegen die ständigen Repressalien der tumben Ausbilder. An so etwas wie Abhängigkeit verschwendete ich damals keinen Gedanken.

Die kam schneller als gedacht. In der ersten Zeit schnorrte ich mich durch. Der Schnorrer ist die offizielle Vorform des Rauchers: Man schmökt schon ganz gern, will aber für Zigaretten noch kein Geld ausgeben. Geborgte Kippen haben etwas herrlich Unverbindliches. Doch irgendwann kommt der Tag, an dem niemand mehr den angehenden Raucher sponsern möchte.

Bei mir war es an einem Montagabend im Unteroffiziersheim. «Mensch, Erichsen, besorg dir endlich mal eigene Kippen. Du nervst!», raunzten mich die Kameraden an, als wir gemeinsam bei einem Bierchen auf die wöchentliche Filmvorführung warteten. Daraufhin ging ich zu dem Zigarettenautomaten neben der großen Theke und versenkte vier einzelne Markstücke im Münzeinwurf. Mit einem «Klong» im Packungsschacht war meine erste eigene Schachtel «Marlboro Lights» geboren. Dann begann die Vorstellung. Ein alter Kriegsfilm wurde gezeigt, über die Kesselschlacht von Stalingrad. Titel: «Hunde, wollt ihr ewig leben?»

Karfreitag, 14. April, 17.32 Uhr
Auf der feiertagsleeren A 7 gebe ich meinem Peugeot die Sporen. Tiefgraue Kumuluswolken türmen sich vor mir über flachem grünem Weideland. Funny van Dannen singt ein Lied über Eurythmieschuhe, es klingt blechern aus den lädierten Kleinwagenboxen. In der rechten Hand spüre ich die Vibration des Lenkrads, deutliches Zeichen dafür, dass der Spurlauf mal wieder korrigiert werden müsste. In der linken Hand – der Ellenbogen ruht lässig auf dem Türgriff – dampft die Zigarette. Ein sachter Zug, kräftiges Ausblasen. Wunderschön!

Ich rauche gern. Bei allem Gemecker über mein flammendes Laster will ich das nicht verschweigen. Auf der Tour zum Osterbesuch bei meinen Eltern in meinem Heimatdorf Gelting, ganz im Norden Schleswig-Holsteins, direkt an der Ostseeküste gelegen, blieb viel Zeit, darüber nachzudenken. Knapp zwei Stunden Fahrt, 160 Kilometer.

Rauchen und Autofahren gehören zusammen. In Hamburg lasse ich das Auto meistens stehen, mit Fahrrad oder Bahn komme ich in der Großstadt schneller voran. Doch wenn ich mal fahre, dann rauche ich auch. Das Fenster auf der Fahrerseite steht zum Abaschen immer einen

Spalt weit offen. Darin bin ich geübt, mit einem professionellen Schnippen sorge ich dafür, dass die Glut nicht zurück in den Innenraum fliegt. Ich ärgere mich schon lage nicht mehr darüber, dass der Aschenbecher zum Nachteil von Linkshändern in der Mittelkonsole platziert ist.

Rauchen ist Genuss – zumindest manchmal. Wer etwas anderes sagt, hat keine Ahnung. Ich erinnere mich an einige ganz zauberhafte Zigaretten. Etwa die nach meiner mündlichen Magisterprüfung. Eine Stunde lang hatten mich die Professoren mit Fragen zu politischer Philosophie und Strukturschwächen des bundesrepublikanischen Föderalismus gequält. Schwitzend stürmte ich danach aus der Fakultät und beendete mein Studium mit einer Kippe.

Unvergessen auch jene Zigarette, die mich damals tröstete, als meine erste große Liebe Inka am Nordseestrand von Föhr betonte, dass es an ihr liegen würde und nicht an mir, während ich mir mit zittriger Hand eine ansteckte. Sie sagte damals auch, dass wir uns künftig bestimmt weiterhin gut verstehen würden. Und ich glaubte ihr das sogar. Geblieben sind nur die Kippen, die mich treu und brav durch Pausen, Partys und neue Lieben begleiteten.

Das höchste aller Rauchgefühle ist dieses hier: im Café sitzen, beste Bohne schlürfen und zur illustren Plauderei mit Freunden versonnen an der Lulle ziehen. Mit «Genuss» ist das nicht hinreichend beschrieben, «Lebensart» trifft es viel besser. Doch wie bei so manchen Dingen, von denen ich sage, dass sie mir wichtig sind – Strandspaziergänge, Theaterbesuche oder Fußballspielen –, fällt mir auch bei der innig zelebrierten Kippe im Café auf, dass die letzte ihrer Art schon lange Zeit zurückliegt.

Früher, mit Anfang 20, war das anders, da standen Plauderkäffchen auf der Tagesordnung. Mit meiner guten Freundin Birte traf ich mich regelmäßig im Nachbarort Kappeln in der rauchigen «Palette», die sich bis heute «Literaturcafé» nennt. Dort an unserem Fenstertisch auf den alten Holzstühlen besprachen wir alles, was damals wichtig war: Lästereien, Liebe, Zukunftsfragen, seicht-bunte Adoleszenzphilosphie, die ohne Kippe in der Hand nicht mal halb so schön gewesen wäre. Wir stellten uns sogar vor, mit unseren Weisheiten eine eigene Radiosendung zu bestreiten. «Käffchen und Flupete» sollte die heißen. Das Wort «Fluppe» erschien uns zu gewöhnlich.

Genussraucher, das wäre ich gern. Eines von jenen bewundernswerten Wesen, die immer nur dann rauchen, wenn sie es wirklich wollen. Hübsch kontrolliertes Schmöken zu besonderen Gelegenheiten, das wäre optimal. Viel besser jedenfalls, als vollständig mit dem Rauchen aufzuhören.

Doch das ist nur eine Illusion, ein letzter Strohhalm, an den ich mich seit zwei Tagen klammere. Sämtliche Versuche einer Rationierung sind bisher gnadenlos gescheitert. Mit jedem «Ab heute nur noch zehn am Tag» oder «Von jetzt an rauche ich nur noch auf Partys» kam ich niemals weiter, als ein fettes Schwein springen kann. Schnell rauchte ich so viel wie vorher, manchmal sogar mehr.

Nein, ein entspannter Gelegenheitsraucher wird aus mir nicht mehr werden. Dafür habe ich es zu weit getrieben, ohne Exzess sind für mich die schönen Rauchmomente nicht zu haben. Kontrolle ist ein Mythos, wo die Sucht regiert.

Eine Genusszigarette gab es heute aber dennoch, am Ende der Fahrt, beim Nachhausekommen. Als ich an der inzwischen beachtlich gewachsenen Thujahecke vorbei die Auffahrt zu unserem kleinen gelben Häuschen hochfuhr, war alles wie immer. Meine Eltern kamen mir an der Hintertür entgegen. Papi mit scharf geschnittenem Seitenscheitel, wie gewohnt in seiner schwarzen Lieblingsstrickjacke, meine kleine Mami ein bisschen schicker, mit Goldrandlesebrille auf der Nase. Der Kaffee war schon aufgesetzt, und während ich von Hamburg erzählte und davon, dass die Leute auf dem Land hundsmiserabel Auto fahren, rauchten Papi und ich unsere obligatorische Zigarette. Irgendwie eine schöne Tradition.

Samstag, 15. April, 16.15 Uhr

Huggelig ist es zu Hause – wie der Däne zu sagen pflegt, wenn alles rundherum urgemütlich ist. Ich genieße die österliche Ruhe und Mamis gutes Essen, sogar ein ausgedehntes Mittagsschläfchen habe ich heute gehalten. Die leichte Grippe, die ich seit ein paar Tagen mit mir rumschleppe, hat nicht die geringste Chance gegen die gute Seeluft. Vor allem aber genieße ich es, Zeit mit Papi und Mami zu verbringen. Leider schaffe ich es viel zu selten in meine Heimat.

Mir wird mal wieder bewusst, dass in Gelting alles ein bisschen langsamer abläuft als in Hamburg. Die eine Ampel in der Dorfmitte regelt den Verkehr mühelos, Parkplatzprobleme kennt man hier nur vom Hörensagen. Es gibt zwei Einkaufsläden, zwei Bäcker und ein paar Kneipen, die diesen Namen nicht verdienen. Man lebt hier wahlweise von der Landwirtschaft oder von Touristen, die zum Badeurlaub an die Ostsee kommen und die unberührte Natur der Region Angeln genießen. Außerhalb der Sommersaison ist hier aber auch so gar nichts los. Fuchs und Hase sagen sich hier nicht «Gute Nacht», sondern schlafen gleich durch. Für den gestressten Großstädter, der sich Gedanken über die nähere Zukunft machen möchte, also ein idealer Ort.

Als Teenager hab ich das naturgemäß ein bisschen anders gesehen. Wer hier aufwächst, will weg, spätestens wenn die ersten Pubertätspickel sprießen. Zumindest erst mal bis nach Kappeln. Zwölf Kilometer entfernt, 12 000 Einwohner und im Vergleich zu Gelting ein Ort pulsierenden Lebens. Jeden Morgen fuhr ich mit dem Bus dorthin zum Gymnasium, aber auch den Rest des Tages verbrachte ich meist in der Stadt, die als Kulisse für die ZDF-Serie «Der Landarzt» dient. Mit meinen Schulkameraden konnte ich nur wenig anfangen. Mich zog es magisch zu den Leuten, die Papi auch heute noch «Bagaluten» nennt: Skater, Fußballfans und andere lebenslustige Gesellen. Wir waren jung und hatten Lust auf gute Partys.

Geraucht haben so gut wie alle in der Clique. Die meisten fingen schon früh an, so zwischen elf und 14 Jahren. Ich muss immer darüber lachen, wenn Politiker mit sorgenvoller Miene verkünden, dass das Einstiegsalter immer weiter absinke, und dabei so tun, als wäre das eine Neuigkeit – zumindest im schleswig-holsteinischen Flachland war das vor anderthalb Jahrzehnten schon nicht anders. Rauchen war selbstverständlich und galt auch sicher irgendwie als cool. Nicklas, so etwas wie unser Rudelführer, setzte damals mit einer vielbestaunten Metallwerbetafel von «Lucky Strike» die wesentlichen Maßstäbe im Bereich der Jugendzimmereinrichtung.

Das Schild hätte ich auch gern gehabt – obwohl mich Rauchen zu der Zeit überhaupt nicht interessierte. Ich habe weder heimlich hinter Kirchen gedampft, noch konnte mich irgendein Lehrer jemals auf der Schultoilette erwischen. Bis zu jenem ominösen Tag bei der Bundeswehr fand ich jede Form von blauem Dunst völlig überflüssig. Daran haben weder cliqueninterner Gruppendruck noch rauchende Teenager-Frauen etwas geändert. Im Gegenteil, ich war jahrelang stolz darauf, nicht so dumm zu sein wie die anderen.

Meine Abneigung damals hatte ich Papi und Mami zu verdanken: Beide haben früher sehr viel geraucht. Schon in jungen Jahren konnte ich erfahren, wie eklig ein dichtgequalmtes Wohnzimmer selbst am nächsten Morgen noch riecht. Am schlimmsten war es im Auto. Ich erinnere mich noch lebhaft an eine mehrstündige Tour nach Legoland im dänischen Billund. Es sollte ein sommerlicher Familienausflug sein, doch es war eine einzige Qual: Die Sonne brannte, im Auto waren bestimmt 40 Grad, und meine Eltern rauchten abwechselnd, damit immer nur einer von beiden das Fenster aufhaben musste. Meine Schwester May-Britt und ich sollten uns – so die etwas schräge elterliche Logik – durch die Zugluft auf der Rückbank keine Erkältung einfangen. Damals probte ich häufig, wie lange man die Luft anhalten kann, ohne blau anzulaufen.

Meine Eltern haben aber auch für meine Schwester und mich einen Anreiz geschaffen, damit wir ihrem Vorbild nicht folgen. Wenn wir bis zum 18. Lebensjahr nicht rauchen würden, wollten sie uns den Führerschein bezahlen. Das war natürlich ein richtig guter Grund, in Gelting ist der Lappen noch wertvoller als anderswo. Eine Art First-Class-Ticket hinein ins Leben. May-Britt und ich hielten durch, meine Eltern bezahlten anstandslos – und wir fingen beide erst mit 19 Jahren an zu rauchen. Bis heute hat Papi das nicht ganz verknust. Jedes Mal, wenn ich zu Besuch komme, fordert er mich mit betont ernster Miene auf, ihm umgehend den Führerschein auszuhändigen.

Ostersonntag, 16. April, 12.20 Uhr

Papi zuzuschauen ist keine Freude, gesundheitlich geht es ihm nicht gut. Als wir heute am Strand Wackerballig waren, keine zwei Kilometer von unserer Haustür entfernt, musste er beim Gehen alle 20 Meter anhalten. Schon so ein kleiner Spaziergang bereitet ihm Schmerzen, die Beine werden einfach nicht mehr ausreichend durchblutet. Mami sagt, dass er es als ein Brennen unter den Fußsohlen beschreibt, als würde er bei jedem Schritt in ein Wespennest treten. Mir gegenüber lässt er sich nichts anmerken. «Alles halb so schlimm», meinte er, als ich zart nachfragte. «Das sind die Zipperlein, die sich mit dem Alter so langsam einstellen.»

Eine böse Untertreibung. Aber Mami und ich taten ihm den Gefallen und spielten Normalität. Wir hielten immer zusammen an, so als sei es eine ganz gewöhnliche Pause. Dann schnackten wir, etwa darüber, wie sehr die Bucht versandet ist, seit die Gemeinde den Ponton des Yachthafens weiter ausgebaut hat, oder darüber, wie gut man Mamis dänische Heimatstadt Sonderburg über die Ostsee hinweg sehen kann. Erst nach der kurzen Rast hatte er wieder Kraft für die nächsten Schritte durch den steinigen Sand.

Es tut mir weh, ihn so eingeschränkt zu sehen. Gerade ihn, der für seine Familie immer alles geregelt hat. Stets ein wenig grummelnd, doch hinter der typisch norddeutschen Fassade verbirgt sich ein unsagbar liebevoller Mensch. Dadurch bin ich mit einem Gefühl von Sicherheit aufgewachsen. «Egal, was los ist, du kannst immer nach Hause kommen» ist ein Satz, der auch heute noch gilt.

Papi zahlt den Preis dafür, dass er sich selbst so lange zurückgestellt hat. Er hat hart gearbeitet. Metallverarbeitung, mit seinen großen Händen hat er immer kräftig angepackt. Aber das geht nun nicht mehr. Die Frühverrentung vor fünf Jahren war wirklich ein Segen. Er ist jetzt 61, und ich hoffe, dass wir ihn noch möglichst lange haben.

Das Rauchen hat gehörigen Anteil an seinem Zustand. Das tut er schon ein halbes Jahrhundert lang. Im zarten Alter von zwölf Jahren bekam er seine ersten beiden Zigaretten, als Lohn dafür, dass er einen ganzen Tag auf einem Zuckerrübenfeld geschuftet hatte. Die Geschichte erzählt er heute noch gern. Die Zeiten waren damals hart. Mein Groß-vater ist im Zweiten Weltkrieg gefallen, Oma, leider inzwischen auch schon verstorben, hatte vier Mäuler zu stopfen. Zigaretten waren da ein echter Luxus.

Aufgehört hat er dann nicht mehr, gerade in den fünfziger und sechziger Jahren galt Rauchen ja noch als besonders schick. Früher, das heißt, so weit ich mich zurückerinnern kann, rauchte er täglich zwei Schachteln «Prince Denmark», mit die stärksten Stängel auf dem Markt und sogar für meine abgehärtete Raucherlunge ungenießbar. In-zwischen, preisbewusst, wie er ist, dreht er die Zigaretten selbst und hat wohl seinen Konsum ein wenig runtergefahren. Aber auch jetzt, während ich schreibend in meinem ehemaligen Kinderzimmer sitze, höre ich das Ritsch-Ratsch der Zigarettenmaschine im Wohnzimmer. Ganz aufhören wird Papi wohl nicht mehr.

22.15 Uhr

«Mach das mit dem Tagebuch!», das rät Mami mir. Wir saßen lange am Küchentisch zusammen und plauderten. Dafür nehmen wir uns immer viel Zeit, wenn ich in Gelting bin. Es geht dann um die wich-tigen Fragen, also jene, von denen Papi erst mal nichts wissen muss. Ich habe ihr heute davon erzählt, dass ich mich gerne ab September als freier Journalist selbständig machen möchte. Sonderlich begeistert war sie nicht. Ganz anders als beim Thema Nichtrauchen: «Je eher du aufhörst, desto besser ist das für dich. Der Entzug ist nicht so schlimm, wie man immer sagt. Ich bin davon überzeugt, dass du es schaffen wirst.»

Sie weiß, wovon sie spricht. 30 Jahre Raucherkarriere hatte sie hinter sich, bis sie vor sechs Jahren im x-ten Versuch mit Nikotinkaugummis aufhörte. May-Britt, selbst Gelegenheitsraucherin, und ich haben sie oft belächelt, wenn sie es mal wieder versuchte und dann doch umfiel. So viel zum Thema unschöner Spott-Reflex. Aber Mami ist zäh. Irgend-wann hat es funktioniert, und seither hat sie nie wieder eine Zigarette angefasst. Allerdings knuspert sie auch heute noch gern gelegentlich mal an einem Nikotinkaugummi. «Irgendwic ungewöhnlich», das sagt sie sogar selbst.

23.27 Uhr

So langsam sollte ich mir mal darüber klar werden, was ich wirklich will. Papi und Mami sind längst ins Bett gegangen, nur ich sitze noch auf dem Gästedoppelbett mit diesem orange gemusterten Bettbezug und grübele vor mich hin. Mal bin ich ganz begeistert von der Idee, endlich mit dem Rauchen aufzuhören und auch noch darüber schreiben zu können – und schon im nächsten Moment halte ich es für eine saublöde Idee. Kaum habe ich mich für eine der beiden Optionen entschieden, verwerfe ich sie wieder.

Das Für und Wider habe ich fein säuberlich aufgeschrieben. Wenn ich die Wörter «Gesundheit», «Geld», «Respekt», «Selbstachtung», «Fitness», «Autonomie», «Genuss», «Erscheinungsbild» und «rauchfreie Wohnung» untereinander aufgelistet betrachte, hat das durchaus eine Wirkung. Ich komme mir ziemlich blöd vor, dass ich schon so lange rauche. Die Gegenargumente fallen nämlich eher spärlich aus: «Kontakte knüpfen», «Stressbewältigung» und «Genussmomente». Na ja.

Aber ist es wirklich der richtige Zeitpunkt?

Von Gernot und Klaus habe ich Ende der Woche die Zusage bekommen, während der Fußball-WM vier Wochen Berichterstattung für *stern.de* machen zu können. Darüber freue ich mich sehr, nur geht dafür mein gesamter Jahresurlaub drauf. Außerdem hatte ich schon im Frühjahr einem kleinen Verlag zugesagt, ein 80-seitiges Magazin über «Kunst in Hamburg» zu erstellen. Bis Anfang September muss das fertig sein. Auch das parallel zum Volontariat bei der Nordwohn AG. Ein wahrlich gepfeffertes Sommerprogramm! Und das alles ohne Zigaretten?

Warten auf den letzten Zug

Dienstag, 18. April, 15.45 Uhr

```
Hallo, Jens,
ich hoffe, Du hattest ein paar schöne Ostertage.
Ich war bei meinen Eltern und habe eine Grippe aus-
kuriert. Viel Zeit zum Nachdenken, auch und vor allem
übers Rauchen. Ich habe mich nun wirklich entschlos-
sen, dieses lästige Übel aufzugeben. Ich wäre dabei
auch bereit, meine Bemühungen in einem Nichtraucher-
tagebuch festzuhalten.
```

Die Mail ist raus. Anderthalb Stunden hat es nach dem Tippen gedauert, bis ich mich dazu durchringen konnte, mit diesen paar Zeilen mein neues Leben als öffentlicher Nichtraucher einzuläuten. Immer wieder bin ich von meinem großen, schwarzen Schreibtisch aufgestanden und durch meine Zweizimmerwohnung getapert. Ich habe die Blumen gegossen und sogar den Abwasch gemacht, obwohl sich seit meiner Rückkehr aus Gelting gestern Mittag kaum schmutziges Geschirr angesammelt hatte. Klassische Übersprungshandlungen. Gute zehn Zigaretten habe ich in diesen 90 Minuten im Aschenbecher versenkt.

Vom Fenster aus schaute ich ein paarmal auf die Straße, wo die Autos in Doppelreihen standen und andere mal wieder für einen der begehrten Parkplätze ihre Runden drehten. Viele Leute nutzen den kleinen Fußweg auf der gegenüberliegenden Straßenseite als Abkürzung, um schnell zum S-Bahnhof «Holstenstraße» zu gelangen. Als ein Rentner mit einem Südwester auf dem Kopf in Höhe meiner Haustür anhielt, sich seine Jutetasche zwischen die alten Knie presste und sich unter lautem Husten eine Zigarette aus seiner Schachtel nahm, bin ich ohne weiteres Nachdenken zum Rechner gegangen und habe die «Senden»-Taste gedrückt.

Nicht einmal fünf Minuten brauchte Jens für seine Antwort. «Gratulation zu Deinem Entschluss, wir machen das mit dem Tagebuch», schrieb er ganz nüchtern, so als hätte ich ihm einen ganz normalen Artikel angeboten. Und nicht einen, der mein Leben nachhaltig verändern wird. «Am besten legst Du ab dem 1. Mai los, dann wärst Du pünktlich zum Weltnichtrauchertag vier Wochen abstinent. Das würde doch gut passen.»

Damit steht fest: Zwölf Tage lang werde ich noch Raucher sein.

16.10 Uhr

Geld werde ich für das Rauchen nicht mehr ausgeben müssen, denn mit Zigaretten bin ich zu Hause gut ausgestattet worden. Zwischen Würstchengläsern, Kaffeepackungen und anderen Fressalien fanden sich in der großen Tüte, die Mami mir bis zum Rand vollgepackt hat, auch 18 Schachteln Zigaretten. Sechsmal «Marlboro Lights» und zwölf schlichte weiße Schachteln, lediglich mit einer vierstelligen Nummer darauf. Testzigaretten.

Seit gut zehn Jahren bekommen meine Eltern und ich von einem Marktforschungsinstitut im Dienste der Tabakindustrie Zigaretten zugeschickt. Früher erreichte uns wöchentlich ein Päckchen, immer gefüllt mit zwei Schachteln unserer jeweils bevorzugten Marke sowie zwei anonymisierten Schachteln, deren Inhalt wir auf einem Fragebogen als «mild», «würzig» oder «vollmundig» einzustufen hatten. Aber seit einiger Zeit kommen die Stängel, vermutlich der allgemeinen Depression geschuldet, nur noch unregelmäßig. Seit Mami nicht mehr raucht, füllt sie den beiliegenden Antwortzettel immer mit viel Phantasie aus und bewahrt die Zigaretten im Wohnzimmerschrank für mich auf.

Die meisten der Kippen schmecken scheußlich. Ich habe mich schon oft gefragt, ob der eigentliche Test nicht vielleicht darin besteht, auszuprobieren, wie weit sich die Qualität von Zigaretten noch runterfahren lässt, ohne das süchtige Volk zu vergrätzen. Mal sind sie ganz leicht und luftig, sodass man wie ein Irrer daran ziehen muss, um überhaupt etwas Rauch in die Lungenflügel zu bekommen. Mal erwarten einen dicke braune Stängel, die einem «Next»-Zigarillo in nichts nachstehen. Geraucht habe ich sie trotzdem immer. Denn schlechter Geschmack – und da scheint das vermeintliche Kalkül der Tabakindustrie aufzugehen – hat mich noch nie von einem kräftigen Lungenzug abgehalten.

17 Schachteln und eine angebrochene habe ich jetzt noch – der Rest vom Fest. Das sind insgesamt 331 Zigaretten, also etwa 27 pro Tag. Bis zum 1. Mai reicht das. Und dann ist Schluss mit dem Wahnsinn. Endlich! Ich bin der Held des Augenblicks.

23.44 Uhr

Adrian ist mit an Bord. Erst hat er ganz schön blöd geguckt, dann konnte ich verfolgen, wie ein dicker Kloß langsam seinen Hals hinuntertanzte. Schließlich hat er eingewilligt. Zugegeben, ich habe ihn überrumpelt, extra den Moment abgewartet, als wir wie gewohnt atemlos aus dem Becken des Kaifu-Bades stiegen. «Ich werde ab dem 1. Mai das Nichtrauchertagebuch bei *stern.de* schreiben», erzählte ich ihm, als wir uns in die weißen Liegestühle vor dem Eingang des Wellnessbereiches fallen ließen. «Vielleicht ist das ja auch eine Gelegenheit für dich», fügte ich hinzu. Scheinheilig.

Ich weiß natürlich, dass ihm das Rauchen zum Hals raushängt. In den letzten Monaten haben wir oft genug darüber gesprochen, selbstredend ohne dabei irgendwie konkret zu werden. Dabei sieht es bei ihm ziemlich genauso aus wie bei mir: 34, Suchtraucher seit 15 Jahren, mindestens eine Schachtel «Lucky Light» am Tag. Er raucht noch einen Tick mehr als ich, allein morgens auf dem kurzen Weg zur Bank unfassbare vier Zigaretten.

Auch er gehört zu den Rastlosen, ist genauso getrieben von beruflichem Ehrgeiz. Und genauso bügelt er den Stress mit exzessivem Rauchen nieder. Und auch er hat schon viele Male probiert, damit aufzuhören. Die Anzahl seiner Versuche bewegt sich im zweistelligen Bereich.

Ich traue ihm durchaus zu, dass er es hinbekommt. Erst im Dezember hat er mich in diesem Punkt wirklich überrascht. Mit seiner Freundin Marla aus Nicaragua hatte er sich in Italien getroffen, um für drei Wochen Urlaub zu machen. Die beiden sehen sich aufgrund der Entfernung nur selten. Auf ihrer Tour rund um den Apennin gab ihm die schöne Marla südamerikanisch-resolut zu verstehen, dass er zwischen seinen Zigaretten und ihren vollen Lippen wählen müsse. Und siehe da, die Entscheidung fiel ihm gar nicht schwer. Allerdings, und auch das gehört zur Geschichte, steckte er sich just in dem Moment eine an, als Marla wieder gen Managua entschwebte.

Adrian und ich unternehmen viel zusammen, kennen uns noch aus gemeinsamen Studententagen in Kiel. So richtig befreundet sind wir aber erst, seit er Mitte 2002 für seinen Job ebenfalls nach Hamburg gezogen ist. Wir telefonieren häufig. «Na, Schatz, wie war dein Tag?», auf dieser Ebene läuft das inzwischen. Ich bin jedenfalls froh, ihn als Mitstreiter zu haben. Jemanden, der die Entzugssorgen wirklich nachvollziehen kann. Ansonsten habe ich fast nur Raucher im Freundes- und Bekanntenkreis.

Ein weiterer Vorteil: Wir pflegen in unserer Freundschaft ein gesundes Konkurrenzdenken, der Erfolg des einen spornt den anderen an. Dieses Prinzip kann beim Rauchstopp Gold wert sein. Keiner von uns beiden wird sich die Blöße geben wollen, vor dem anderen einzuknicken.

Unser Abschied heute Abend war filmreif. Wir waren die Letzten im Schwimmbad, nur der dicke Bademeister war noch da und spritzte mit seinem gelben Schlauch den gekachelten Weg zur Umkleidekabine ab. Adrian und ich machten fürchterlich wichtige Gesichter. Dann gaben wir uns kraftvoll die Hände. Zwei Männer in Badehosen, dicht vor dem Bruderkuss, die sich feierlich versprechen, dass sie es gemeinsam schaffen werden. Jawoll!

Mittwoch, 19. April, 1.33 Uhr

O Mann, was hat mich da bloß geritten? Öffentliches Nichtrauchen! Ich? Den Tag über war ich noch optimistisch, aber nun bekomme ich kein Auge zu. Schon zum dritten Mal setze ich mich an den Schreibtisch und gönne mir eine Testzigarette. Leicht und luftig schmeckt die, ganz und gar nicht geeignet für einen ängstlichen Suchtraucher mit Ausstiegstermin vor Augen.

Eine nüchterne Analyse meiner Situation ergibt Folgendes: Ich soll eine Sache, von der ich bereits mehrfach bewiesen habe, dass ich sie nicht im Geringsten beherrsche, in aller Öffentlichkeit vorführen.

Meine bisherigen Versuche, mit dem Rauchen aufzuhören, hatten eines gemeinsam: Sie waren kurz. Dreimal, inklusive der Mogelpackung zu Neujahr, bin ich nicht über ein paar Tage ohne Zigarette hinausgekommen. Und immer, wenn ich wieder rauchte, war ich heilfroh darüber.

Nur einmal, da hat es drei Wochen lang geklappt. Das war Ende der Neunziger, noch während des Studiums. Ich hatte mir eine ziemlich üble Grippe eingefangen und lag mit Fieber für mehrere Tage flach. Man sagt ja, dass ein Raucher erst richtig krank ist, wenn ihm auch die Lust auf Zigaretten vergeht – und genau das war damals der Fall. Die ersten schweren Tage durchlitt ich im Fieberwahn, und als ich so langsam wieder auf die Füße kam, habe ich das Rauchen dann gleich ganz gelassen. Das ging erstaunlich gut, bis ich auf der stets großartigen Sportlerparty an der Christian-Albrechts-Universität ordentlich feierte und im Rausch zur Zigarette griff.

Leider hörte ich danach nicht wieder auf, glaubte, die Sucht kontrollieren zu können. Ein schwerer gedanklicher Fehler. Innerhalb der nächsten paar Tage steigerte sich meine Ration peu à peu, bis ich wieder bei der täglichen Schachtel angekommen war. Tja, die Geschichte meiner Abstinenz ist schnell erzählt.

Doch diesmal wird es klappen müssen. Kassieren kann ich die Zusage nicht mehr, dafür wissen schon zu viele Leute Bescheid. Bei Adrian wäre das kein Problem, aber Jens hat die Sache mit dem Tagebuch sicher in der Redaktion rumerzählt. Mami weiß es auch schon. Ich habe es ihr heute Abend am Telefon mitgeteilt und mir das mütterliche Lob abgeholt.

Nein, es gibt keinen Weg mehr zurück. Und je eher ich mir das bewusstmache, desto schneller werde ich schlafen können. Ich bin aber auch ein elender Schisser …

Freitag, 21. April, 17.15 Uhr

Die Tage vor der letzten Zigarette sind mindestens so kriegsentscheidend wie die erste Zeit danach – da sind sich alle Experten einig. «Ein Rauchstopp steht und fällt mit der Vorbereitung», sagt sogar die Zeitschrift *Gesundheit Sprechstunde* und meint damit ganz naheliegende Dinge: den Aufhörwunsch bewusstmachen, einen sinnvollen Termin auswählen, Sport treiben, viel schlafen, Vitamindepots auffüllen. Sprich: sich in gute «Ausstiegsform» bringen.

Irgendwie ganz logisch. Umso mehr wundere ich mich über mich selbst. Steht ein Konflikt oder eine schwere Prüfung ins Haus, bereite ich mich vor. Das ist selbstverständlich, eine Binsenweisheit geradezu. Jedoch habe ich bei keinem meiner vier vorherigen Versuche auch nur einen Gedanken an so etwas wie Vorbereitung verschwendet. Es lief immer gleich ab: spontan entschließen, lautstark ankündigen, kläglich scheitern.

Das wird diesmal anders. «Vorbereitung» heißt für mich zunächst einmal Information. Über das Internet ist das gar nicht so einfach. Der Suchbegriff «Nichtraucher» fördert bei Google knapp zehn Millionen Einträge zutage, kaum weniger als bei Megathemen wie Diät oder Allergie. Es überrascht mich schon, wie viele Menschen das Thema beschäftigt.

Die grenzenlose Vielfalt treibt ihre Blüten: Zahllose Rauchfrei-Kurse werben mit hochprozentigen Erfolgsquoten, in Online-Foren flehen gerade Abstinente um Akuthilfe, es gibt sogar «Nichtraucher-Bünde», die wortgewaltig für eine rauchfreie Welt kämpfen. Und bei Bedarf ist auch das passende T-Shirt mit Nichtraucher-Aufdruck nur wenige Mausklicks und 19 Euro zuzüglich Versand entfernt.

Man muss auf diesem bunten Marktplatz der Nichtraucherei tiefer graben, um vertrauenswürdige und kommerzieller Interessen unverdächtige Institutionen zu finden. Aber es gibt sie: Die Deutsche Krebshilfe, die Weltgesundheitsorganisation WHO, Krankenkassen, Fachkliniken und auch die großen Online-Magazine – sie alle informieren ausführlich über das Thema Nichtrauchen.

Der Tonfall klingt rau in Raucherohren: Schon ein paar Kippen täglich sieht man dort nicht als genussvolle Schrulle an, sondern als schwerwiegende Suchterkrankung mit bösartigen Folgen. Die Belege für diese These überspringe ich schlechten Gewissens. Horrende Sterberaten, abstrus verunstaltete Raucherlungen, ellenlange Schadstofflisten – wahrlich nichts, womit ich mir den Tag verderben möchte.

Ich setze mir jetzt erst mal einen Kaffee auf. Und dazu eine schöne, schadstoffreiche Zigarette.

18.32 Uhr

Rund 500 Jahre vor Christi Geburt entstand ein Buch, das heute noch als eines der bedeutendsten Werke zum Thema Strategie gilt: «Die Kunst des Krieges». Verfasst haben soll es der chinesische General Sun Zi, Philosoph und Militärführer. Ein fähiger Mann, wie es heißt. Einmal, bei einer Schlacht im Reiche Chu, soll er seine Truppen gegen eine zehnfache Übermacht des Feindes zum Sieg geführt haben. Von ihm stammt ein berühmter Satz: «Du musst deinen Feind kennen, um ihn besiegen zu können.»

Mein Feind ist die Sucht. Doch wie genau sieht sie aus?

Mächtig ist sie, das würde wohl auch Sun Zi so sehen, denn sie kommt gleich im Doppelpack daher: Rauchen macht physisch und psychisch abhängig. Zum einen ist es die Sucht nach Nikotin, zum anderen die ewige Gewohnheit. Diese beiden Komponenten sind ineinandergelagert und verstärken sich gegenseitig. «Ein Duo infernale» titelt die *Gesundheitszeitung* schön plakativ.

Fangen wir mit dem Körper an: Bei dem Alkaloid Nikotin handelt es sich um ein Nervengift, das die Tabakpflanze in Wurzeln und Blättern bildet, um sich vor Schädlingen zu schützen. Ab einer Konzentration von etwa 50 Milligramm ist es für den Menschen tödlich. Mit jeder Zigarette inhaliert ein Raucher etwa ein 1 Milligramm Nikotin, was von Lunge, Leber und Niere schnell wieder abgebaut wird. Das ist der einzige Grund, warum ein Kettenraucher nicht gleich in der Neuroklinik oder direkt auf dem Friedhof landet. Jedoch macht der Stoff auch in kleinen Mengen schnell süchtig.

Wird das Nikotin inhaliert, gelangt es, gebunden an winzige Teerteilchen, über den Blutkreislauf innerhalb von sieben Sekunden ins Gehirn. Dort stimuliert es Rezeptoren, die im Kopf ein wahres Feuerwerk veranstalten. Rund ein halbes Dutzend Botenstoffe werden ausgeschüttet, darunter Endorphin, Dopamin und Noradrenalin. Diese «Glückshormone» sorgen für die Wirkung, die ein Raucher an seinem Laster liebt: Die Zigarette beruhigt oder regt an, baut Aggression ab und macht Stress leichter erträglich. Mit der Zeit wächst die Gier, die Zahl der Nikotinrezeptoren vervielfacht sich.

Eine Schlüsselrolle bei der Suchtentfaltung kommt dem Botenstoff Dopamin zu. Dessen eigentliche Aufgabe besteht darin, das sogenannte «Belohnungssystem» im menschlichen Mittelhirn über positive Erlebnisse zu informieren. Egal, ob man schön essen geht, Freunde trifft oder Sex hat – immer ist Dopamin im Spiel. Das Hirn weiß dadurch: Jetzt wird's nett. Genau wie andere Drogen sorgt auch Nikotin für eine massive Ausschüttung des kleinen Freudenspenders. Das Fatale daran ist, dass der belohnende Dopaminschub fest mit der Tätigkeit des Rauchens assoziiert wird. Feuerzeug raus, Zigarette an – und schon gibt es ein Leckerli fürs Hirn.

Hartnäckig wird die Sucht durch die Gewohnheit, mit der dies geschieht. Jemand, der täglich 25 Zigaretten einsaugt, wiederholt mehr als 9000-mal im Jahr die Erfahrung, dass Rauchen eine beglückende Tätigkeit ist. Dieses perfide Doppelspiel zwischen Geist und Körper gräbt sich tief in das Suchtgedächtnis ein. Fachleute vergleichen die Sucht nach Zigaretten von der Intensität her mit der nach Kokain oder Heroin.

Ab dem 1. Mai wird mich ein Zweifrontenkrieg erwarten. Der Kampf gegen die körperlichen Entzugserscheinungen ist der leichtere. Zwar werde ich mich mit so unschönen Dingen wie Unruhe, Nervosität, Reizbarkeit, Konzentrationsschwäche, depressiver Verstimmung und Schlafstörungen herumschlagen müssen – jedoch verschwinden diese Symptome spätestens nach vier Wochen. Der Hauptfeind sitzt im Kopf. Nur mit viel Disziplin und Durchhaltevermögen lässt sich das eingelebte Suchtgedächtnis umprogrammieren. Wenn ich Pech habe, plagt mich das Rauchverlangen ein Leben lang.

Meine Erfolgsaussichten sind nicht sonderlich gut, der Blick auf die Statistik macht Angst. In Deutschland gibt es etwa 21 Millionen erwachsene Raucher. So gut wie alle von ihnen wollen aufhören, irgendwann und irgendwie zumindest. Man schätzt, dass etwa ein Drittel von ihnen – also für mich unfassbare sieben Millionen Menschen – mindestens einmal im Jahr versucht, mit dem Rauchen aufzuhören.

Gerade einmal jeder Fünfte schafft es durch den ersten Monat. Und nur fünf Prozent sind nach einem Jahr noch rauchfrei, dürfen sich dann «statistischer Nichtraucher» nennen, quasi der Ritterschlag der Rauchentwöhnung.

Eine gute Vorbereitung verbessert meine Chancen. Denn die Erfolgswahrscheinlichkeit derer, die sich per Hauruck-Methode durch den Rauchstopp boxen, ist hundsmiserabel. Von ihnen schafft es nicht mal jeder Dreiunddreißigste – der große Rest wird besiegt. Von einem Feind, den sie noch nicht mal kennen.

19.17 Uhr
Ich bin «stark abhängig» von Zigaretten. Das habe ich zwar schon geahnt, doch nun ist es amtlich. Alle naslang trifft man im Internet auf den Namen des schwedischen Arztes K.O. Fagerström. Der von ihm entwickelte Test gilt als international anerkannt bei der Ermittlung der individuellen Nikotinabhängigkeit. Sieben Punkte habe ich nach gewissenhafter Beantwortung der Fragen erzielt und liege damit – notabene – noch nicht mal an der Spitze des Suchtrankings. Erst ab acht Punkten gilt man als «sehr stark abhängig».

Ausschlaggebend für das Ergebnis ist dabei weniger die Anzahl der gerauchten Zigaretten als vielmehr die Frage, wie schnell nach dem Aufwachen – also nach schätzungsweise acht Stunden ohne Nikotin – das Verlangen nach einer Zigarette entsteht. Ehrlich gesagt bin ich wohl nur deswegen einen Punkt an der Spitzenkategorie vorbeigeschrammt, weil meine alte Kaffeemaschine mindestens sechs Minuten braucht, um den Morgenkaffee aufzubrühen. Und ohne den fasse ich die Morgenzigarette nicht an.

Was bringt nun dieses Wissen? Immerhin eine kleine Empfehlung: Bei mehr als sechs erreichten Punkten sollte man sich dringend Gedanken über Entwöhnungshilfen machen. Bei schweren Fällen wie mir sei der Rauchstopp ansonsten mit hoher Wahrscheinlichkeit zum Scheitern verurteilt. Sagt Herr Dr. Fagerström.

20.43 Uhr

«Zerosmoke» – von allen zweifelhaften Hilfsmitteln, die ich bei meiner kleinen Internetrecherche gefunden habe, liegt dieser angeblich patentierte Ansatz der Aurikulotherapie – es geht also um das Ohr – eindeutig auf Platz eins. Für 69 Euro erhält man zwei «mit Gold überzogene» Magneten sowie ein in Italienisch verfasstes «Zerosmoke»-Handbuch. Der Hersteller preist die Ohrclips als wahres Wundermittel an und taxiert die Erfolgsquote gänzlich unbescheiden auf satte 80 Prozent!

Und so funktioniert der teure Spaß: Die beiden Fünf-Cent-Stück-großen Magneten sollen einander gegenüber in der Ohrmuschel drapiert werden. Durch ihre gegenseitige Anziehung üben sie dann laut Hersteller einen «stimulierenden, kontinuierlichen und vorgesehenen Druck aus», wodurch es zur Ausschüttung des «Glückshormons» Endorphin kommen soll. Dadurch werde, so die krude These, «das Verlangen zu rauchen gänzlich verschwinden». Einfach so.

Nun ja. Selbst wenn wir mal davon ausgehen, dass durch das Tragen zweier magnetischer Ohrclips Glückshormone ausgeschüttet werden, hat das mit der Frage, ob ein entwöhnungswilliger Raucher dauerhaft abstinent bleibt, in etwa so viel zu tun wie eine von der Tabaklobby finanzierte Studie mit der Wahrheit. Wenn dem so wäre, könnte ich auch einmal um den Block joggen, um Nichtraucher zu werden – denn auch dabei werden reichlich Endorphine freigesetzt.

Je länger ich im Internet suche, desto bunter wird die Palette der Entwöhnungshilfen. Da wird die «Kräuterzigarettenmethode» angepriesen, andernorts gibt es ausführlich Anleitung zur Selbsthypnose. Und wer es rustikaler mag, bläst kräftig in den blauen Kunststoffschlauch des Lungentrainers «Smile» und erhöht dadurch «Leistungsfähigkeit und Lebensqualität».

Selbstverständlich wuchert auch die alternative Front mit ihren Pfunden: Der bitteren Kudzu-Wurzel etwa hängt der Ruf an, die Lust auf Zigaretten gänzlich zu vermiesen. Bei «Tabacum D6» und «Antinicoticum»-Tropfen weiß zwar niemand so richtig, wie diese Mittel wirken. Fest steht nur der Preis und dass es sich dabei um «Geheimtipps» handelt. Für alle, die gern selber Hand anlegen, kommt dagegen nur eins in Frage: «Rauchfrei klopfen mit Meridian-Energie-Techniken».

Wenn ich so etwas lese, stehen mir die kurzen Haare zu Berge. Da wollen doch nur einige selbsternannte Experten mit der Verzweiflung anderer Leute Kasse machen. Vielleicht gibt es ja tatsächlich einen Placebo-Effekt, so etwas wie einen wissenschaftlichen Beweis sucht man jedoch vergeblich.

Folgt man der Wissenschaft, kommen eigentlich nur zwei Methoden in Frage: Verhaltenstherapie und Nikotinersatz. Das Prinzip bei Letzterem ist einfach: Gib dem Körper, wonach er verlangt. Über Pflaster, Kaugummis, Sublingualtabletten, Sprays oder einen Inhalator lässt sich das Nikotin in verschiedenen Wirkstärken verabreichen. Einige Experten meinen zwar, dass die Nikotinersatztherapie nur den körperlichen Entzug verlängern würde, doch können sich die Erfolgsquoten durchaus sehen lassen: Bis zu 15 Prozent der Teilnehmer an klinischen Studien blieben für mindestens ein Jahr rauchfrei.

Kombiniert man dies mit verhaltenstherapeutischen Maßnahmen, lässt sich die Quote verdoppeln. Der Verhaltenstherapie kommt dabei nach Meinung vieler Experten die Schlüsselrolle zu, da sie auf das Aufbrechen der psychischen Abhängigkeit zielt. In Einzelbetreuung oder Gruppentherapien sollen Strategien gegen den zwanghaften Griff zur

Zigarette erarbeitet und neue Verhaltensweisen erlernt werden, um die Abstinenz dauerhaft zu stabilisieren.

Eine Therapie kann ich mir aber ehrlich gesagt nicht vorstellen. Erfolgschancen hin oder her. Ich habe bisher um jegliche Art von therapeutischer Fürsorge einen großen Bogen gemacht und werde das auch weiterhin tun. Da sitzt dann irgend so ein Pfarrer-Fliege-Verschnitt mit gekräuselter Stirn vor einem und parliert darüber, was in meiner Kindheit alles schiefgelaufen ist. Nee, danke. Bis jetzt bin ich mit meinen Lebensproblemchen ganz gut selbst zurechtgekommen.

Bevor ich eine Therapie mache, würde ich eher auf die eine oder andere bunte Entwöhnungshilfe zurückgreifen. Natürlich nur aus journalistischen Erwägungen: «Immer an den Leser denken», heißt es doch so schön. Und die hätten mit Sicherheit ordentlich was zu lachen, wenn ich mich mit Magnet im Ohr und Kräuterzigarette im Mund verbissen durch die Akutphase klopfte.

22.16 Uhr

«Endlich Nichtraucher!» – dieses Buch steht bei mir im Regal. Wie übrigens bei fast allen Rauchern in meinem Bekanntenkreis. Da sich das Gerücht hartnäckig hält, dass Allen Carr wahre Wunderdinge zu Papier gebracht hat, kauft man es sich irgendwann oder – wahrscheinlicher – bekommt es von wohlmeinenden Bekannten geschenkt. Mein Exemplar hat Mami mir zukommen lassen, nachdem sie es gelesen hatte und immerhin vier Stunden abstinent geblieben war. In meinem Freundes- und Bekanntenkreis kenne ich niemanden, der den Absprung mit diesem Buch hinbekommen hat. Zumindest nicht dauerhaft.

Andreas erzählte mir während des Fotopraktikums davon, dass er in all seiner Verzweiflung sogar mal eines der Carr'schen «Easyway»-Seminare besucht hatte. Für schlappe 300 Euro durfte er sich während einer sechsstündigen Veranstaltung gemeinsam mit einem Dutzend anderer Aufhörwilliger von einer dominanten Mittvierzigerin als verblendeter Raucher beschimpfen lassen. «Immerhin gab es Häppchen, und wir machten Rauchpausen», kommentierte Andreas trocken.

Hinterher hat er wie alle anderen Neu-«Nichtraucher» im Kurs brav Tabak und Feuerzeug auf einen großen Haufen geworfen – jedoch nur, um sich danach schnellstmöglich neu einzudecken. Auf die Rückerstattung der Kursgebühr hat er angesichts des bissigen Personals lieber verzichtet. In den Statistiken der großen Carr-Familie wird er daher weiterhin als glücklicher Abstinenter geführt.

«Endlich Nichtraucher!» lebt von seiner radikalen Argumentation: Carr hält alle Raucher für Trottel und schreibt das auch so. Rauchen bringe absolut nichts, wer es tut, müsse absolut verrückt sein. An vielen – zugegebenermaßen recht hübschen Beispielen – wird deutlich, dass er weiß, worüber er schreibt. Dennoch zählt er letztendlich nur die bekannten Argumente gegen das Rauchen auf. Das habe ich an Ostern zu Hause auf einem Blatt Papier hinbekommen. Doch Carr wiederholt sie gebetsmühlenartig. Es ist die ewige Wiederkehr des Immergleichen, Psychodruckbetankung für nikotingetränkte Raucherhirne.

Die ständigen Wiederholungen sind lästig, wirklich nervtötend aber ist seine Attitüde. Schon beim ersten Satz der Einführung musste ich schlucken. «Ich werde die Raucher dieser Welt heilen», verkündet er dort. Ähnlich messianisch geht es weiter: Er sei der erste Mensch auf dem Planeten, der den Mechanismus der Nikotinsucht begriffen hat. Der Mann ist auf einer Mission, das Gurutum trieft von jeder Seite. Nicht nur von Berufs wegen misstraue ich allzu vollmundigen Versprechungen – und genau diesen Nerv trifft Carr bei mir. Die Folge: eher ungläubiges Staunen als Erkenntnis, aktiver Widerstand statt Gefolgschaft. Mir war ziemlich schnell klar, dass ich mir von diesem Mann nicht helfen lassen wollte.

Allen Carr thront ganz oben auf den Ratgeberliteraturlisten der großen Online-Buchhandlungen. Er führt damit über 200 Titel an, die in den virtuellen Regalen ausliegen. Die anderen Autoren stehen ihrem Vorbild aus England nur wenig nach. Da werden durch immer noch innovativere Methoden «sanfte Wege» und «kinderleichte Ausstiege» versprochen, überall «Erfolge, ohne zu kämpfen». Mancher Klappentext liest sich so, als ginge es darin um einen Pauschalurlaub in der Toskana. «Willkommen in Ihrem Rauchstopp-Reisebüro. Wie hätten

Sie Ihren Ausstieg denn gern? In vierzehn oder vier Tagen? Oder doch nur einem?» Auch für ganz Eilige findet sich etwas in der Literaturliste: «Nichtraucher in 60 Minuten».

Ich kann ja nachvollziehen, dass der Autor eines Nichtraucherbuches von seinen Ratschlägen überzeugt sein muss. Doch etwas weniger Getrommel, dafür mehr Realitätssinn wären schon angebracht. Man braucht sich doch nur die Erfolgsstatistik in Erinnerung zu rufen, um darauf zu kommen, dass an der ganzen Prahlerei nicht allzu viel dran sein kann. Denkbar wäre auch: Niemand kauft diese Ratgeber. Bei «Zigarette sich, wer kann!» könnte ich das sogar richtig gut verstehen. Wer denkt sich bloß so einen Titel aus?

23.31 Uhr

So, ich habe den Computer doch nochmal hochgefahren und mir online zwei Bücher bestellt. Einmal «Die Rauchgiftfalle» von Friedrich Wilhelm Bauer. Zwar meint auch er, dass ich alles vergessen solle, was ich «bisher über Nikotinsucht, Raucherentwöhnung, Entzugserscheinungen und Wunderkuren gelesen habe», dennoch kommt das Buch weniger pädagogisch angehaucht daher als viele andere. Außerdem mag ich das Cover: endlich einmal nicht das typische «Sonnenblume-aus-Aschenbecher-Motiv, sondern ein mafios aussehender Raucher hinter Gitterstäben, umgeben von blauem Dunst. Schön dramatisch, scheint ein Rauchstopp-Krimi zu sein.

Gekauft habe ich es mir aber vor allem, um die Versandkosten für das Werk zu sparen, das mich wirklich interessiert: «Nichtrauchen und trotzdem schlank» verspricht Peter Lindinger in seinem Buch. Das Thema Gewicht liegt mir sehr am Herzen, nur ungern möchte ich das Schicksal vieler Ex-Raucher teilen und aufgehen wie ein Hefeteig. Mit der «Köpfchen-Methode» kommt man um die zusätzlichen Kilos herum, sagt zumindest der Autor. Und das soll «nicht durch Psycho-Tricks, sondern mit klarem Verstand» geschehen. Nach all dem, was ich am heutigen Tag gesehen und gelesen habe, ist das eine richtig schöne Abwechslung!

Montag, 24. April, 18.45 Uhr

Nikotinkaugummis kommen für mich nicht in Frage. Zweimal hatte ich bereits das Vergnügen mit diesen kleinen hellbraunen Biestern, die die Geschmacksnerven mit bitter-pfeffrigem Aroma vergrätzen. Steinhart werden sie nach kurzer Zeit, das absolute Gegenteil von Kauspaß und Riesenblasen.

«Langsam kauen und nicht zu fest auf das Kaugummi beißen», empfiehlt der Beipackzettel wohlmeinend. Und ebenfalls: in «der Backentasche ‹parken›, wenn der Geschmack stärker wird». Das schreibt sich leichter, als es im wahren Leben ist. In der Akutphase ist langsam kauen eine Kunst. Ich jedenfalls malträtierte die schnöde Kaumasse nach Nikotin gierend derart heftig, dass mir nach kurzer Zeit ein bitteres Gemisch aus Speichel und Nikotin den Rachen herunterrann.

Fast eine halbe Stunde hat sich heute Herr Pfeifer – so stand es auf dem silbernen Namensschild an seinem weißen Kittel – in der kleinen Apotheke in der Innenstadt für mich Zeit genommen. Geduldig beantwortete er mir meine vielen Fragen zur Nikotinersatztherapie. Dabei blickte er über seine randlose Brille und murmelte häufiger ein «Ja, ja, Rauchen ist schon ein Übel, man sollte Zigaretten am besten ganz verbieten» vor sich hin. Ich schätze, er hat selbst mal einen Strauß mit der Sucht ausgefochten oder tut es sogar immer noch. In jedem Fall war es endlich einmal die Form von Beratung, mit der sich die Qualitätsapotheke gerne rühmt – und die sie so oft schuldig bleibt.

Nach dem Gespräch mit Herrn Pfeifer wusste ich jedenfalls, dass für mich auch Nikotinspray, -inhalator oder -sublingualtablette nicht in Frage kommen. Aus einem einfachen Grund: Sie sind verschreibungspflichtig. Mein Hausarzt weiß zwar, dass ich rauche, jedoch habe ich kein Interesse daran, dass dies durch ein Rezept für ein Entwöhnungsmittel aktenkundig wird. Prinzipiell dürften sich daraus keine Nachteile ergeben. Doch es ist bekannt, dass die Krankenkassen mit ihrer ewigen Geldnot schon lange damit liebäugeln, Raucher aufgrund des höheren Krankheitsrisikos stärker zu belasten. Da bin ich lieber vorsichtig. Und wähle die frei verkäuflichen Pflaster.

Das ist der bequemste Weg, rauchfrei an Nikotin zu kommen, einfach aufkleben und 24 Stunden lang nicht mehr daran denken. Bei der akuten Bekämpfung der Sucht bieten die Pflaster einen großen Vorteil: Der psychische Entzug wird vom physischen vollständig abgekoppelt. Anders als bei Kaugummi oder Spray muss man nicht selbst aktiv werden, sodass sich erst gar nicht eine neue unschöne Gewohnheit bilden kann. So kann ich mich bei dem bevorstehenden Kampf auf eine Front konzentrieren – die in meinem Kopf.

Vollständig werden mir die Pflaster die Entzugserscheinungen allerdings nicht nehmen können, diesen Zahn hat Herr Pfeifer mir schnell gezogen. «Bei der Nikotinaufnahme kommt es nicht auf die Menge, sondern vorwiegend auf die Geschwindigkeit an», erklärte er mir. «Nur wenn es wie bei der Zigarette mit schnellem Kick serviert wird, erfolgt die volle Dopaminausschüttung.» Bei den Pflastern dagegen träufelt der Wirkstoff nur langsam in die Blutbahn, es braucht bis zu einer halben Stunde, ehe ein hinreichender Nikotinspiegel aufgebaut ist.

Als Dosierung kommt für mich nur die stärkste Stufe in Betracht. 52,5 Milligramm Nikotin, so ist es auf der Packung angegeben. Allerdings werden nur etwa 21 Milligramm tatsächlich freigesetzt, was in etwa der Nikotinmenge einer Schachtel Zigaretten entspricht. Nach jeweils vier Wochen soll man auf die nächstniedrigeren Stufen – 35 und 17,5 Milligramm – umsteigen, damit das Nikotin langsam aus dem Körper «ausschleicht», wie es der Hersteller nennt.

Zwölf Wochen Nikotinersatztherapie sind allerdings ein ganz schön teurer Spaß. Für sieben Pflaster muss ich stolze 23,95 Euro hinblättern, also nur geringfügig weniger als für Zigaretten. In drei Monaten sind das fast 300 Euro. «Man zahlt halt die Entwicklung mit», rechtfertigte Herr Pfeifer den hohen Preis, wohl wissend, dass die Produktionskosten deutlich niedriger liegen. Meine Vermutung, dass bei dem empfohlenen Zeitraum wohl auch Profitinteressen des Herstellers eine Rolle spielen dürften, quittierte er mit einem nickenden Achselzucken.

Letztendlich ist das aber auch egal. Mir geht es zunächst nur einmal darum, die ersten Tage zu überstehen. Und dabei im Job zu funktionieren. Einen Totalausfall wie im Januar will ich mir nicht noch einmal leisten. Also wird erst mal geklebt.

20.43 Uhr

Mein Umfeld reagiert auf den Umstand, dass ich bald öffentlicher Nichtraucher sein werde, mit, na, wie soll ich sagen, diebischer Vorfreude. «Ich werde dich ganz genau im Auge behalten», meinte Christopher heute Abend am Telefon zu mir. «Und zur Not überprüfe ich sogar deinen Hausmüll. Du weißt ja, wie so etwas bei uns läuft.» Er gluckste vor Freude, in solchen Momenten merkt man ihm seine Berufung zum Boulevard-Journalisten an.

Ich kenne ihn von dem Volontärskurs an der Akademie für Publizistik, einer Journalistenschule. Zunächst hatten wir uns skeptisch beäugt, denn prinzipiell stehen wir beruflich auf entgegengesetzten Seiten. Ich bin als PR-Mitarbeiter der Nordwohn AG auf gute Presse bedacht, er will als Journalist bei einer Hamburger Klatschpostille natürlich seine Story. «Mieter von Wohnungskonzern zum Duschen in den Schnee geschickt», bei solchen Geschichten leuchten seine kleinen Augen. Nach der ersten Beschnupperphase verstanden wir uns aber prächtig. Wir teilen die Leidenschaft für plakative Überschriften und können außerdem sehr ausgelassen miteinander feiern.

Seine Rauchgewohnheiten habe ich nicht ganz durchschaut. Mal qualmt er wie ein Schlot, etwa wenn wir abends zusammen losziehen, mal lässt er über Monate die Finger von den Kippen. Meist raucht er nur ein paar Zigaretten täglich. Ein Problem hat er damit nicht. Sagt er jedenfalls. Ich habe ihn, um seiner Frotzelei den Wind aus den Segeln zu nehmen, direkt gefragt, ob er nicht gleich mit aufhören möchte. Wäre ja auch für ihn gesünder und so.

Er hat mir stattdessen eine Wette angeboten: eine Flasche «Moët & Chandon» auf den ersten rauchfreien Monat. Das ist der Einsatz. Ein ganz schöner Grund durchzuhalten, denn ich trinke ganz gern Champagner, erst recht, wenn ich nicht dafür zahlen muss.

Aber auch sonst wäre der Erfolg bei meinem «Projekt Nichtrauchen» ganz ratsam. Denn inzwischen haben es so gut wie alle im Freundeskreis mitbekommen. Öffentliches Nichtrauchen bei *stern.de* ist ja jetzt auch nicht so ganz alltäglich. Wann hat man schon mal die Gelegenheit, einem Bekannten bei einer derartigen Plackerei zuschauen zu können?

Die Einzige, die sich wirklich vollständig jede Witzelei verkneift, ist Mia. Sie hat mir wieder jede Unterstützung zugesagt und richtet sich auf ein paar stürmische Wochen ein. Meine miserable Laune von meinem letzten Versuch hat sie noch in bester Erinnerung. Eines musste ich ihr aber versprechen: «Björn, wenn du wieder heimlich mit Zigarillos anfangen solltest, bitte sag es mir frühzeitig.»

Dienstag, 25. April, 23.03 Uhr

«Wissen Sie ganz genau, wie viele Zigaretten Sie heute geraucht haben?»

Ja, weiß ich. Bis jetzt sind es 21. Gestern Abend allerdings, als mich die überraschend gute Broschüre «Weg vom Rauchen», die mir Herr Pfeifer zusätzlich zu den Nikotinpflastern in die Tüte gesteckt hatte, fragte, konnte ich nur schätzen. 20 bis 25 Zigaretten pro Tag, in jedem Fall mehr als eine Schachtel. Aber das ist es, was ich immer sage, wenn ich danach gefragt werde.

Daher habe ich heute fein säuberlich jede geraucht Zigarette in einen kleinen Block eingetragen. Das Ziel der Übung heißt Rationalisierung – wann rauche ich wie viel, und welchen Stellenwert hat die jeweilige Zigarette für mich? Die Beantwortung dieser Fragen wird von den verhaltenstherapeutischen Ansätzen bei der Raucherentwöhnung wärmstens empfohlen. Der Entwöhnungswillige soll sich dadurch schon vorab bewusstmachen, welche Zigaretten ihm nach Rauchstoppbeginn am meisten fehlen werden. Eine Art der Krisenprävention also.

Ganz authentisch war der Feldversuch allerdings nicht. Allein durch die Pflicht des Aufschreibens habe ich auf einige Zigaretten verzichtet, die ich an normalen Tagen sicher geraucht hätte. Spätestens als es zweistellig wurde, nervte das Notieren und Bewerten ganz gewaltig. Dennoch ist das Ergebnis interessant: Unter den 21 Zigaretten finden sich exakt sechs echte Genusszigaretten, vier mittelwichtige und elfmal unmotivierter blauer Dunst.

Die Kippe um halb elf Uhr morgens gehört zu meinen echten Darlings. Zuvor habe ich bereits anderthalb Stunden lang einen Stapel

Zeitungen gelesen, um den täglichen Pressespiegel mit Nachrichten über die Nordwohn AG zu füllen. Früher rauchte ich dabei immer am Schreibtisch und schlürfte mindestens zwei Becher «Wiener Melange» aus dem Kaffeeautomaten. Nachdem die Artikelübersicht eingescannt und verschickt ist, eile ich freudig in die Raucherecke und belohne mich für die geleistete Arbeit. Mir ist heute aufgefallen, dass ich gezielt und mit zunehmendem Tempo auf die kleine Arbeitsunterbrechung hinarbeite.

Auf diese Zigarette ab der nächsten Woche zu verzichten wird hart. Genauso wie auf die anderen von mir hoch dekorierten, weil sehr geliebten Rauchvergnügen: die erste morgens, die nach dem Mittagessen in der «T.R.U.D.E.» und die gemeinsam mit Mia nach der Mitarbeiterbesprechung. Schön ist auch die Kippe direkt nach dem Nachhausekommen, wenn ich mich noch vor dem Abendbrot für fünf Minuten auf meine kleine schwarze Ledercouch fallen lasse. Diese Zigarette beschließt offiziell den Arbeitstag. Alles, was danach kommt – zumindest an einem unspektakulären Abend zu Hause –, ist maximal noch mittelwichtig bis überflüssig.

Die Anzahl der Gewohnheitszigaretten erschreckt. Viel zu oft rauche ich nur, weil es gerade geht. Die schnell Reingewürgte auf dem Weg von der Haustür zur S-Bahn-Station etwa oder die Kippe vor dem Essen. Heute habe ich mich dabei ertappt, dass ich vor der kurzen Besprechung in unserer Marketingabteilung wie selbstverständlich meine Zigaretten eingesteckt habe – und das, obwohl ich gerade mal fünf Minuten vorher eine dampfen war.

Es verblüfft mich durchaus, wie viel ich durch ein bisschen Notieren über mich als Raucher erfahren habe. Die Zigaretten bestimmen meinen Tagesablauf weitaus stärker, als es mir bewusst gewesen ist. Fortführen werde ich das kleine Selbstexperiment nicht. In den letzten sechs Tagen meines Raucherlebens möchte ich keine Zigaretten zählen. Sondern sie einfach nur genießen.

23.43 Uhr

So, doch nochmal Erbsenzählerei. Ich wollte es nun genau wissen. Wie viele Zigaretten habe ich in meinem Leben schon geraucht? In die Pi-mal-Daumen-Rechnung hinein müssen vier Wochen Abstinenz, ein paar Jahre mit 20 Zigaretten täglich sowie ein paar Jahre mit 25. Hinzu kommen die vielen, vielen Stresstage mit bis zu 40 Lungentorpedos. Die kann ich am schwersten taxieren.

Realistisch erscheint mir ein Gesamtschnitt von 27 Zigaretten. Über einen Zeitraum von zwölf Jahren gerechnet, komme ich dann auf sagenhafte 120 000 Zigaretten. Unter Berücksichtigung aller Preissteigerungen hat mich meine kleine, exzessive Rauchleidenschaft etwa 18 000 Euro gekostet. Die hätte ich jetzt gern auf dem Konto. Für mich als Volontär ist das mehr als ein Jahresgehalt.

Mittwoch, 26. April, 18.12 Uhr

Als frischgebackener Nichtraucher nimmt man zu, das ist allgemein bekannt. Manche legen sogar ganz fürchterlich zu. Als ich vor einigen Jahren meinen alten Kumpel Jürgen aus Kappeln wiedertraf, staunte ich nicht schlecht: Aus der langen Bohnenstange von früher war ein wuchtiger Endzwanziger mit deutlichem Bauchansatz geworden. Gute 15 Kilogramm hatte er seit seiner letzten Zigarette zugenommen. Er sei seither ein ziemlich guter Esser, fügte seine Freundin damals noch hinzu, durchaus vorwurfsvoll.

Gewichtszunahmen in dieser Größenordnung sind allerdings nicht die Regel. Zumindest wenn man der Statistik glaubt. Nach der Auswertung mehrerer Studien sind Experten zu dem Ergebnis gekommen, dass die durchschnittliche Gewichtszunahme nach einem Rauchstopp 2,9 Kilogramm beträgt. Nur zehn Prozent aller Ex-Raucher würden so wie Jürgen ernsthaft zunehmen. So schreibt es zumindest Peter Lindinger, dessen Buch «Nichtrauchen und trotzdem schlank» heute bei mir eingetrudelt ist.

Die Gründe für die zusätzlichen Kilos schlüsselt der Autor recht anschaulich auf. Einerseits fährt der Körper nach der letzten Zigarette den Stoffwechsel herunter, weil die Zigaretten den Kreislauf nicht mehr treiben. Gleichzeitig wächst der Appetit. Lindinger kommt in seinen Berechnungen auf insgesamt 500 Kilokalorien, die der Abstinente in der ersten Zeit zusätzlich verbrennen muss – das entspricht etwa einem Big Mäc pro Tag. Auf die Woche hochgerechnet, kommt er dadurch auf eine Menge von 455 Gramm zusätzliches Fett.

Mit Lindingers Ratschlägen zu «verstärkten Verbrennungsaktivitäten» allein wird man das nicht wegbekommen. «Treppen steigen statt Aufzug fahren, nicht mit dem Auto, sondern mit dem Fahrrad zum Bäcker fahren, Abendspaziergänge machen oder tanzen gehen» – alles schön und gut. Jedoch muss man für 500 zusätzliche Kilokalorien am Tag schon stärkere Geschütze auffahren. Eine Dreiviertelstunde auf dem Crosstrainer etwa oder mindestens 600 Meter weiter schwimmen – täglich, wohlgemerkt.

Ich werde zunehmen, damit muss ich mich wohl abfinden. In den letzten Jahren habe ich auch mit Zigaretten um eine halbwegs passable Linie kämpfen müssen – was mit zunehmendem Alter nicht leichter wird. Mit meinen 83 Kilogramm bei 1,80 Körpergröße komme ich einigermaßen klar. Durch das Schwimmen bin ich halbwegs trainiert, breite Schultern liegen eh in der Familie. Dennoch kann ich auf eine weitere Konvexwölbung in Bauchhöhe gut verzichten.

Der Schlüssel zur schlanken Linie liegt natürlich bei der Ernährung. Und da gehöre ich nicht gerade zu den Leuten, die sich die wohlmeinenden Tipps der *Brigitte*-Redaktion an den Kühlschrank pinnen. Als Single habe ich wenig Lust, mir beim Kochen Mühe zu geben. Oft fehlt mir auch die Zeit dazu, sodass gerne mal Junk-Food auf dem Speiseplan steht. Na ja, und ein Gemüsefreund war ich noch nie. Früher habe ich allen Ernstes weder «Grünes» noch «Rotes» gegessen, ganz prinzipiell. Erst seit ein paar Jahren hat sich das zumindest ein bisschen geändert.

Der Zug für Präventivmaßnahmen ist allerdings abgefahren. Weder werde ich vorher abnehmen (Lindinger: «Puffer schaffen»), noch habe ich derzeit allzu viel Muße, im großen Stil meine Ernährung umzustellen. Da bleibt mir nur die zweite Variante: Erst die Abstinenz stabilisieren, dann über das neugewonnene Körpergefühl langsam anfangen, gesünder zu leben. Er spricht dabei von neuer Balance – und die kann ich ja ohnehin ganz gut gebrauchen.

23.07 Uhr

Woodys Augen flackerten, als er mir heute Abend feierlich verkündete, dass auch er sich dem «Projekt Nichtrauchen» anschließen wird. Diesen Blick kenne ich schon von Adrian. Ich deute ihn als eine Mischung aus Angst, Euphorie und Erschrecken über den eigenen Wagemut. Bei Woody wirkt das mit seinem kahlrasierten Schädel und seinem ansonsten meist lächelnden Gesicht nochmal etwas eindrucksvoller.

«Bei mir hat das Nichtrauchen schon ein paarmal ganz gut geklappt», sagte Woody selbstbewusst. «Wenn ich wirklich will, fasse ich auch keine Zigarette an.» Ich war schon erstaunt, wie locker er es nimmt. Ganz im Gegensatz zu mir. «Bloß keine große Sache draus machen», meinte er noch. Na, der hat gut reden.

Woody ist mein dienstältester Freund, noch aus gemeinsamen Kappler Zeiten. Damals haben wir viel unternommen. Groundhopping mit dem HSV, Pogo tanzen auf Ska-Konzerten, zu Rollertreffen brettern mit unseren Vespas. Als ich mit dem Studium in Kiel anfing, wurde der Kontakt spärlicher. Auch heutzutage treffen wir uns, obwohl wir beide in Hamburg wohnen, eher selten. Dafür bin ich zu oft im Stress, und für die meisten seiner Hobbys wie Motorradfahren und Online-Games kann ich mich nicht recht begeistern. Dennoch wissen wir, dass wir uns aufeinander verlassen können. Und wenn wir uns treffen, ist es immer witzig.

Übers Nichtrauchen haben wir trotz unserer langen Freundschaft noch nie geredet. Daher hat mich sein Vorstoß überrascht. Es kam aus völlig freien Stücken, ohne dass ich ihn irgendwie gedrängelt hätte. Ich kenne ihn nur als Raucher und wusste nicht, dass ihn die Kippen inzwischen genauso nerven wie mich. Aber das scheint ein weitverbreitetes Phänomen bei Männern in meinem Alter zu sein. Irgendwie kommen da alle ins Grübeln. «Ab 30 ist dein Körper dein Feind», heißt es ja so schön.

Bei Woody ist der Wunsch aufzuhören sicherlich auch seiner Gesamtsituation geschuldet. In letzter Zeit hat er ein bisschen Pech gehabt, erst die Trennung von Ulrike, kurz darauf hat er seinen Job als Webdesigner verloren. Vermutlich will er das mit dem Rauchstopp kompensieren und sucht eine Herausforderung.

Vielleicht geht es aber auch nur um Geld. Woody gehört zu den vielen Menschen im Land, die irgendwann auf günstige Steckzigaretten umgestiegen sind. «Feinschnitt» heißen die Tabaksticks in der Metallhülle offiziell, deren Inhalt man per Handarbeit selbst in die Filterhülse pressen muss.

Eine Zeitlang habe ich das auch mal ausprobiert. Allerdings hat mich das Procedere bald genervt. Selbst mit Übung brauchte ich gute zehn Minuten, um eine Schachtel zu füllen. Drückt man zu stark auf den Stopfstab, wird die Zigarette zu fest, und die Filterhülse steht ein paar Zentimeter über. Drückt man sanfter, gerät die Kippe schnell zu luftig, und der Tabak bröselt vorn heraus.

Bisher waren die «Steckies» für kleines Geld zu haben, da sie nicht wie Zigaretten, sondern mit dem deutlich niedrigeren Satz für Tabak besteuert wurden. 120 davon gab es für 10,50 Euro, sodass die gestopfte Zigarette inklusive Filterhülse nur 12 Cent kostete. Fast 100 Prozent Ersparnis gegenüber der handelsüblichen Zigarette. Doch nach einem Urteil des Europäischen Gerichtshofes ist es mit der Vorzugsbesteuerung seit Anfang des Jahres vorbei, so langsam verschwinden die letzten Restposten aus den Regalen.

Geldersparnis ist natürlich ein ziemlich guter Grund, mit dem Rauchen aufzuhören. Doch selten ein hinreichender: Bisher hat noch keine Preiserhöhung bei Zigaretten dazu geführt, dass der Umsatz der Tabakindustrie zurückgeht.

Auf einen genauen Termin wollte sich der liebe Woody heute allerdings nicht festlegen. «Ich höre auf, wenn meine ‹Steckies›-Vorräte aufgebraucht sind», meinte er zum Abschied an der Haustür. «Es kann also sein, dass ich schon vor dir so weit bin.» Mann, der Kerl hat Chuzpe, so als würden wir über Lollis reden. Angesichts seines scheinbar unerschütterlichen Selbstbewusstseins versuchte ich dann ebenfalls, etwas

Optimismus zu versprühen: «Ja, wir packen das, Woody», schwor ich ihn ein, so als wäre ich davon überzeugt.

Ich tat dann etwas, was man sich in Mitteleuropa lieber verkneifen sollte: Ich setzte zum «High Five» an. Jenes betont laute Abklatschen, mit der – wohl ausschließlich – Männer versuchen, auf möglichst lässige Weise einen wie auch immer gearteten Erfolg zu feiern. Leider geht dieses fürchterlich prollige Gehabe außerhalb amerikanischer Basketballfelder in neun von zehn Fällen gründlich in die Hose. Und sieht dann fürchterlich ungelenk aus. Wer klug ist, lässt diesen Unsinn sein. Doch ich brauchte heute Abend zwischen Tür und Angel noch eine Geste. Leider sauste meine Handkante, wie bestellt, an Woodys Hand vorbei und traf lediglich den hölzernen Türrahmen.

Der kleine Lacher zum Schluss übertünchte mein eigentliches Gefühl: Panik – die nämlich wächst von Tag zu Tag. Mit einem ziemlich flauen Gefühl verließ ich den dunklen Wohnblock meines alten Freundes und neuen Mitstreiters. So langsam wird es Ernst – noch fünf Tage bis zum D-Day. Ich denke nicht gern daran.

Donnerstag, 27. April, 15.30 Uhr

Nun habe ich mich doch bei einer Therapiegruppe angemeldet. Sicher ist sicher. Jeden Mittwoch steht nun anderthalb Stunden lang Verhaltenstherapie auf dem Programm. «Rauchfrei in zehn Schritten» heißt der Kurs. Mein Sinneswandel ist keine Spontangeburt. Seit Tagen bekomme ich das Worst-Case-Szenario nicht aus meinem Kopf: schmähliches Scheitern nach ein paar Tagen. Diese totale Niederlage muss ich irgendwie verhindern – selbst wenn ich dafür meine hartnäckigsten Vorurteile über Bord werfen muss.

Mit der Leiterin Frau Günther, ihres Zeichens Diplompsychologin, habe ich eben geschnackt. Sie klang ganz nett am Telefon und betonte, wie sehr sie sich über meine Teilnahme freuen würde, da nun die Mindestteilnehmerzahl von acht Leuten erreicht sei.

Selbst wenn der Kurs ein Reinfall sein sollte, hält sich das Risiko in Grenzen. Meine Krankenkasse zahlt den Hauptteil, ich bin nur mit 30

Euro dabei. Mir ist inzwischen gleichgültig, dass die Kasse dadurch weiß, dass ich Raucher bin. Mein Blick geht nur noch nach vorn. Und statistisch gesehen habe ich meine Erfolgsaussichten gerade eben verdoppelt.

Freitag, 28. April, 18.42 Uhr
Heute habe ich mit Jens in der *stern.de*-Redaktion das Verfahren für die Online-Tagebücher festgelegt. Es soll ein bisschen anders laufen als bei Jürgen Steinhoff. Der *stern*-Redakteur hatte vor sechs Jahren ein Nichtrauchertagebuch im Internet geführt, damals begleitet von großer Berichterstattung im Heft, täglichen Online-Einträgen und sogar einem Besuch bei Günther Jauch in *sternTV*.

Bei mir wird das natürlich etwas kleiner ausfallen. Die Texte sollen etwa 2400 Zeichen – also etwa eine Word-Seite – umfassen. Am Anfang werde ich häufig, etwa dreimal die Woche, schreiben, mit (hoffentlich) nachlassendem Schmachter soll die Anzahl reduziert werden. Die Artikel werden außerdem mit einer Kommentarmöglichkeit versehen, sodass mir die Leser direkt antworten können.

Das hat bei Steinhoff schon ganz gut geklappt. Ich war überrascht, wie viele Leute seine Bestrebungen verfolgt haben. Manchmal ist er allerdings übel beschimpft worden, «Larmoyanz» war noch der geringste Vorwurf. Aber, und da nehme ich ihn mir durchaus zum Vorbild, er hat das angepeilte Jahr durchgehalten.

Samstag, 29. April, 16.30 Uhr
Kalt ist es. Und das, obwohl die grauen Wolken tief über dem Hamburger Hafen hängen. Vor mir auf dem silbernen Metalltisch dampft ein Latte macchiato. Den hat mir die Kellnerin eben erst gebracht, zusammen mit einer Wolldecke, in die ich mich jetzt eingemummelt habe. Drinnen in der «Amphore» brummt der Laden. Ich bin der einzige Gast, der dem Nieselregen trotzt, sodass ich das Hafenpanorama exklusiv habe. Ein Schlepper zieht einen norwegischen Containerrie-

sen elbaufwärts an den großen Docks von Blohm + Voss vorbei. Vom Baumwall her höre ich den knatternden Motor des Wasserflugzeuges, das gleich wieder aufsteigen wird, um neugierigen Schlechtwettertouristen das schöne Hamburg von oben zu zeigen.

Das Einzige, was ich in meinem Lieblingscafé, ganz am oberen Ende der legendären Hafenstraße, mache, ist Rauchen. Seit anderthalb Stunden sitze ich hier. Mein Mund ist trocken, der Rachen ist wund. Es schmerzt jedes Mal, wenn er mit dem heißen Kaffee in Berührung kommt. Neunmal habe ich eine Zigarette aus der «Marlboro Lights»-Schachtel genestelt, zwischen die Lippen geführt und mit einem lockeren Dreh an meinem Zippo entflammt. Wenn man mit Bedacht an ihr zieht, stecken 14 zärtliche Züge in einer Zigarette.

In den letzten Tagen rauche ich, was das Zeug hält. Es kommt mir vor wie Nüsslein sammeln für den harten Winter. Die Zigaretten nehme ich bewusster wahr als vorher. Ich befinde mich auf so einer Art Abschiedstournee durch meine schönsten Rauchmomente. «Diese spezielle Zigarette rauchst du gerade zum letzten Mal», schoss es mir gestern häufiger durch den Kopf. Die letzte in der Raucherecke, die letzte in der «T.R.U.D.E.», die letzte gemeinsam mit Mia. Wenn ich am Dienstag zurück ins Büro komme, werde ich bereits Nichtmehrraucher sein. Eine ganz seltsame Vorstellung.

Gestern Abend habe ich das letzte Mal beim Feiern geraucht. Zusammen mit Adrian war ich im «Mandalay». Ein netter, aber viel zu lauter Club, der spätestens nach Mitternacht derart verqualmt ist, dass es mich sogar als Raucher stört. Da kann man nur mit Kettenrauchen gegenhalten. So rauchten und tranken wir und sprachen über die Zeit danach, sprich die nächste Woche. Schiss haben wir beide.

Einen Macchiato habe ich mir noch bestellt, obwohl es langsam schummrig wird. Und noch kälter. Aber der eine geht noch. Und drei Zigaretten. 42 Züge.

Sonntag, 30. April, 17.12 Uhr

Ich konnte Adrian schon von draußen sehen, als ich mein Fahrrad vor der Sofabar an einer Laterne anschloss. Er saß allein auf einer großen Couch nahe des Ganges und blätterte in einem dicken Wälzer. Alle paar Sekunden blickte er in Richtung Tresen. Er hat schon gestern mit dem Rauchen aufgehört. «Ich habe das Warten einfach nicht mehr ausgehalten», verkündete er mir vorhin am Telefon. «Nach dem Kater von Freitag hatte ich am Samstag überhaupt keinen Bock auf Zigaretten und wollte gar nicht erst wieder anfangen.»

Ich war baff, als er mir das erzählte. Wir hatten zwar nicht verabredet, dass er auch am 1. Mai aufhören wird, ich war bisher jedoch fest davon ausgegangen. Nun ist er vorgeprescht und wird jetzt immer anderthalb Tage Vorsprung haben. Richtig nett finde ich das nicht, aber ich kann ihn schon irgendwie verstehen. Das Warten auf den letzten Zug ist wirklich unerträglich.

Das kurze Treffen hat mir einen Vorgeschmack darauf gegeben, was mich erwarten wird. Adrian hatte richtig miese Laune. «Auf die Zigaretten zu verzichten geht schon irgendwie. Schlimm ist das taube Gefühl im Kopf. Und die Wut im Bauch», meinte er und wippte dabei mit den Beinen, sodass sein schwarzer Haarschopf im Takt mitfederte. Ein richtiges Gespräch war gar nicht möglich. Die meiste Zeit erzählte er, und wenn ich mal was sagen wollte, blickte er demonstrativ in «Options, Futures and Derivates». Ich kann mir nicht vorstellen, dass er von der Lektüre, die er angeblich für die Bank dringend durcharbeiten musste, irgendwas behalten hat. Als die Kellnerin kam, schimpfte er wie ein Rohrspatz. Sie hatte Macchiato mit Milchkaffee verwechselt.

Lange habe ich mir das Trauerspiel nicht angeschaut. An meinem letzten Tag mit Zigaretten hatte ich Besseres zu tun. Rauchen etwa. Das habe ich mir vor Adrian natürlich verkniffen. Selbst als Retourkutsche für seinen Frühstart wollte ich ihm das nicht antun. Aber gleich nachdem ich raus war und mein Fahrrad ein Stück weit die Schanzenstraße hinauf und damit außer Sichtweite geschoben hatte, zündete ich mir eine an.

23.37 Uhr

Sieben Zigaretten habe ich noch in der Schachtel. Eine werde ich gleich noch rauchen, der Rest ist für morgen. Die letzten sechs. Dann ist Schluss. Gerade eben habe ich kurz überlegt, ob ich das Sextett in den Mülleimer schmeißen soll, um den Tag morgen gleich rauchfrei zu beginnen. Den Gedanken habe ich schnell wieder verworfen.

Meine Ziele bewegen sich inzwischen auf Minimalniveau. Um ein rauchfreies Leben geht es mir schon längst nicht mehr. Ein paar Tage rauchfrei überstehen, die Höchststrafe vermeiden. Das ist die neue Peilung. Sollte ich scheitern, muss ich auch damit klarkommen. Irgendwie ist mir alles egal.

In richtig guter Ausstiegsform bin ich nicht. Suffabende wie am Freitag stecke ich nicht mehr so schnell weg wie früher. Wenn ich mal richtig gebechert habe, was in letzter Zeit nicht mehr oft vorkommt, bin ich meist noch für zwei Tage außer Gefecht gesetzt. Daher habe ich es gestern und heute ruhig angehen lassen, ohne wirklich Ruhe zu finden. Die letzten Tage mit Damoklesschwert über dem Kopf waren anstrengend. Alles drehte sich um den 1. Mai. Es wird höchste Zeit, dass es endlich losgeht!

Jetzt wird's akut

Montag, 1. Mai 2006, 22.00 Uhr

Das war's. Die letzte Zigarette ist geraucht. Um Punkt 17.00 Uhr, drüben in Steinwerder auf einem kleinen Rastplatz. Nur einen Steinwurf entfernt vom Zelt, in dem an sechs Tagen in der Woche der «König der Löwen» aufgeführt wird. Mit bester Sicht auf die Kehrwiederspitze und den Kaispeicher A, der schon bald die Elbphilharmonie huckepack nehmen soll. Pure Hafenidylle: Blauer Himmel, klare Luft, das trübe Elbwasser glänzte silbern in der Abendsonne.

Fünf Stunden ist das nun her. Ich sitze zu Hause am Schreibtisch und verspüre keinerlei Verlangen nach einer Zigarette. Die Reste meiner allerletzten liegen neben mir auf dem Schreibtisch, aufgebahrt in der Schachtel, aus der sie kam. «Rauchen kann tödlich sein» lautet die Grabinschrift in dicken schwarzen Lettern.

Der Tag war wie geschaffen für eine Auferstehung. Endlich ein paar Sonnenstrahlen nach dem langen, kalten Winter. Gemeinsam mit Denise machte ich eine Fahrradtour in das schnieke Blankenese. Halb Hamburg schien den «Tag der Arbeit» mit einem Elbspaziergang zu begehen, rund um die «Strandperle» war es gerammelt voll. Nur mit Glück bekamen wir noch einen Platz in dem Café direkt am Fluss.

Denise teilte mir mit, dass sie seit längerem einen neuen Freund hat, nämlich ihren alten. Thomas aus Dresden. Unsere Liaison liegt nun schon einige Zeit zurück, aber als Ex-Freund hört man so etwas nicht gern. Warum musste sie mir das ausgerechnet heute erzählen? An meinem Tag?

Weitaus mehr interessierten mich aber ohnehin die Zigaretten, die sie beim Plaudern locker wegqualmte. Ganz schön strammes Tempo für eine Gelegenheitsraucherin. Die letzten sechs aus meiner finalen Schachtel hatte ich bis Mittag in mich hineingesogen. Laut Plan war ich von da an eigentlich schon Nichtmehrraucher. Doch eine allerletzte, die 17-Uhr-Zigarette, habe ich Denise gleich zu Beginn unseres Treffens noch abgeschwatzt. Angeblich als dringend benötigtes Fotomotiv für das *stern.de*-Tagebuch.

Natürlich war das ein Kuhhandel. Ein nochmaliges Aufschieben der Gnadenfrist, das ich den Nachmittag über mit einem kräftigen Jieper bezahlte, befeuert von dem Bewusstsein, dass da ja noch eine Kippe kommen würde. Ich beschloss, diese mit größtmöglichem Pathos zu zelebrieren.

Die letzten Züge schmeckten absolut gewöhnlich. Der gleiche bittere Geschmack, der gleiche Schmerz in den Bronchien, den ich während der Zigarettenorgien in den letzten Tagen tapfer ausgehalten hatte. Ein wenig frischer schmeckte sie, denn es war eine «Reyno White». Eine Mentholzigarette.

Das darf man eigentlich niemandem erzählen, dass meine letzte Zigarette eine mit Menthol gewesen ist. Richtige Raucher rümpfen bei den angeblich gesünderen Stängeln stets die Nase. Ich tröste mich aber damit, dass es sich um exakt jene Marke handelt, die Altbundeskanzler Helmut Schmidt bei jeder Gelegenheit in Kette wegdampft.

Als ich meine letzte Lebenszigarette auf der kleinen roten Kaimauer ausdrückte, passierte nichts. Kein Donnerschlag, kein spontaner Regenbogen und auch kein anderes Himmelszeichen, das diesen historischen Moment geadelt hätte. «Kommst du jetzt endlich?», drängelte Denise stattdessen sächsisch resolut. Schon ein wenig genervt, weil ich aus immer neuen Perspektiven Fotos von meiner Allerletzten schoss. Es war ein langer Abschied.

Die Vorstellung, dass ich heute Nachmittag die letzte meiner geschätzt 120 000 Zigaretten geraucht habe, kommt mir unwirklich vor. Nie wieder im Café versonnen vor mich hin schmauchen, nie wieder eine Mahlzeit mit einer Zigarette beschließen, nie wieder den Stress wegrauchen. So recht realisiert habe ich die Tragweite meiner heutigen Wahnsinnstat noch nicht. Ich habe ein sehr flaues Gefühl im Magen.

Momentan aber dominiert ein anderes Gefühl: Euphorie. Ich bin heilfroh, dass es endlich losgeht. Das elende Warten auf den Nullpunkt hätte ich nicht einen Tag länger ausgehalten. Ich bin fest entschlossen, dass ich diesmal den Ausstieg aus dem Raucherleben schaffen werde. Von wegen Ziele auf Minimalniveau – von nun an bin ich Nichtraucher!

Der erste Tagebucheintrag für *stern.de* ist fertig geschrieben. Darin erzähle ich von meiner ersten Zigarette, dem üblen Suchtrauchen und meinem festen Willen, der Sucht endgültig den Garaus zu machen. «Die Stunde Null», habe ich getitelt. Ziemlich hochtrabend, aber drunter geht es heute nicht. Das ist schließlich ein Neuanfang.

Dienstag, 2. Mai, 16.10 Uhr

Es geht mir beschissen. 23 Stunden sind jetzt rum. Ich sitze kerzengrade an meinem Schreibtisch im Büro und denke an nichts anderes als an Zigaretten. Alle paar Sekunden muss ich mich zwingen, «Nein» zu sagen. Wieder und wieder. Das Nikotinpflaster brennt auf meinem rechten Oberarm. Aber dadurch weiß ich immer, dass es da ist. An konzentrierte Arbeit ist nicht zu denken. Mein Kopf fühlt sich an, als sei er komplett mit Watte gefüllt, die irgendein Biest unablässig über meine Gehirnwindungen scheuert. Ich weiß nicht, wie lange ich das noch durchhalte. Macht ein Leben ohne Zigaretten irgendeinen Sinn?

«Müssen muss man nicht», steht in signalroter Schrift auf dem Kärtchen in meiner Hand. Ein Geschenk von Mia. Meine liebe Vorgesetzte und ehemalige Rauchpartnerin hat mir heute Morgen zur Motivation ein ganzes Kartenspiel mit solchen Sprüchlein geschenkt. Aufgemacht wie eine Schachtel «Lucky Strike», nur steht «Alles, was sonst noch die Nerven beruhigt» dort, wo üblicherweise der Warnhinweis prangt. Ganz übler Kitsch aus der Lebenshilfeecke. Wäre es kein Geschenk, würde «Müssen muss man nicht» direkt aus dem Fenster fliegen. Im hohen Bogen in den Alsterseitenkanal. «Think positive!» und «Ruhe im Universum» gleich hinterher. Nur «Ärgern mit Genuss», diese Karte würde ich behalten.

Die Mitarbeiterkonferenz war eine einzige Tortur. Geschlagene zwei Stunden hockte ich dicht gedrängt mit den fünf Kollegen an dem grauen Besprechungstisch. Permanente Sonnenbestrahlung von rechts hinten. Still sitzen, keine Möglichkeit zur Flucht. Herr Wehmeyer referierte lange über die bevorstehenden Projekte. Reihenhaus-Richtfest am Hoffmannstieg, ein Neubauprojekt auf St. Pauli, Blaubau-Kunst im Foyer. Es flimmerte nur so an mir vorbei. Konsequent nickte ich alles weg, was da an Aufgaben auf mich hereinprasselte. Mia schaute mich mit ihren Katzenaugen mehrfach böse an und verpasste mir schließlich einen unsanften Tritt gegen das Schienbein, weil ich ständig den Druckknopf meines Kugelschreibers malträtierte. Klick, klack, klick, klack, wie das Geräusch in meinem Kopf.

Als Mia direkt nach Ende der Sitzung in Richtung Raucherecke entschwand, folgte ich ihr instinktiv ein paar Schritte. Es brauchte zwei Sekunden, bis mir klar wurde, dass ich die falsche Richtung eingeschlagen hatte. Also trottete ich allein zurück in unser Zweierbüro. Müssen muss man eben doch.

Die Hochstimmung von heute Morgen kommt mir vor wie ein ferner süßer Traum. Ich kam mit viel Elan ins Büro, die ganze Abteilung wusste Bescheid, alle haben gratuliert, sogar der Chef hat es irgendwann mitbekommen. Es war ein bisschen wie Geburtstag haben. Das Wettangebot von Ansgar habe ich natürlich angenommen: Für zwei rauchfreie Wochen gibt es von seinem schmalen Volontärsgehalt ein Mittagessen in der «T.R.U.D.E.». Ich hätte auch um ein Essen im Steakhaus gewettet, so sicher fühlte ich mich. Den gesamten Vormittag über hatte ich weder Entzugserscheinungen noch irgendeine Form von Schmachter. Ich habe noch kräftig gefeiert, wie unfassbar leicht es diesmal ist.

Seit der Mittagspause ist die Party vorbei. Ich war im Foyer kaum durch die große Drehtür, da schlug die Sucht zu: kurz, trocken, schmerzhaft. Seither dreht sich alles um Zigaretten. Quasi im Alleingang schmiedete mein Raucherhirn beim Warten an der Döner-Bude Rückfall-Pläne. Die Preisfrage war, wie sich der Sündenfall am besten vertuschen ließe. Auf meiner Einkaufsliste standen Deo und Mundspray, ein heimliches Plätzchen hinter den Büschen auf dem Parkplatz hatte ich auch schon ausgemacht. Diese Blöße wollte ich mir dann doch nicht geben. Erst groß feiern lassen und bei der ersten Versuchung einknicken wie ein billiges Zelt.

Seit zehn Minuten ist es amtlich: Ich bin öffentlicher Nichtraucher. Pünktlich um 16.00 Uhr ist das Tagebuch mit meiner «Stunde Null» bei *stern.de* online gegangen. Jetzt gibt es erst recht kein Zurück mehr. Lesen mag ich den Text nicht noch einmal, er trieft nur so vor Pathos. «Ich fühle mich der Sucht nicht mehr hilflos ausgeliefert», habe ich allen Ernstes geschrieben. Warum muss ich eigentlich immer die Fresse so weit aufreißen? Wäre es zur Abwechselung nicht auch mal ein bisschen kleiner gegangen? Wenn die Leser wüssten, wie ich mich gerade wirklich fühle.

22.12 Uhr

Schwimmen ist Erlösung. Als ich vorhin die Treppenstufen hinunter in das kühle Chlorwasser des Außenbeckens stieg, löschte das den Brand in meinem Kopf. Zumindest für kurze Zeit. Noch nie haben sich die 3,60 Euro Eintritt so sehr gelohnt wie heute.

Auf der Bahn ließ ich die ganze Anspannung des Tages raus. Dabei stieß ich mehrfach mit einer älteren Dame zusammen, die in aller Seelenruhe mit Rüschenbadehaube auf dem Kopf ihr Rückenschwimmprogramm im Zickzackkurs absolvierte. «Rüpel», geiferte sie mir nach der dritten Kollision hinterher. Mir war's egal. Ich nannte sie «Eva Braun» und schwamm weiter, wie von Sinnen. Ich pflügte durch das Wasser wie Kapitän Ahab auf der Suche nach dem weißen Wal. Bis zur völligen Erschöpfung. Um keinen Preis wollte ich aus dem Becken.

Pünktlich in der Umkleidekabine war der Schmachter wieder da.

22.30 Uhr

Frechheit! Woody hat sich gemeldet. Seit unserem Treffen hatte ich nichts mehr von ihm gehört. Jetzt meldet er sich, schön unverbindlich, per Leserkommentar unter dem Online-Tagebuch zurück:

Mit meiner großen Klappe hatte ich ja versprochen, es Dir nach dem Ende meiner Tabakvorräte gleichzutun. Habe mich mental noch nicht wirklich darauf einge- stellt. Ich bin aber optimistisch, dass wir das Kind schon schaukeln. Ich bleib dran! ;)

Lässt sich das noch windelweicher formulieren? Das klingt wie ein Bekenntnis von George W. Bush zum Thema Klimaschutz. «...opti- mistisch, dass wir das Kind schon schaukeln.» Der hat sie ja wohl nicht alle! Ich durchleide hier Höllenqualen, und Woody sitzt wahr- scheinlich genau jetzt in Unterhosen vor seinem Rechner und ballert sich rauchend durch irgendeinen Ego-Shooter. Auf der Suche nach der richtigen mentalen Einstellung.

Na ja, so richtig lustig dürfte der Schwebezustand auch für ihn nicht sein. «Entschlussphase» nennen die ganzen Ratgeber die Zeit vor der letzten Zigarette. «Panikphase» trifft es wohl eher. Dennoch frage ich mich schon, wie groß seine Tabakvorräte eigentlich sind. Wahrschein- lich hat der Lump nach seiner vollmundigen Erklärung nochmal or- dentlich aufgestockt.

Mittwoch, 3. Mai, 8.05 Uhr

O Mann, ich habe extrem wirr geträumt. Ich schwamm in der Kaifu, schluckte Wasser. Adrian war auch da, sogar meine Ex-Ex-Freundin Jeannie. Die natürlich rauchend. Eine wirre Traumbrühe tief aus mei- nem Unterbewusstsein. Was soll mir das jetzt sagen? Dass ich ohne Zigaretten untergehen werde? Vielleicht liegt es auch einfach nur an den Nikotinpflastern: «Abnorme Träume» tauchen auf dem Beipack- zettel genau wie «Schwindel» und «Schlaflosigkeit» als häufige Neben- wirkungen auf.

Eine ganze Reihe von Lesern hat es Woody gleichgetan und Kom- mentare unter meinem ersten Beitrag hinterlassen. Die meisten be- glückwünschen mich zu meiner Entscheidung und wünschen gutes Durchhalten. Nur einer fiel aus der Reihe und spottete:

Löblich in der Absicht, aber tragisch im Ergebnis, weil eben allzu oft und voraussehbar vergeblich. So gesehen, könnte man meinen, das Wort «Energieverschwendung» hätte in gescheiterten Nichtrauchversuchen seinen wahren Bedeutungskern gefunden.

Ganz schön herablassend, sicher ein frustrierter Raucher. Wer sonst würde so schreiben? Statistisch gesehen hat er ja leider recht. Aber so viel steht auch fest: Derartige Totsagungen per Leserkommentar kitzeln nur das letzte bisschen Ehrgeiz aus mir heraus. Sollen sie doch alle tönen, dass ich scheitern werde. Besser kann man mich gar nicht motivieren!

16.02 Uhr
Die Zeit ist mein Feind. 47 Stunden sind jetzt rum. Stunden wie Blei, mühsam dem Zifferblatt abgerungen. Mein Blick klebt rechts unten auf dem Bildschirm. 16:03, weiß auf blauem Pixelgrund liegt die kleine Digitaluhr da wie ein Stillleben. Vermutlich muss ich es als Erfolg betrachten, dass die Suchtattacken ein paar Augenblicke weiter auseinanderliegen als gestern. Aber meistens denke ich, dass ich mit jedem «Nein» den Zeitpunkt bis zur nächsten Zigarette nur unnötig aufschiebe. Dass ich nur meine Energie verschwende.

In puncto Arbeit bin ich momentan ein Totalausfall. Ein kurzer Artikel für die Mitarbeiterzeitung *Mosaik* soll es sein, darüber, dass es die Nordwohn AG nach sechsjähriger Diskussion geschafft hat, sich ein neues Corporate Design zuzulegen. Natürlich eine Erfolgsstory, etwas anderes darf nicht in der Hauspostille stehen. So etwas habe ich schon hundertmal geschrieben, und doch komme ich kein bisschen voran. Konzentration ist unmöglich. Immer wieder schaue ich aus dem Fenster. Die Dächer von Hamburg liegen unter der dichten Wolkendecke wie unter einer Dunstglocke. Direkt nebenan auf der Dachterrasse dieser Versicherung machen zwei Handwerker eine Rauchpause.

Die Spannung im Büro ist mit Händen zu greifen. Mia und ich reden nicht viel, ganz anders als sonst. Die Gute hat ein paarmal versucht, mich mit Plaudereien abzulenken, aber es irgendwann aufgegeben, als von mir nicht mehr als abwesendes Grunzen kam. Ich habe einfach keinen Bock zu reden, würde ja doch nur jammern. Mia lässt sich nicht anmerken, wie unerträglich die Stimmung im Raum ist, sondern lächelt meine Laune mit der Erfahrung der dreifachen Mutter souverän weg. Das Thema Nichtrauchen spart sie gänzlich aus.

Wenn sie zum Rauchen geht, übertreibt sie es aber mit der Rücksicht: Zunächst verstaut sie ihr Zigarettenetui mit den Selbstgedrehten, so unauffällig das im Sitzen eben geht, in ihrer Hosentasche. Dann wartet sie zwei Minuten, schaut demonstrativ interessiert auf ihren Bildschirm oder tippt noch etwas, bevor sie wortlos aus dem Büro huscht. Bei ihrer Rückkehr, ein paar Minuten später, verwickelt sie mich meist in ein belangloses Gespräch, erwähnt aber mit keiner Silbe, wo sie gewesen ist. Glaubt sie allen Ernstes, dass ich das nicht weiß?

16:06. Wow. Vier Minuten haben diese drei Absätze gebracht. Zeit für die nächste Suchtattacke. Zeit für das nächste «Nein». In 54 Minuten kann ich mit Anstand Feierabend machen. Dann sind es auch schon 48 Stunden ohne Zigarette. Zwei Tage. Schon? Erst? Wird es jetzt besser? Oder noch schlimmer? Am liebsten würde ich einfach einen Zeitsprung machen, der Uhr ein paar schlimme Stunden stehlen. Rein in eine Zeitmaschine und erst am Wochenende aussteigen. Oder morgen früh, das würde schon reichen.

Heute Abend muss ich auch noch übers Rauchen reden. Therapiestunde steht auf dem Programm. Die Vorstellung, gleich einer Diplompsychologin gegenüberzusitzen, die mir blöde Ratschläge gibt, ist der absolute Horror. Vielleicht gehe ich gar nicht hin. Aber Frau Günther weiß nun schon, wer ich bin und dass ich öffentlich Tagebuch schreibe. Außerdem bin ich nicht in der Position, irgendwelche Hilfe abzulehnen. Willkommen bei den Opfern. 16:08.

21.34 Uhr

Das war gar nicht so schlecht. Im Stuhlkreis um mich herum saßen nur Wildfremde, Leute, mit denen ich höchstens dann ein Bierchen trinken gehen würde, wenn sie es bezahlen. Und dennoch habe ich mich offenbart. Als ich meine fünf Minuten Redezeit bekam, sprudelte es nur so aus mir heraus. Ich erzählte von der ständigen Versuchung, dem Kampf gegen die Zeit, von all den Zweifeln und der Verzweiflung. Es hat richtig gut getan, die Schleusen zur Seele weit zu öffnen. Im Nachhinein bin ich entsetzt über mich. Gefühle in der Öffentlichkeit zu zeigen ist sicher nicht mein größtes Talent. Schon gar nicht Schwäche.

«Es ist alles viel, viel einfacher, als Sie vielleicht denken», empfing uns Frau Günther, etwa Anfang 40, schmale Lippen, das dunkelblonde Haar zum Dutt geknotet. Damit trifft sie nicht gerade mein aktuelles Stimmungsbild. Ihre Praxis im dritten Stock eines 60er-Jahre-Baus ist spärlich eingerichtet, einzige optische Highlights sind ein großes Bücherregal und ein dürftig beleuchtetes Aquarium. Frau Günther betonte, dass sie selbst mal 20 Zigaretten am Tag geraucht habe und besonders erfahren in der Rauchertherapie sei. Der Kurs soll nach der Reduktionsmethode ablaufen: Alle Teilnehmer, die jetzt noch rauchen, sollen ihre tägliche Zigarettenration schrittweise reduzieren und zu einem noch festzulegenden Termin den Nullpunkt erreichen.

Dass ich und zwei andere aus der Gruppe die letzte Zigarette bereits hinter sich haben, hält sie für unproblematisch: «Das Mitmachen kann Ihnen helfen, Ihre Abstinenz zu stabilisieren, Herr Erichsen», erwiderte sie, als ich Zweifel anmeldete. Bemerkenswert, dass ihre Lippen dabei noch einmal ein bisschen schmaler wurden. Widerspruch scheint ihre Sache nicht zu sein. Ich versuchte mir daraufhin nicht anmerken zu lassen, dass ich vor Gier fast geplatzt wäre, als die fünf Raucher locker darüber plauderten, wie viele Zigaretten allein am heutigen Tag in ihre Lungen gewandert waren. Echte Schocktherapie!

Die Gruppe ist bunt gewürfelt, ein Häuflein aus acht notorischen Suchtknochen, durch die Bank im typischen Rauchstopp-Alter zwischen 30 und 45. Ein Althippie mit einem «Hafenstraße-muss-bleiben»-Tattoo auf dem Unterarm betonte bei der Vorstellung lachend, dass er sich in seinem Leben schon ganz andere Kaliber als Nikotin abgewöhnt habe. Der Spitzenreiter, ein Handwerksmeister im Außendienst, kommt auf satte 60 Kippen täglich. Am anderen Ende der Skala befindet sich ein zierliches Persönchen, deren Problem in einer einzigen Zigarette täglich besteht, von der sie nicht loskommt. Eine Zigarette täglich! Ich hasse sie dafür. Das ist kein Problem, sondern ein Wunschtraum!

Richtige Sorgen hat eigentlich nur eine der Teilnehmerinnen. Eine recht hübsche Frau, etwa Ende 30, die bereits ihren zweiten Herzinfarkt hinter sich hat. Man sieht ihr den Bluthochdruck an. Auf dringenden ärztlichen Rat hin hat sie vor vier Wochen mit dem Rauchen aufgehört und «seither keine einzige schöne Minute» mehr gehabt, wie sie mit stockender Stimme berichtete. «Ohne meine beiden kleinen Töchter hätte ich längst wieder angefangen», fügte sie noch hinzu. Mir lief es eiskalt den Rücken herunter. Sie würde lieber sterben, als mit dem Rauchen aufzuhören!

Die letzte Amtshandlung des Abends bestand darin, die Gründe für den Rauchstopp auf einen grauen Vordruck mit der Überschrift «Mein Gewinn» zu notieren. Für mich kein Problem, das habe ich ja schon in der Vorbereitung gemacht. So ratterte ich «Gesundheit», «Geld», «Autonomie» und all die anderen guten Gründe schnell hintereinander weg. Bis die anderen fertig waren, kritzelte ich noch mit dem Kugelschreiber auf dem Zettel herum und kreiste «Autonomie» mit dicken Strichen ein. Am Rauchstopptag Nummer zwei bin ich mir sicher: Dies ist der beste aller guten Gründe. Endlich meinen Kopf von der Sucht befreien. Es selbst schaffen und nicht darauf warten, dass mich die Schreckensdiagnose eines Arztes zum Aufhören zwingt.

22.05 Uhr

Eben habe ich mit Adrian telefoniert. Ihm geht es auch nicht viel besser als mir, trotz des Vorsprungs. Unser Gespräch knüpfte nahtlos an unsere letzte Begegnung in der Sofabar an, war eher so eine Art Schweigen mit Worten. «Heute war der schlimmste Tag von allen», ächzte er. «Wenn das so weitergeht, verliere ich noch meinen Job.» Mit seiner

Vorgesetzten Cornelia hatte er sich wegen einer Nichtigkeit übel in die Haare bekommen. Und regte sich jetzt noch darüber auf.

Immerhin hat er durchgehalten, und das ganz ohne Hilfsmittel. Bei ihm schlägt natürlich der körperliche Entzug voll durch. Mich bewahren die Pflaster vor den schlimmsten Wutausbrüchen. Als ich Adrian vorschlug, vielleicht auch mal zu kleben, pampte er mich an, er wisse schon selber, was für ihn gut sei. Na super. So viel also zum Thema Mitstreiter. Von dem groß beschworenen «Gemeinsam-Durchhalten» bleibt nicht viel übrig, wenn zwei geprügelte Gerade-Abstinente zur «Plauderei» ansetzen.

In meiner persönlichen Kalkulation hatte ich gehofft, nach vier Tagen mit dem Schlimmsten durch zu sein. Doch wenn ich Adrian so höre, könnte das ein bisschen zu optimistisch gewesen sein.

Donnerstag, 4. Mai, 2.08 Uhr

Schlaf! Aber wie? Das Pochen in meinem Kopf lässt nicht nach. Schließe ich die Augen, wird es schlimmer. Ein gleichmäßiges, gezieltes Hämmern auf meine Nervenenden, dessen Monotonie mich um den Verstand bringt.

«Wahrscheinlich denken Sie momentan häufiger an das Rauchen als sonst», orakelt die kleine Gratis-Broschüre «Weg vom Rauchen» mit der Treffsicherheit einer Schrotladung beim Elefantenschießen. Das Büchlein ist wirklich nicht schlecht und steht einem teuren Ratgeber wie der «Rauchgiftfalle» in nichts nach. Nichtsdestotrotz ist es um keine Plattitüde verlegen: Ja, ich denke momentan häufiger an das Rauchen als sonst.

Das Ziel meiner Wachträume steht keine 20 Meter entfernt vor meiner Haustür. Blau, stumm und münzgeil, einer von 600 000 Zigarettenautomaten hierzulande. Vier Euro in Münzen finden sich in meinem Portemonnaie. Ich habe nachgeschaut. Wenn ich wollte, könnte ich in nicht einmal drei Minuten eine Zigarette in der Hand haben. Es wäre absolut diskret. Niemand würde es merken, wenn mir der stumme Dealer vor der Haustür meinen Spliff aushändigt.

«Tun Sie was für sich. Lenken Sie sich ab», rät das Heftchen als Strategie gegen den Schmachter. Sport getrieben habe ich schon, und für ein Picknick ist es doch ein wenig zu spät. Bleiben noch «Basteln, Handarbeiten oder ein Kreuzworträtsel lösen». Sind natürlich auch tolle Vorschläge. Wie heißt nochmal die Rauchware mit den neun Buchstaben und «Z» am Anfang? Oder soll ich lieber bei den Nachbarn klingeln und fragen, ob die etwas Strickzeug für mich haben?

Mir hilft meine Gitarre, die alte Akustik-Klampfe, bei der die dicke E-Saite immer etwas schnarrt. Das Spielen beschäftigt meine Finger, die sich seit zwei Tagen auch ohne Anweisung unentwegt bewegen. Die Musik ist Balsam für den Kopf. Zu nachtschlafender Zeit kann ich nur leise zupfen und etwas vor mich hin brummen, aber ich glaube, ich habe «Unchain my heart» noch nie so sehnsüchtig gespielt.

Wenn ich ehrlich bin, hat mich bisher nur mein letztes Mittel abgehalten: «Schnüffel». Ehemals ein Marmeladenglas, in dem ich die Überbleibsel meiner letzten Raucherwoche deponiert habe. Ein düsteres Massengrab für 200 tote Kippen. Schlimmer dürfte es in Pandoras Büchse auch nicht ausgesehen haben. Öffne ich den Deckel, kriecht ein beißender Gestank heraus. Beim Inhalieren schießen mir die Tränen in die Augen. Es kostet wahnsinnig viel Überwindung, aber zumindest bleibt der Schmachter ein paar Minuten weg.

2.44 Uhr

Immer noch kein Schlaf. Das Stöbern in den Leserkommentaren unter dem Tagebuch macht nachdenklich. Eine Frau schreibt, dass sie Anfang des Jahres auf einen Schlag aufgehört hat, nachdem der Mann ihrer Freundin mit 39 Jahren grausam an Lungenkrebs gestorben ist. 39, das ist nicht mal mehr acht Jahre hin. Ein anderer Leser, inzwischen seit sechs Jahren clean, erzählt dies:

```
Ich bin mit 11 angefangen, habe immer Selbstgedrehte
geraucht, auch mit schwerem Asthma bis zu 60 Stück
(erst inhalieren, dann rauchen), ich war so süchtig,
```

dass ich morgens Stummel vom Vortag geraucht habe, wenn nichts anderes da war.

Es ist bizarr: Ich lese und höre all diese Horrorgeschichten über das Rauchen, muss an die Frau aus der Therapiestunde denken mit ihren Herzinfarkten – und doch kann ich mir gerade nichts Schöneres, nichts Großartigeres, nichts Befreienderes vorstellen, als das Gift wieder in mich hineinzusaugen. Es ist bizarr!

8.05 Uhr
Es ist sensationell! Der Morgenkaffee schmeckt absolut großartig. Dabei ist es nur das spärliche Arabica-Aroma aus dem Drei-Euro-Segment. Mir war nicht bewusst, dass Kaffee so gut schmecken kann. Und so gut riechen! Meine Geschmacks- und Geruchsnerven erfahren eine nicht für möglich gehaltene Renaissance. Es kommt mir vor wie ein kleines Dankeschön meines Körpers dafür, dass ich ihn vom täglichen Gift befreit habe. Dafür, dass ich gestern Nacht eisern geblieben bin. An diesem sonnigen Morgen habe ich überhaupt kein Rauchverlangen mehr. Das wird ein guter Tag.

15.21 Uhr
Das Festival der Sinne ging heute Morgen noch etwas weiter. Beim Verlassen meiner Wohnung gönnte ich mir eine ordentliche Prise Blütenduft von dem Narzissenstrauch vor meiner Haustür. Frühling, wie herrlich! Von da an dauerte es keine halbe Minute, bis mir die erste Rauchwolke des Tages entgegenwaberte. Paff! Die Sucht brauchte nur eine Millisekunde, um meinen gesamten Körper zu fluten. Ein dunkel gekleideter Typ mit Pferdeschwanz hatte sich ein paar Schritte vor mir auf dem Weg zur S-Bahn eine angesteckt. Beim Warten an der Ampel gierte ich ihm die Kippe aus der Hand. Und musste dann mit Entsetzen zusehen, wie der Verschwender die halbgerauchte Kostbarkeit achtlos mit den Fingern wegschnippte.

Nichtrauchen schärft die Augen, die 20-minütige Fahrt nach Wandsbek wurde zu einem optischen Spießrutenlauf: Raucher auf der Straße, Raucher in Autos, Raucher auf dem Bahnsteig. Der freundliche Iraner im «Le Croissant» musste erst die Kippe beiseite legen, bevor er mir die Tüte mit den Käse-Schinken-Brötchen in die Hand drücken konnte. Zwei Müllmänner machten Zigarettenpause vor dem Bahnhof, und unser Hausmeister raunzte mir vor der Drehtür sein freundliches «Guten Morgen» mit Zigarette im Mund entgegen. Puh! In der Firma geht es nahtlos weiter, dampfende Schlüsselreize allerorten.

Ich bin neidisch. Es macht mich rasend, zuschauen zu müssen, mit welcher unerträglichen Leichtigkeit praktisch jeder um mich herum zur Zigarette greift. Etwas, was ich mir seit drei Tagen mit Vehemenz verbiete. Unverschämte Freiheit! «Die dürfen rauchen und ich nicht.» Es ist das tumbe Wollen eines renitenten Achtjährigen, der dem Nachbarskind das Spielzeug nicht gönnt. Nur wird es mir nicht helfen, mich heulend auf den Boden zu werfen, herumzutrommeln und darauf zu hoffen, dass Mami mich erlöst. Mich an die Hand nimmt und mit mir zum Bahnhofskiosk geht, so wie früher zu «Spielwaren-Schlöhmke».

«Betrachten Sie Ihren Rauchstopp als Gewinn» rät die Nichtraucherliteratur unisono bei derlei neidischem Gehabe. Die Autoren versehen diese Botschaft gern mit drei Ausrufezeichen, weil sie ganz genau wissen, dass diese Perspektive nicht mal eben für kleines Geld zu haben ist. Ich zwinge mich dazu, den Neid-Gedanken umzudrehen: «Ihr müsst rauchen, und ich brauche das nicht mehr zu tun.» Das kommt mir furchtbar arrogant vor, schließlich war ich bis vor drei Tagen noch einer der Schlimmsten von ihnen. Aber dieses Mitleid ist eh nur blanker Hohn, ein billiger Versuch, mich selbst zu belügen. Die Gier ist riesengroß und immer da.

Mia habe ich gebeten, sich nicht mehr aus dem Büro zu schleichen, wenn sie zum Rauchen in den vierten Stock geht. Natürlich bin ich ihr dankbar für die Rücksichtnahme, aber diese Prozedur ertrage ich einfach nicht mehr. Einen Schmachter habe ich sowieso, und die offensichtliche Heimlichtuerei führt nur dazu, dass mir mein Ausnahmezustand immer wieder vor Augen geführt wird. Dabei möchte ich so schnell wie möglich Normalität.

Ein Quäntchen Alltag habe ich mir nach drei Tagen schon wieder zurückerobert. Es hat ein wenig Überwindung gekostet, aber ich habe den *Mosaik*-Text von gestern fertig geschrieben. Eine Jubelorgie auf einheitliche Logos, Farbwelten und Schrifttypen zur Verwendung auf jeder Art von Unternehmenspublikation. Ein Hoch auf das Corporate Design. Nachdem ich erst mal richtig angefangen hatte, fiel das Schreiben gar nicht schwer. Ein schöner kleiner Erfolg.

23.13 Uhr

Mit Naturwissenschaften habe ich nicht viel am Hut. Physik und Chemie flogen in der Schule so schnell, wie es eben ging, vom Stundenplan, die mündliche Abi-Prüfung in Biologie habe ich mit nur drei Punkten ordentlich versaubeutelt. Zwar schmökere ich mit Wonne in Artikeln über die Geheimnisse der Tiefsee und des Weltalls – letztendlich fehlt mir jedoch jede Basis, um die Zusammenhänge wirklich zu verstehen. Vielleicht liegt darin der Grund, warum ich mich mit biochemischen Erklärungen für Gefühlszustände so schwer tue. Glückshormone = Liebe, Adrenalin = Wut – das sind Gleichungen, die für mich nicht aufgehen. Sie sind geradezu eine Beleidigung für meinen Geist.

Genauso wenig mag ich den Gedanken, dass etwas derart Profanes wie «Dopaminmangel» der Grund für meine momentanen Qualen sein soll. Doch so sieht es wohl aus, wenn ich der Forscherzunft Glauben schenken darf. Mein Nucleus accumbens, populärwissenschaftlich «Belohnungssystem» genannt, macht ordentlich Krawall, seit ich ihm den gewohnten Glückskick per Lungenzug verwehre. Allein das soll der Grund sein, warum ich seit drei Tagen aber auch so gar nichts mehr schön finden kann.

Wissenschaftler sind sich inzwischen sicher, dass in diesem nicht mal erbsengroßen Haufen grauer Zellen im Mittelhirn die zentrale Schaltstelle des Gehirns liegt, mit der die Qualität von Ereignissen eingeschätzt wird. Dort entscheidet sich, ob ein Mensch etwas gut oder schlecht findet, Euphorie oder etwa Ärger verspürt. Das Belohnungszentrum ist fundamental. Auch Tiere haben diesen Urquell aller Launen. Es gab Versuche, bei denen Forscher ihren Laborratten Elektroden ins Mittelhirn pflanzten, sodass diese über einen Hebel ihr Belohnungszentrum selbst stimulieren konnten. Daraufhin taten die Biester nichts anderes mehr, bis zur völligen Erschöpfung.

Die Nikotinpflaster können da nur wenig ausrichten. Dafür träufelt das Nikotin zu langsam in meine Blutbahn. Die anderen Möglichkeiten, an Dopamin zu kommen, schöpfe ich, so gut es eben geht, aus. «Essen» ist der leichteste Weg, das tue ich auch unentwegt. Bei «persönliche Begegnungen» fällt es schon ein bisschen schwerer. Meine derzeitige Laune sorgt in meinem Umfeld nicht gerade für einen Sympathieregen. Am besten wäre Sex. Da gäbe es am meisten Dopamin zu holen. Aber der ist weit und breit nicht in Sicht.

So lässt mich das Wissen um die biochemischen Taschenspielertricks meines Körpers ratlos am Schreibtisch zurück. Eine Zigarette würde das Dopaminproblem im Handstreich lösen. Aber die ist nicht erlaubt. Ich kann nur durchhalten und hoffen, dass mein Mittelhirn bald wieder Frieden mit mir schließt. Bis dahin muss ich eben den unwissenschaftlichen Beweis erbringen, dass mein beleidigter Geist stärker ist als mein schmachtender Körper.

Freitag, 5. Mai, 1.22 Uhr

Das ist der Tiefpunkt. Eben war ich so gierig nach einer Zigarette, dass ich in «Schnüffel» herumgestochert habe, in der Hoffnung, noch etwas Rauchbares zu finden. Ich schäme mich dafür. Bevor ich das nochmal mache, werde ich rauchen.

Durch das späte Schwimmen in der «Kaifu» bin ich putzmunter geworden. Ich höre meinen Puls. Die zwei Tafeln Schokolade, die ich mir extra noch gekauft hatte, um ja kein Münzgeld in der Hosentasche zu haben, liegen schwer im Magen. Nicht mal das Fernsehen lässt mich schlafen, das Nachtprogramm trommelt auf mich ein in all seiner Schlichtheit. Zugfahrten durch triste Karstlandschaften, gefolgt von einem strengen «Ruf mich an!». Da spiele ich lieber Gitarre. Doch Herr Warneke von nebenan bollert an die Wand. Das eine oder andere harte Riff bei «Fly away» war wohl zu viel für sein zartes Ohr.

2.31 Uhr
Jetzt geht es mir besser. Ich bin rausgegangen. Durchatmen. Dann marschierte ich einfach los. Alles war so friedlich. Bei Nacht kommt sogar die große Stresemannstraße einmal zur Ruhe. Auch die breite Treppe hinauf zur «Neuen Flora» war verwaist. Heute am frühen Abend hatte sich dort noch eine Busladung von überparfümierten Musical-Besuchern vor «Dirty Dancing» eine kollektive Fluppe gegönnt. An der Holstenstraße ratterte ein schier endloser Güterzug vorbei. Nur zu gern wäre ich aufgesprungen.

Raucher habe ich auch wieder gesehen. Unten an der Sternbrücke standen drei dunkle Gestalten, von denen ich nur die Umrisse und den hellen Glutpunkt in Höhe des Gesichtes erkannte. Im Krieg wären sie ein leichtes Opfer für einen Scharfschützen.

Ich werde heute Nacht nicht rauchen. In «Schnüffel» zu wühlen war wirklich entwürdigend. Und ich habe keine Lust, im Tagebuch meinen Rückfall kundzutun. Weltweit abrufbar für jeden mit Internet-Zugang. Was soll ich dem Leser schreiben, der sich mir heute angeschlossen hat, nachdem er auf das Online-Tagebuch gestoßen war? «Freut mich, dass Dich meine Texte motivieren, aber ich lasse das jetzt mit dem Rauchstopp. Die Sache ist doch schwieriger, als ich dachte.» So etwas vielleicht? Nein!

19.20 Uhr
Den Fototermin mit Dirk heute Nachmittag in der *stern.de*-Redaktion hätte ich fast verschlafen. Der Vormittag bei der Nordwohn AG war ziemlich fies. Ich war völlig übernächtigt, blickte aus kleinen roten Augen auf die Welt und stand die fünf Stunden bis zum frühen Feierabend nur durch intensives Flippern auf der «Extra-stark»-Taste am

Kaffeeautomaten durch. Zu Hause habe ich mich sofort hingelegt und unruhig geschlafen.

Als ich um 16.00 Uhr noch ziemlich zerknautscht das Großraumbüro betrat, weckten mich Jens und Angelika aus dem Wissenschaftsressort, ganz hinten an der gegenüberliegenden Fensterfront, mit lautem Gejohle. Viele Kollegen steckten ihre Nasen um den großen weißen Raumtrenner, kamen zum Gratulieren oder witzelten herum. «Haltet ihn fest! Wir überprüfen mit einem Urintest, ob er auch wirklich nicht raucht», rief Niels aus dem Politikressort herüber. Und Carsten aus der Kultur musste ich mehrfach versichern, dass ich künftig auch auf die «Zigarette danach» verzichten werde.

Ein schöner, kleiner Bahnhof für einen unausgeschlafenen Helden. Ich gab mich betont locker und mimte den fröhlichen Nichtraucher. Dass ich letzte Nacht in einem Marmeladenglas mit alten Kippen herumgewühlt hatte, erwähnte ich lieber nicht.

Der Einzige, der sich mir gegenüber anders als sonst verhielt, war Niels. Mein alter Rauchpartner, mit dem ich während meines Praktikums vor knapp zwei Jahren viele schöne Momente schmauchend im Eingangsbereich des alten Kontorhauses zugebracht habe. Er hatte mich schon mit «Na, du Verräter» begrüßt und danach mehrfach betont, wie sehr er sich auf seine nächste Kippe freue. «Artgerecht» würde ich sein Verhalten nennen: Er selbst bezeichnet sich als einen «überzeugten Raucher» und sagt, dass er jede seiner 20 Kippen täglich mit Genuss inhaliert. Warnhinweisen, Rauchverboten und, wie ich seit heute weiß, auch Gerade-Abstinenten steht er skeptisch gegenüber.

Ein militanter Raucher im polternden Sinne ist er sicher nicht. Dennoch fällt auf, dass er auf das Thema Nichtrauchen ausschließlich mit Stichelei reagiert. So wie mit dieser hier: eine Negativwette. Bleibe ich bis zum «Weltnichtrauchertag» am 31. Mai rauchfrei, muss ich ihm ein Päckchen «Chesterfield» kaufen, meinen Rückfall hingegen würde er gleich mit einer Stange meiner Wahl sponsern. Darauf bin ich doch nur zu gern eingegangen. Meinem guten Freund wird das spöttische Rauchergrinsen schon vergehen, wenn ich ihm am Jubeltag der globalen Nichtraucherschaft seine 19 Chestis vor die Nase halte.

Raucher hin, Nichtraucher her – für das Wochenende haben wir uns zum Feiern verabredet. Erst Grillen an der Elbe, dann weiter auf den Hafengeburtstag. Darauf freue ich mich, ich war schon ewig nicht mehr mit den *stern.de*-Kollegen unterwegs. Endlich mal wieder ein bisschen Spaß. Ob ich den gleich auf der Geburtstagsparty von Denise beim Italiener auf St. Pauli haben werde, wage ich zu bezweifeln. Große Lust habe ich nicht. Thomas wird sicher auch da sein, und ich würde viel lieber zu Hause auf der Couch herumlümmeln und ein bisschen entspannen. Aber es ist halt ein Pflichttermin.

Die Fotosession, wegen der ich eigentlich in die Redaktion gehetzt war, wurde ziemlich lustig. Es galt, ein paar Bilder auf Vorrat zu schießen, da es sich als schwierig herausgestellt hat, ein Nichtrauchertagebuch regelmäßig neu zu bebildern. Die Motive «Björn mit Nikotinpflaster» und «Björn beim Schokoriegelessen» waren schnell gemacht. Aufwendiger war da schon «Björn beim Feiern unter Rauchern». Dafür schlenderten Dirk und ich bei schönster Abendsonne über den Hafengeburtstag, vorbei an all den Bierständen und Fressbuden und sprachen wahllos Raucher an, die sich bei Bier, Sekt und Kippe auf das weltweit größte Hafenfest einstimmten.

Dieses Fotoshooting förderte einige recht aufschlussreiche Blicke in die deutsche Raucherseele zutage. Eine junge Frau hechtete aus Dirks Sucher, als sie erfuhr, worum es ging, und wimmerte, dass ihr Mann sie unter keinen Umständen rauchend auf einem Foto bei *stern.de* entdecken dürfe. Genauso schön die Reaktion eines bierseligen Stiernackens im blauen Arbeitsoverall, der das Nikotinpflaster unter meinem T-Shirt hervorblitzen sah: «Das ist doch nur was für Weicheier», ätzte er und betonte, dass er den Absprung gänzlich ohne solchen «Schwachsinn» geschafft habe. Auf meinen verdutzten Blick hin meinte er, dass die Zigarette in seiner Hand eine absolute Ausnahme anlässlich der Hafenparty sei.

Die meisten Leute waren allerdings einfach nur nett, plauderten mit uns und ließen sich bereitwillig mit mir ablichten. Auffällig war dabei, dass es zwei immer wiederkehrende Reaktionen gab, wenn ich erzählte, dass ich erst seit vier Tagen nicht mehr rauche:

1. «Oh, das sollte ich auch dringend tun!»
2. «Das schaffst du nie!»

Samstag, 6. Mai, 0.23 Uhr

Sieg! Ich bin der König meines Kopfes! Schwer vorstellbar, dass der Sündenpfuhl St. Pauli schon einmal derart geballte Widerstandskraft erlebt hat. Um mich herum wurde gefeiert, getrunken und geraucht – doch ich habe durchgehalten. Mehr noch: Ich war mir den gesamten Abend über absolut sicher, dass ich nicht schwach werden würde.

An dem langen Tisch, den Denise für ihren Geburtstag reserviert hatte, rauchten zehn von zwölf Gästen – und das nicht zu knapp. Ich saß am Kopfende des langen Tisches und schaute mir das qualmende Treiben aufmerksam an. Natürlich gierte ich, aber diesmal mit Distanz. Als würde ich im Kinosessel sitzen, während sich die ganze Raucherei vor mir auf einer Leinwand abspielt. Im Vergleich zu den letzten Tagen hat es mich heute Abend viel weniger Kraft gekostet, die Attacken abzuwehren. Ich sagte: «Nein», und die Sucht parierte. So muss es sein. Endlich bin ich Chef im Ring.

Ein guter Gesellschafter war ich allerdings nicht. Erschöpft von der Woche, eher schweigsam, viel zu sehr mit mir selbst beschäftigt, als dass mir der Sinn nach lockerer Plauderei gestanden hätte. Nach den ersten zwei Höflichkeitsbierchen stieg ich auf Holunder-Bionade um. Nur zweimal am Abend kam ich richtig in Fahrt. Als Sven, der Mitbewohner von Denise und Fan von Werder Bremen, die Vormachtstellung «meines» HSV im Norden in Frage stellte, überrollte ihn mein energiegeladenes Nichtraucher-Ego wie eine schwarz-weiß-blaue PR-Lokomotive. Schließlich stehen wir satte vier Punkte vor denen in der Tabelle.

Die Diskussion mit Thomas über Politik konnte ich mir auch nicht verkneifen, schon gar nicht, nachdem ich erfahren hatte, dass er der Linkspartei nahesteht. Natürlich wollte ich ihn testen, und natürlich ging es darum, vor dem Geburtstagskind ein ordentliches Pfauenrad zu schlagen. Irgendwann muss sich das lange Politikstudium ja mal auszahlen. Ich war dann schon ein wenig enttäuscht, dass der junge Sozialist sowohl Ahnung hat als auch eigentlich sympathisch ist. Aber meinen Triumph habe ich heute Abend eh an anderer Front eingefahren.

15.30 Uhr
Heute ist Großputz angesagt, der ganze Mief wird weggeschrubbt. Das hat die Wohnung echt mal wieder nötig. Ein großer Putzteufel war ich noch nie. Als Junggeselle jenseits der 30 bemühe ich mich aber redlich, so manche Schlamperei meiner «Dirty Twenties» in diversen Kieler Studenten-WGs nicht zu wiederholen. Eine zweite Else Kling wird aus mir dennoch nicht mehr werden. Mit dem alten Kittel, den rosa Gummihandschuhen und dem piratenartig gebundenen HSV-Tuch auf dem Kopf sind gewisse Ähnlichkeiten mit dem Lindenstraßen-Urgestein heute jedoch nicht zu leugnen. Bewaffnet mit einer Flasche Essigreiniger und dem «Scotch-Brite Power Schwamm 3000» für stark verschmutzte Oberflächen, geht es den Rauchrückständen an den Kragen.

Im Rahmenprogramm: die Bundesliga-Konferenz auf NDR 2, Hertha BSC gegen den HSV, vorletzter Spieltag. Mit einem Sieg ist Werder uneinholbar abgehängt, und wir wären in der nächsten Saison sicher für die Champions League qualifiziert. Also, auf geht's.

Die Spuren des blauen Dunstes finden sich überall in meiner Wohnung. Dabei ist die Rauchervergangenheit meines 50-Quadratmeter-Altbaus gerade einmal acht Monate jung. Ein gelblich trüber Nikotinfilm überzieht die gesamte Einrichtung: Schränke, Regale, den grauen Fernsehtisch, selbst die Blattoberflächen meiner großen Kentia-Palme. Auch die Miniatur-Meerjungfrau auf dem Bücherregal, die mir Denise von ihrem Kopenhagen-Trip mitgebracht hat, strahlt erst seit der Feinbehandlung mit Toilettenpapier und Neutralreiniger wieder angemessen bronzen.

2 : 1 zur Halbzeit. «Der HSV ist drückend überlegen», lobt der Reporter meine Helden. Das sieht sehr, sehr gut aus. Europa, wir kommen!

Eigentlich müsste ich das gesamte Wohnzimmer neu streichen. Hinter dem gerahmten Kunstdruck mit dem ewigen Rätsel von Dalí verrät eine passgenaue Fläche, wie das Alpina-Weiß der Raufasertapete vor nicht mal einem Jahr ausgesehen hat. Gegen den Mief, der sich überall tief eingefressen hat, wird jetzt zurückgeschossen: per Duftlampe und Lavendelöl. In-House-Frühling für mein feines Näschen, schöner riechen bei Nichtrauchers.

Ausgleich in Berlin. 2:2. «Bei dem Freistoß von Marcelinho hat die ganze HSV-Abwehr kollektiv gepennt», tönt die Stimme des Radioreporters aus den frisch polierten Boxen. Werder führt haushoch gegen Köln, damit ist alles wieder offen. Ärgerlich!

Das ganze Raucherbesteck fliegt jetzt komplett in die Tonne: alte Gasfeuerzeuge, der Stopfstab für die Steckzigaretten, das schrammelige Edelstahletui aus dem Ibiza-Urlaub. Alles muss raus. Der geräumige Aschenbecher mit dem «McEwans-Lager»-Aufdruck, Beutekunst aus einem Pub in Manchester während des Schüleraustauschs, wandert bis auf Weiteres neben «Schnüffel» in die hinterste Ecke auf dem Küchenschrank. Nur von meinem geliebten Zippo werde ich mich nicht trennen. Das ruht nun als silberne Mahnwache vor dem Schrein mit meiner letzten Zigarette in der Schreibtischschublade.

3:2 für Hertha. «Traumtor Niko Kovac, ausgerechnet der Ex-Hamburger!» Mann, Mann, Mann.

Ich versuche, die Vorstellung zu verdrängen, dass sich die trübe Brühe, in die sich das Putzwasser nach dem kurzen Wischgang über die Fensterrahmen verwandelt, in ähnlicher Form in meinen geteerten Lungenflügeln befindet. Blausäure, Benzol, Cadmium, die Liste ist lang. Dieser Giftcocktail wird mich sicher etwas länger beschäftigen als die gelben Tropfen auf der Fensterscheibe.

Das Spiel ist aus. 4:2 verloren. Werder mäht die Domstädter mit 6:0 nieder. Damit kommt es nächste Woche im Saisonfinale zum direkten Duell um Platz 2. Jetzt eine Zigarette – wäre das schön. Aber ich pfeffere lieber das HSV-Tuch in die Ecke und knöpfe mir noch einmal die groben schwarzen Riefen auf der Türschwelle zum Wohnzimmer vor. Bei denen braucht sogar der Power-Schwamm kräftig Druck von oben.

Vielleicht nehme ich diese Fußball-Sache ein bisschen zu ernst. Doch der HSV ist für mich schon von klein auf eine Herzensangelegenheit. Eine Niederlage kann mir das gesamte Wochenende verhageln. Aber garantiert nicht heute! Weder das Versagen meiner Helden und schon gar nicht die Nichtraucherei werden mich heute Abend vom Feiern abhalten. Ein Rauchstopp ist schließlich kein Zölibat.

Etwas Bammel habe ich schon. Mit Niels und Konsorten wird es sicher zünftiger zur Sache gehen als auf der Party von Denise. Ich fühle mich aber nach dem gestrigen Erfolg sicher, und heute war der Mix von Lavendelduft und Essigreiniger in der Nase ein wirksames Mittel gegen Rauchverlangen. Alkohol ist natürlich gefährlich, nur zu gern enden die besten Nichtrauchambitionen auf dem Boden einer Bierflasche.

«Meiden Sie in den ersten Tagen Problemsituationen, Feiern, Partys, Alkohol und Streitgespräche», predigt die Nichtraucherliteratur. Das schreibt sich leichter, als es ist. Die gesamte letzte Woche war eine einzige Problemsituation. Ich will endlich wieder ein bisschen Spaß. So wohl ich mich in meiner frisch geputzten Nichtraucherwohnung auch fühle: Heute Abend nicht wegzugehen wäre Feigheit vor dem Feind!

Sonntag, 7. Mai, 13.23 Uhr

Meine Sucht hat einen Namen: Gollum. Wie jenes bedauernswert böse Wesen aus dem «Herrn der Ringe» stelle ich mir das Biest in meinem Inneren vor: graue, faltige Haut, große, gierige Augen mit dämonischem Blick. Nichts anderes im Sinn, als seinen «Schatz», den mächtigen Ring – oder in meinem Fall eben eine schnöde Zigarette – zurückzuerobern. Gestern Abend wäre es ihm fast gelungen. Ich selbst war mindestens genauso schizophren wie Tolkiens Phantasiefigur, die mal verdorbener Gollum und mal der brave Sméagol ist, der um jeden Preis sein Leben ändern will.

Beim Grillen an der Elbe war noch alles in bester Ordnung. Wir lagen mit der ganzen Gruppe auf mitgebrachten Decken im Sand, ließen uns die Würstchen schmecken und genossen unsere Logenplätze, als die hell erleuchtete «Queen Mary 2» Heck voran in Richtung Hafen schipperte. Ich trank viel, vor allem schneller als früher, als auf jedes 0,5 noch drei gemütlich gerauchte Zigaretten kamen. Dass Niels und die anderen rauchten, störte mich nicht. Wie am Freitag war ich Herr der Lage, hatte geradezu Spaß an meiner Standfestigkeit.

Der verging schnell, als wir die Fressmeile am Hafen ansteuerten. Der Alkohol hatte mich mürbe gemacht, der ständigen Verweigerung überdrüssig. Erst verlor ich die anderen im Gewühl, dann meine Hemmungen. Von da an sah ich nur noch Raucher, selektivstmögliche Wahrnehmung: Um mich herum dampfte und qualmte es – egal, wohin ich blickte, standen schmauchende Grüppchen in Volksfeststimmung, als gäbe es eine Ausgangssperre für alle Nichtraucher. Keine Entspannung für die Augen. Da war nichts mehr mit bequem im Kinosessel sitzen. Diesmal spielte ich die Hauptrolle. Ich war Gollum.

An einer Bratwurstbude starrte ich drei Frauen die Kippe aus der Hand. Lang und eindringlich. In mir brannte der Neid lichterloh. Wie im Zeitraffer sah ich, dass sich beim Inhalieren ihre Wangen wölbten, die Glutspitzen ihrer Kippen immer wieder aufflammten. In mir tobte die Mutter aller Rauchstopp-Schlachten, Neid gegen Mitleid, Gollum gegen Sméagol. Nach dem Ende meiner Currywurst war ich bereit für eine Kippe. «Was glotzt du denn so blöd?», fuhr mich plötzlich die rustikalste der drei Raucherinnen an. Ein Hallo-wach-Effekt in höchster Not, schlagartig erwachte ich aus dem Realfilm. Ich fühlte mich ertappt. Schuldig. Flüchtete als geprügelter Sméagol den langen Weg zu Fuß nach Altona.

Es war haarscharf gestern Abend. Und wenn ich ehrlich bin, war es nur Glück. Ich war noch nicht so weit, mir eine eigene Schachtel zu kaufen. Hätten mir die drei Damen vom Grill aber eine Kippe angeboten, anstatt zu motzen, hätte ich zugegriffen. Sméagol streckte nur für ein paar Minuten alle viere von sich, aber das hätte im Höllenfeuer von Mordor für einen Rückfall locker ausgereicht. Die ganzen Qualen der letzten Woche hergeschenkt in einem dummen Moment. Eigentlich muss ich den unfreundlichen Damen also dankbar sein. Auch wenn die in mir eher einen lästigen Stalker vermutet haben dürften als ein schizophrenes Fabelwesen mit Nikotin-Jieper.

Von Alkohol werde ich in nächster Zeit die Finger lassen. Kontrollverluste dieses Ausmaßes kann ich mir nicht erlauben. Ich habe nicht vor, Gollums Schicksal zu teilen, dem seine Obsession schließlich den Tod brachte. Die berühmte Inschrift des Ringes könnte leicht abgewandelt auf jeder Zigarettenschachtel stehen: «Mit Nikotin sie zu knechten, sie alle zu finden. Ins Dunkle zu treiben und ewig zu binden.»

Für meine Standhaftigkeit gab es heute Morgen noch einen Bonus: Obwohl ich ziemlich betrunken ins Bett gefallen bin, erwachte ich nahezu katerfrei. Angeblich soll man nach einem Rauchstopp weniger vertragen können – doch das kann ich nun wirklich nicht bestätigen. Mir geht es jedenfalls deutlich besser als Niels. Der klang am Telefon gerade eben ziemlich gruselig und hatte einen ordentlichen Schädel. Es hätte nicht viel gefehlt, und ich hätte Mitleid mit ihm gehabt.

18.06 Uhr

Wow! Beide Mitstreiter sind umgefallen! Sowohl Adrian als auch Woody hat es beim Feiern auf dem Hafengeburtstag gestern Abend erwischt. Alkohol und Rauchentwöhnung sind ein unheiliges Pärchen.

Den Vogel hat eindeutig Adrian abgeschossen: Er hat es fertiggebracht, nach einer wüsten Nacht heute Morgen auf einer Ausnüchterungsmatte in der Notfallambulanz des Krankenhauses St. Georg aufzuwachen. Mit ein paar Arbeitskollegen hat er in der Hafenstraße ordentlich gebechert und war irgendwann so betrunken, dass er allein zu den Landungsbrücken schlurfte und dort einem Unbekannten vier Zigaretten für zwei Euro abkaufte. In jeder Hinsicht ein mieser Deal: Schon nach der ersten klappte ihm der Kreislauf weg, den Rest übernahmen Sanitäter.

Inzwischen hat er sich wieder berappelt und kann über seinen Totalausfall sogar lachen. «Schön, dass es immer noch jemanden gibt, der einen auffegt, wenn man betrunken am Boden liegt – sogar kostenlos», zog er eben am Telefon das wesentliche Fazit der Nacht. Der Rückfall nagt an ihm, das war deutlich zu spüren. «Nur was soll ich denn jetzt anderes tun, als künftig keine mehr anzufassen?», fragte er und meinte es wohl rhetorisch. «Weniger saufen», fiel mir da ein, aber ausgesprochen habe ich es lieber nicht.

Das Standhaftbleiben wird nun sicher nicht einfacher werden. Selbst die eine, nicht mal ganz gerauchte Zigarette ist für den abstinenten Suchtraucher hochgefährlich. «Einmal ist keinmal» ist ein fürchterlich dummes Sprüchlein, und gerade wenn es um das Thema Sucht geht, an Sinnfreiheit kaum zu überbieten. Auf eine Kippe folgt nur zu gern die nächste. Das lief bei mir nie anders.

Woodys «Rückfall» kommt dagegen wenig überraschend. Am Freitagnachmittag waren seine Tabakvorräte tatsächlich aufgebraucht, und er hörte wie versprochen auf. Es folgten etwa 30 Stunden Leiden, bis er am Samstagabend nach ein paar Bierchen auf einer Party wieder zu Zigaretten griff. Wenn ich daran denke, wie optimistisch er dann den Rauchstopp angekündigt hat, dann ging der ziemlich schnell vorbei. Insgesamt keine allzu clevere Aktion, das schrieb er eben selbst in seiner Mail. Es ist ja geradezu klassisch: keine Vorbereitung, schlechtes Timing, Alkohol am zweiten Tag. Einfacher kann man es der Sucht kaum machen.

Doch auch der gute Woody will es weiter probieren und hat sich heute keine neue Schachtel gekauft. Tauschen möchte ich nicht mit ihm, denn für ihn ist das Drumherum sicherlich am schwersten. Zukunftssorgen, Jobsuche, Ungewissheit. Vor allem die viele Tagesfreizeit ist tückisch. Dadurch hat er reichlich Gelegenheit, um darüber nachzudenken, wie schön eine Zigarette schmecken kann.

Montag, 8. Mai, 17.01 Uhr
57, 58, 59, 17.00 Uhr. Die erste Woche ist rum. Mia lacht darüber, dass ich laut Countdown zähle und bei einem dahergeächzten «Geschafft» die Becker-Faust balle. Gratuliert hat sie natürlich trotzdem. Nicht, dass sich um 17.00 Uhr etwas substanziell geändert hätte. Der Erfolg ist psychischer Natur. Es ist ein Sieg gegen die Zeit. Nachdem ich meinem Hauptfeind in den ersten beiden Tagen jede Minute vom Zifferblatt abringen musste, steht der Chronometer endlich mal auf meiner Seite.

Das Erreichte lässt sich in eine neue Zeiteinheit gießen: eine Woche. Wenn man Leuten mit Tagen kommt, erntet man regelmäßig skeptische Blicke. Eine Woche dagegen klingt schon nach gelungener Abstinenz.

«Verbuchen Sie jede Situation als Erfolg, in der Sie nicht geraucht haben», rät die Nichtraucherliteratur. Das tue ich. Aber hallo. Schulterklopfen für jeden noch so kleinen Sieg war eine der zentralen Beschäftigungen in der letzten Woche, die so sehr an die Substanz ging. Es war eine Fahrt in einer wild dahinjagenden Achterbahn durch sämtliche Gefühlsstufen. Euphorie, Wut, Depression, Zweifel und Stolz, Neid und Mitleid. Alles mit riesiger Fallhöhe. Eine Woche ohne Zigaretten lässt mich schizophren zurück, mit Gollum und Sméagol wohnen zwei Todfeinde in meinem Kopf.

Sméagol ist gerade im Aufwind und genießt die neu gewonnene Freiheit. Doch er tapst etwas unbeholfen durch seine nunmehr siebentägige Regentschaft, ist noch längst kein souveräner Fürst. Seine Herrschaft manifestiert sich in Reförmchen: keine Zigaretten kaufen müssen, kein Raucherballast mehr in der Jackentasche, adieu ewig bitterer Geschmack im Mund. Riechen, schmecken, tief durchatmen. Ich fühlte mich gesünder.

Gollum scheint nach seinen wüsten Attacken in der letzten Woche in eine Art Schockstarre verfallen zu sein. Langsam realisiert er wohl, dass es mir dieses Mal wirklich ernst ist. Heute hat er mich die meiste Zeit in Ruhe gelassen. Eine angenehme Abwechslung. Doch vermutlich sammelt er nur Kraft für den nächsten Großangriff auf Sméagol IV. Gute Augen hat das Biest auch weiterhin, nach wie vor registriert es sorgsam jede Zigarette in seiner Umgebung.

Mit dem Achtungserfolg um 17.00 Uhr ist noch nicht viel gewonnen. Letztendlich besteht eine Woche auch nur aus 168 Stunden. 200 nicht gerauchte Zigaretten stehen 120 000 tief inhalierten Lungentorpedos gegenüber. Gefühltes 10 000-mal-«Nein»-Sagen und als Erfolg verbuchen ist auch nur Stückwerk. Mein Rauchstopp ist nicht mehr als die Summe seiner Teile.

Ich kann mich noch nicht einmal mit gutem Gewissen einen Ex-Raucher nennen. Und vom «statistischen Nichtraucher» bin ich noch satte 51 Wochen entfernt. Ein tief gespaltenes Zwischenwesen, das ist es, was ich bin. Aber immerhin eines mit geballter Becker-Faust.

19.15 Uhr

Ich muss einfach aufhören, mich so aufzuregen. Als ich am Hauptbahnhof eben auf die S 21 Richtung Holstenstraße gewartet habe, standen mit mir am Bahnsteig drei Kids mit Fluppe im Mund. Kaum 15 Jahre alt, Baggy-Pants, die fast in den Kniekehlen hingen, und ständig ein «Sicher Digger» auf den Lippen.

Ich hätte der pubertären Proll-Fraktion fast Bescheid gestoßen. Der Hauptbahnhof ist seit mehr als einem Jahr komplett rauchfrei, in den S- und U-Bahn-Schächten darf man schon viel länger nicht mehr rauchen. Aber das ist denen ja scheißegal. Und mir bringt es letztendlich nichts, wenn ich mich darüber aufrege. Sieht einfach nur nach einem spießigen Erwachsenen aus.

20.17 Uhr

«Käse schließt den Magen», sagt eine Volksweisheit, die angeblich auf den römischen Schriftsteller Plinius zurückgeht. Der Zeitgenosse Vespasians hatte – fälschlicherweise – geglaubt, dass sich durch einen ordentlichen Happen gegorener Ziegenmilch Magensäure binden und damit Sodbrennen vermeiden ließe. Allerdings war das Tabakrauchen in der Antike noch nicht bekannt. Heutzutage kommt für gut ein Viertel der Bevölkerung nur eine Zigarette als würdiger Magenschließer in Betracht. Die Kippe nach dem Essen ist heilig, das sehen alle Raucher so. Die bindet zwar auch keine Magensäure, ist aber ein deutliches Signal, dass die Mahlzeit nun vorüber ist.

Auf ein solches Stoppzeichen wartet mein Körper seit sieben Tagen vergeblich. Und so schaufele ich unentwegt Unmengen von Nahrung in mich hinein, vor allem Süßes und Deftiges stehen hoch im Kurs. Auch ohne an den Hunger in der Welt zu denken, ist meine kulinarische Tagesbilanz eine Unverschämtheit: vier Brötchen zum Frühstück, zwei Hacksteaks mit Kartoffeln und Soße und eben noch eine Familienpackung Lasagne. Das alles hübsch umrandet von Snacks aus Schokolade, Fruchtgummi und anderem Spaß aus purem Zucker.

Früher habe ich mit Zigaretten den Appetit gezügelt. War der Kohldampf auch noch so groß, nach einer Zigarette blieb das Hungergefühl mindestens für eine halbe Stunde weg. In Zeiten mit viel Stress, in denen ich bis zu 40 Kippen täglich geraucht habe, aß ich fast nichts. Nun sind alle Schleusen geöffnet, das große Fressen ist im vollen Gange. Das Essen ist eine starke Waffe gegen jede Art von Schmachter. In der letzten Woche war es eine ganz pragmatische Überlegung: Wenn ich esse, kann ich nicht rauchen. So einfach.

Inzwischen fungiert das Essen als Belohnung in immer noch ziemlich trüber Zeit. Es schmeckt alles fürchterlich gut, der Auferstehung meiner Geschmacksknospen sei Dank. Dopamininjektion per Gaumenschmaus für mein darbendes Mittelhirn: Jede Mahlzeit ist ein kleiner Tageshöhepunkt. Auf den Mittagstisch freue ich mich meistens schon ab 10.30 Uhr. Und heute Morgen fischte ich aus unserem Giveaway-Schränkchen einen alten Adventskalender heraus und verputzte ihn in Rekordzeit. 24 Türchen in nicht mal zehn Minuten – so schnell kam Weihnachten noch nie.

Die Gesamtkalorienzahl der letzten Woche will ich nicht einmal schätzen. Es dürften weit mehr sein als die 300 Kilokalorien, von denen Peter Lindinger in seinem «Nichtrauchen-und-trotzdem-schlank»-Büchlein ausgeht. Wenn ich so weiterfuttere, kann ich bald neue Klamotten kaufen gehen.

Mich beim Essen zu zügeln kommt derzeit aber nicht in Frage. Nur mit Äpfeln und spaßbefreitem Knäckebrot würde ich die Zeit gerade nicht rauchfrei überstehen. «Schuster, bleib bei deinem Leisten», hat der alte Plinius angeblich auch zuerst gesagt. Doch in meinem Fall irrt der antike Literat aufs Neue. Ich will nicht mehr rauchen und weiß genau, wie meine Prioritäten auszusehen haben: Die Null muss stehen. Und wenn ich dafür einen ganzen Zentner Käse essen muss.

Dienstag, 9. Mai, 1.21 Uhr

Rückfall beim Verfassen eines Nichtrauchertagebuches – als Meldung hätte das durchaus einen gewissen Charme. Die Ironie ist aber auch das Einzige, was mir daran gefällt. Es geht auf halb zwei zu, und ich ringe mit meinem *stern.de*-Text über den Hafengeburtstag. Das Ergebnis von zwei Stunden Arbeit ist dürftig. Das kann ich so nicht veröffentlichen. Seit einiger Zeit hat sich Gollum zu mir an den Schreibtisch gesellt und souffliert mit der ihm eigenen Penetranz, dass der Text mit Kippe in der Hand schnell runtergeschrieben wäre.

Das Schlimme ist, dass ich den Vorschlag des elenden Zigarettenflüsterers durchaus in Betracht ziehe. Wir treiben ein dummes Wechselspiel: Drehe ich mich in meinem Chefsessel-Imitat in Richtung Fernseher und lege die Füße hoch auf die Ecke meines Schreibtisches, macht auch Gollum ein Päuschen. Schwenke ich wieder zurück und lege meine Finger auf die schwarzen Tasten, starrt auch der aschgraue Dämon wieder mit leeren Augen auf die Wortbrocken und Satzfetzen, die sich scheinbar nur in blauen Dunst gehüllt zu Sinnvollem verbinden lassen.

Vor dieser Situation fürchtet sich jeder Autor: Schreibblockade! Jener bleierne Zustand, in dem der Geist so unwürdig kastriert ist. Erstmals ohne Zigarette. Die Tagebücher schrieben sich bisher völlig problemlos, das war eher Schreibtherapie. Ein Ventil für die Qualen, die mir, einmal in Worte gefasst, schon gar nicht mehr so schlimm vorkamen. Mit dem *Mosaik*-Text in der Firma hat es im zweiten Anlauf auch problemlos geklappt, ganz ohne Blockade.

Schreiben und Rauchen ist sicher mein am tiefsten verwurzeltes Ritual. Vor dem Bildschirm brüten, an Absätzen feilen, Formulierungen schärfen – Textarbeit macht nur Vergnügen, wenn es am Schreibtisch ordentlich raucht. Seit ich mit dem Schreiben Geld verdiene, ist das so: Bereits «Tierschutzverein hofft auf Hilfe», meinen ersten Artikel für das Kappler Zentralorgan *Schleibote*, verfasste ich mit einer Kippe in der Hand. Vor über zehn Jahren, auf der elektrischen Schreibmaschine von Woody.

Im Studium wurde es exzessiv. Haus- und Seminararbeiten schreiben lief immer nach dem gleichen Muster ab: Stress, Zeitdruck und der ewige Ehrgeiz, einen grandiosen Text abzugeben. Ich schrieb ausschließlich nachts, aß fast nichts und rauchte bis zum Morgengrauen locker 40 Zigaretten. Ich tippe zehn Finger blind, rund 200 Anschläge die Minute. Doch eigens für die Zigarette, die ihren festen Platz zwischen Ring- und Zeigefinger hatte, stellte ich auf ein Neun-Finger-System um. Dadurch musste ich mich beim Tippen nicht mit Rauchpausen aufhalten.

Das Ganze gipfelte bei meiner Magisterarbeit im Sensationssommer 2003 in einer beispiellosen Rauchorgie. Am Schluss der sechsmonatigen Isolationshaft in meiner verwohnten Ein-Zimmer-Dachgeschossbutze in Hamburg-Barmbek schimmerte meine Zunge in einem kräftigen Blau. Zwei Wochen brauchte es, bis meine tennisballgroßen Bronchien abgeschwollen waren und ich wieder halbwegs atmen konnte.

Nach dieser Extremsituation hat sogar mein suchtgeschwängertes Hirn mal einen Gedanken daran verschwendet, dass ich mich mit meiner Art und Weise zu rauchen eher früher als später zugrunde richte. Und dennoch machte ich weiter wie gehabt. Bei Artikeln für *stern.de* genauso wie bei den Heftproduktionen für die Nordwohn AG. Dummerweise habe ich nun mal ausgerechnet das Schreiben zu meinem Beruf gemacht. Vielleicht wäre ich ja als Förster oder Hubschrauberpilot ein gemütlicher Genussraucher geworden. Aber als Journalist ist es auf dem besten Wege, mich umzubringen.

So paralysiert, wie ich gerade am Schreibtisch sitze, möchte ich am liebsten gar nicht über das Rauchen nachdenken, geschweige denn darüber schreiben. Einfach ins Bett gehen und als glücklicher Nichtraucher aufwachen. Leider gibt es diese Option nicht. Das Tagebuch muss spätestens morgen früh bei *stern.de* sein. Mit bequemer Gleitzeit ist diesmal leider nichts, da ich um 7.30 Uhr im Bus nach Travemünde sitzen muss, um für die *Mosaik* von der unternehmensinternen Vertriebs- und Bautagung zu berichten.

Ich komme also nicht umhin, jetzt ordentlich in die Tasten zu hauen – und zwar mit allen zehn Fingern. Gebe ich heute Abend Gollums Locken nach, werde ich auch beim nächsten Text zugreifen und mir bald wieder die Zunge blau rauchen. Ich werde lernen müssen, ohne Zigaretten zu schreiben – das ist gleich in doppelter Hinsicht meine Existenzgrundlage.

7.48 Uhr

Besser riechen zu können ist eine feine Sache: Ich denke da an Kaffeearoma, den Duft von Lavendel oder an die vielen Frauen, die mir an sonnigen Tagen die Freude machen, das Parfüm «Sun» von Jil Sander aufzulegen. Ein geschärftes Riechorgan birgt aber auch gewisse Risiken. Das schwante mir schon letzte Woche bei so manchem körperhygienefernen Gesellen in der S-Bahn. Oder immer wieder morgens, wenn der pickelgesichtige Teenager von «Mr. Pommes» im Wandsbeker Bahnhof seine Fritteuse anschmeißt. Die absolute Höchststrafe für die Nase aber ist kalter Rauch. Ein unvergleichlich widerlicher Geruch.

Gerade jetzt habe ich das Vergnügen. Der joviale Kollege Kleine hat sich noch unmittelbar vor Abfahrt des Busses eine Kippe reingepfiffen und sitzt nun groß, breit und bärtig neben mir. Mit der Mischung aus Rauchrückständen, Körpergeruch und einem Aftershave, das die Werbung als Frühling in Irland anpreist, raubt er mir die Luft. Lässt meiner Nase keine andere Fluchtmöglichkeit, als tief in das Revers meines Blazers einzutauchen. Flach atmen, bloß nicht inhalieren.

Der Geruch von kaltem Rauch ist für mich ein Schock. Mir will nicht in den Kopf, dass ich jahrelang genauso gerochen habe. Dass ich mich wie selbstverständlich nach dem Rauchen in die Nähe von Freunden und Kollegen bewegt habe. Ich kann nicht verstehen, dass mir das nie jemand gesagt hat. Selbst enge Freunde nicht. Aber die rauchen ja auch fast alle.

Der Morgen ist eine echte Qual. Immerhin bin ich mit dem Tagebuch fertig geworden, rauchfrei und dennoch halbwegs witzig geschrieben. Ein hart erkämpfter Sieg, mehr als zwei Stunden Schlaf waren danach nicht mehr drin. Mein Rauchverlangen hat Kollege Kleine restlos beseitigt, aber seine massige Präsenz macht auch ein Nickerchen unmöglich. Die Autobahnlandschaften Schleswig-Holsteins ziehen an meinen müden Augen vorbei. Knallgelb blühende Rapsfelder, flurbereinigte Knicklandschaften und schwarz-weiß gefleckte Milchkühe auf grünen Wiesen. Alles wunderschön beschienen von der frühmorgendlichen Maisonne. Der Tag ist viel zu schade für ein mehrstündiges Vortragsprogramm in einem aufgeheizten Tagungssaal.

«Als Mitarbeiter der Unternehmenskommunikation müssen wir besonders freundlich sein und integrierend wirken», hat Herr Wehmeyer mich noch vor der Abfahrt instruiert. Als ob dieser Hinweis nötig wäre. Freundlich zu sein ist für mich eine Selbstverständlichkeit, auch bei Leuten weit jenseits meiner Wellenlänge. Davon sitzen einige im Bus: Wohin man blickt, sitzt fleischgewordene Bodenständigkeit mit lachsfarbenen Halsbindern. Ein Kollege hält allen Ernstes einen gelben Pullunder über einem bunten Hemd mit Längsstreifen für eine gute Idee.

Ich tue manchen Kollegen unrecht, wenn ich das so schreibe. Der Job ist gar nicht schlecht, mit allen Fünfen in der Abteilung verstehe ich mich super. Auch mit Herrn Wehmeyer, von ihm habe ich viel gelernt, ebenso wie von Mia. Aber in der Summe sind mir die Bahnen dort zu eingefahren, ich bekomme jedes Mal eine Gänsehaut, wenn sich das Gros der Kollegen zwischen 10.30 und 15.00 Uhr das Unwort «Mahlzeit» an den Kopf wirft.

Travemünde ist in Sicht, das schöne «Maritim»-Hotel am Ostseestrand. Auf geht es, freundlich integrieren. Herr Kleine hat sich schon seine Kippen rausgeholt. Ich brauche jetzt erst mal einen Kaffee.

22.34 Uhr

«Geben Sie Gas, Herr Erichsen, es warten schon alle auf Sie!» Der Anruf von Herrn Wehmeyer reißt mich gegen 17.00 Uhr aus den schönsten Träumen. Ich hatte mich nach dem Ende der Nachmittagsvorträge im Hotelzimmer hingelegt und war sofort eingeschlafen. Nun bin ich zu spät dran für den verabredeten Fototermin mit den Geschäftsstellenleitern. Der Aufzug saust schon dem Foyer entgegen, als ich merke, dass ich ohne Nikotinpflaster unterwegs bin. Das hatte ich, wie es der Hersteller empfiehlt, während des Duschens an den Badezimmerspiegel geklebt – und vergessen. Schock!

In den nächsten zwei Stunden rumpelt es gehörig in meinem Kopf. Ich bin unruhig, nervös, patzig. Es wird zum Geduldspiel, die Kollegen in kleinen Grüppchen vor dem Hotel mit Ostseehintergrund abzulichten. Die Sonne brennt, 30 Grad, kein bisschen Schatten. Hartes Licht, ein Fotografen-Albtraum. Die Kollegen motzen, weil sie so lange stehen müssen. «Integrieren», Wehmeyers Hinweis habe ich noch im Hinterkopf, doch spätestens beim fünften Mal klingt mein «Bitte recht freundlich!» wie eine ernstgemeinte Drohung. Zum Beginn der Abendveranstaltung gelingt es mir, mich in mein Zimmer zu schleichen und das Pflaster aufzukleben.

Das ist natürlich der reine Psychozauber. Der Nikotinspiegel im Blut sinkt nicht derart schnell, als dass ich körperlichen Entzug hätte spüren können. Und doch hätte ich fast geraucht. Müdigkeit, Stress, null Bock, die Hitze – und das Bewusstsein, dass der kleine Nikotinhelfer nicht auf meinem Arm prangte. Wirkliche Sorgen, dass sich da eine neue Abhängigkeit auftut, habe ich nicht. Aber mein kleines Nichtraucher-Glück steht noch auf ziemlich wackeligen Beinchen.

Das Vortragsprogramm ließ viel Raum, um über Zigaretten nachzudenken. Allerdings war ich bei weitem nicht der Einzige in dem holzgetäfelten Saal mit den großen Kronleuchtern aus den Siebzigern, der still vor sich hin schmachtete. Um mich herum wurde mit Beinen gewippt oder zur Handentspannung reihenweise Papier gefaltet. Für mich eine gewisse Genugtuung, endlich gierte ich mal nicht allein. Der junge Kollege mit der Buddy-Holly-Brille und dem Karohemd neben mir litt ganz besonders. Seine schwarze Locke bebte vor Anspannung, während er mit immer härteren Schwüngen Figürchen in seinen Block kritzelte. Waren das allen Ernstes Fabrikschlote, die er da malte?

Im Gegensatz zu mir konnte er seinem Verlangen nachgeben. Gemeinsam mit der großen Schar besonders nikotinbedürftiger Kollegen stürzte er zu Beginn der Pause aus dem Saal. Trotz seiner hohen Decke war das Foyer des Tagungshotels innerhalb kürzester Zeit blau gequalmt. Mir reichte ein wenig Passivrauchen, um Gollum zu besänftigen.

Und Essen. Zweimaliges Anstellen am Kuchenbüfett ließ vier Stücke Kirschplunder in meinen Magen wandern. Sméagol ist ein ganz schön verfressener Bursche, das muss man wirklich mal sagen. Satt und zufrieden finde ich die Gier der rauchenden Kollegen reichlich abschreckend. Keine Spur mehr von Neid. Was manche in der kurzen Pause auf Vorrat inhalieren, dürfte physisch gesehen in keine zwei Lungenflügel passen. Kettenraucher Kleine sog in 15 Minuten rekordverdächtige vier Zigaretten in sich hinein, die letzte, als der Redner bereits seinen Weg zum Pult bahnte. Er tat mir fast ein bisschen leid, als er sich hustend auf seinen Platz setzte.

Jetzt lasse ich die Kollegen in Ruhe feiern und mache es mir lieber mit einem Doggy-Bag vom Käsebüfett in meinem Hotelzimmer bequem. Auf der Feier bin ich nüchtern geblieben. «Mensch, Herr Erichsen, letztes Jahr waren Sie doch nicht so schüchtern», sagte unser Vorstand zu mir und zeigte auf mein Selters. Letztes Jahr hat er mich bierselig und blazerschwingend auf der Tanzfläche erlebt, in jeder Hinsicht integrierend. Doch in diesem Jahr bin ich lieber gegangen, als ein gutes Dutzend Kollegen bei «Highway to Hell» von AC/DC zu einem hüftsteifen Tänzchen ansetzten. Der Tag war auch so schon anstrengend genug.

Mittwoch, 10. Mai, 7.42 Uhr

Flatsch! Mit kräftigem Schwung landet der tiefgelbe Auswurf in der cremefarbenen Keramik meines Hotelbadezimmers. Halleluja! Das klingt zwar eklig und nach Raucher, ist aber grundgut und daher beschreibungswürdig: Der große Husten ist da. Endlich! Er hatte sich in den letzten Tagen schon durch vermehrtes Räuspern angekündigt. Eine ordentliche Ladung Schleim löst sich aus den Tiefen meiner Lunge. Die Selbstreinigung hat begonnen.

Den Husten hatte ich sehnlichst erwartet. Er ist tief und kräftig, nicht zu vergleichen mit dem trockenen und keuchenden Gewürge zu Raucherzeiten. Nach nur ein paar Tagen ohne Zigarette regenerieren sich die kleinen Flimmerhärchen meiner Bronchien, die für den Schleimtransport zuständig sind und bis vor kurzem gnadenlos niedergeteert wurden. Nun arbeiten sie wieder und befördern die Sünden der Vergangenheit in Richtung Kehlkopf. Wenn ich genau hinsehe, kann ich in der schleimigen Masse kleine schwarze Punkte erkennen. Teer. Wenn die Hochrechnung mit 120 000 Zigaretten auch nur halbwegs hinkommt, habe ich in den letzten Jahren rund 1,2 Kilogramm der schwarzen Masse inhaliert. Da werde ich noch etwas länger husten müssen.

21.20 Uhr
Mein Appetit ist derzeit immens – wird aber deutlich übertroffen von meinem Hunger nach Anerkennung. Das ist schon fast peinlich. Bei allem, was meine inzwischen neuntägige Abstinenz angeht, sauge ich Lob aus meinem Umfeld heraus wie ein Vampir mit Ego-Schaden. Auf wundersame Weise gelingt es mir ständig, Gespräche auf das Thema «Nichtrauchen» zu lenken. Egal, mit wem ich rede und worum es vorher ging. «Ach, Sie haben ein neues Auto. Glückwunsch. Ich rauche in meinem Auto ja jetzt gar nicht mehr, habe nämlich ganz damit aufgehört …» Oder: «Ach, du joggst jetzt. Schön, das habe ich mir nun auch vorgenommen, seit ich nicht mehr rauche …»

Ist das Thema erst mal angeschnitten, hat mein Gegenüber keine Chance mehr. Ich blicke dann mit leicht schiefem Kopf und großen grün-blauen Augen und erwarte Lob. Das kommt auch meistens, denn was sollen die armen Leute auch anderes tun, als mir zu gratulieren und weiter bestes Durchhalten zu wünschen? Fällt die Tätschelei mal nicht intensiv genug aus, bin ich natürlich jederzeit bereit, nachzulegen und noch ein bisschen tiefer nach dem Kompliment zu fischen.

Was derlei Anerkennung angeht, hat sich der Besuch der Therapiegruppe heute Abend wirklich gelohnt. Ich kam zu spät, war erst kurz zuvor aus Travemünde eingetrudelt und schenkte dem Flipchart neben dem Stuhlkreis zunächst keine Beachtung. Darauf sollen alle Teilnehmer ihren Zigarettentagesschnitt seit der letzten Sitzung festhalten. «Erfolge sichtbar machen», nennt Frau Günther das. Diesen Wunsch erfülle ich ihr natürlich gern und schreibe mit coolstmöglichem Edding-Schwung die Null unter meinen Namen. Den Applaus aus der Runde quittierte ich nur mit einem kurzen Nicken – bloß den anderen die Freude nicht zeigen. Verglichen mit denen, bin ich schließlich Profi.

«47 – 31 – 22 – 17 – 1», so lesen sich die Fortschritte der anderen. Sie haben damit begonnen, die überflüssigsten Kippen des Tages auszusortieren. Unser Spitzenreiter hielt ein flammendes Plädoyer gegen die dritte Kippe in der Frühstückspause. «Mehr als zwei in einer Viertelstunde sind absoluter Blödsinn», gab er sich geläutert. Ich hätte ihn erwürgen können.

Die Raucherfraktion hat in der letzten Woche akribisch jede inhalierte Fluppe aufgeschrieben und kam dabei zu der gleichen Erkenntnis wie ich auch schon bei meinem kleinen Experiment in der Vorbereitung: Die meisten Zigaretten werden sinnlos dahergepafft, nur einige wenige sind heißgeliebt. Und Letztere sind bei fast allen Rauchern die gleichen: die Zigarette zum Kaffee, nach dem Essen, gegen Stress, im Auto. Keiner der Anwesenden konnte sich nach der einen Woche Selbstbeobachtung vorstellen, auf diese Kippen zu verzichten.

«Die Ritualzigaretten bilden geradezu das Rückgrat der Sucht», meinte Frau Günther, die heute Abend viel über Rauchen als Gewohnheit sprach. Es war wenig dabei, was ich nicht vorher schon in Ratgebern oder auf den Rauchstopp-Webseiten gelesen hätte. Allerdings bemühte sie noch ein schönes Bild. «Man kann das Rauchen mit dem Erlernen eines Musikinstrumentes vergleichen», sagte sie. «Ein geübter Pianist etwa muss bei ihm bekannten Liedern nicht mehr eigens über Tastenfolgen nachdenken, sondern spielt sie einfach.»

Die Auswirkungen dieses Lernprozesses machen mir nach neun Tagen Abstinenz am meisten zu schaffen. Es sind überwiegend noch die eingelebten und liebgewonnenen Rauchsituationen, die mich plagen. Inzwischen habe ich manchmal zwei, drei Stunden vollständig Ruhe vor der Sucht. Doch mein Suchtgedächtnis ist hochaktiv und foppt mich jedes Mal aufs Neue. Sobald ich eine dampfende Tasse Kaffee sehe, schießt das Rauchverlangen in meinen Kopf. Der Schlüsselreiz reicht völlig aus. Wie bei Pawlows Hunden, denen nach dem gewohnten Klang der Fresschen-Glocke von allein der Speichel floss.

Tja, auch heute hat sich die Sitzung gelohnt, langsam muss ich meine anfänglichen Zweifel etwas revidieren. Die Anerkennung hat gutgetan, genau wie die Plauderei über Zigarettenrituale.

Auf eine ganz spezielle Angewohnheit könnten meine lieben Mitstreiter künftig allerdings gern verzichten: die Kippe nach der Therapiestunde, genussvoll im Eingangsbereich der Praxis geschmaucht. Ich musste an dem Grüppchen vorbei und war einigermaßen neidisch. Doch das ließ ich mir nicht anmerken und grüßte nur kurz herüber. Immerhin bin ich einer von den Nullern.

Donnerstag, 11. Mai, 15.00 Uhr

«Mia, kommst du mit runter, eine dampfen?» Die Stimme von Frau Hartmann befreit mich aus der Beschäftigung mit den Artikeln über die Tagung. Unsere Vorstandssekretärin ist Mias Neue – Rauchpartnerin, versteht sich. Die beiden gehen jetzt häufiger zusammen in die Raucherecke. «Mensch, Herr Erichsen, nun ziehen Sie doch nicht so ein Gesicht, Sie haben es doch selbst so gewollt», sagt Frau Hartmann noch, als die beiden mit ihrem Raucherbesteck lachend das Büro verlassen. Ich schaue bedröppelt hinterher. Nicht, weil ich scharf aufs Rauchen bin. Nicht mehr als sonst zumindest. Es ist ein Hauch von Wehmut. Oder soll man sagen Eifersucht?

Mia und ich sind ein Team. Wir machen in der Firma praktisch alles zusammen, verbringen so gut wie jede Pause miteinander. Zigaretten sind dabei immer ein integraler Bestandteil unserer Verbindung gewesen. Erst das gemeinsame Rauchen im Büro, dann – nach unserem selbstauferlegten Rauchverbot – der Gang in den vierten Stock. Substanziell hat sich an unserer Beziehung in den letzten zehn Tagen nichts geändert – doch viele gemeinsame Momente gibt es inzwischen einfach nicht mehr.

Unser eingespielter Alltag ist aus dem Takt geraten. Nach dem Essen warte ich nun immer, bis Mia aufgeraucht hat. Und wenn wir gemeinsam Feierabend machen und Mia sich beim Verlassen der Drehtür eine ansteckt, ist es genauso. Vor allem aber fehlt die Plauderei in der Raucherecke. Diesen Platz hat nun Frau Hartmann eingenommen. Natürlich schnacken wir noch immer, sogar recht rege, einfach über den Schreibtisch hinweg. Mit Zigarette war das nochmal anders – es spricht sich irgendwie intimer, zeigt die brennende Zigarette doch eindeutig die Arbeitsunterbrechung an.

Aber wie immer, wenn ich in Zigarettenwehmut schwelge, verkläre ich wohl einiges. Ich muss mich nur mal an den letzten Sommer erinnern. Da saßen Mia und ich bei brütender Hitze am Schreibtisch, der blaue Dunst stand trotz offenem Fenster als dichte Nebelwand im Raum. Da der Rauch nicht auf den Flur ziehen durfte, konnten wir die Tür nicht offen stehen haben. Auf die Idee, das Rauchen einzustellen, sind wir damals einfach nicht gekommen.

15.30 Uhr
Mia lacht über meine kleinen Eifersüchteleien. Letztendlich geht es ihr aber nicht anders als mir: Auch sie hat durch meine Abstinenz gemeinsame Momente verloren.

Unsere Gewohnheiten gleichen sich allerdings schon wieder ein bisschen an. Mia schränkt sich beim Rauchen ein, seit ich ins Nichtraucherlager gewechselt bin. Es sind nur drei, vier Kippen weniger am Tag, die aber konstant. Das liegt wohl daran, dass der Mitzieheffekt nun weggefallen ist. Wir haben uns ja immer wieder gegenseitig angestachelt.

Aufhören will Mia aber nicht. Zumindest noch nicht. Aber sie meinte, dass sie es sich vielleicht an ihrem 50. Geburtstag im November überlegen wird. Erzählen darf ich das niemandem – schon gar nicht Frau Hartmann. Wir wollen das junge Raucherglück doch nicht gleich auf eine so harte Probe stellen…

Ein gutes Team werden Mia und ich jedenfalls auch weiterhin sein. Das haben wir uns gerade versprochen.

Freitag, 12. Mai, 8.01 Uhr

Das Blubbern meiner Kaffeemaschine paart sich jeden Morgen mit den Frühnachrichten im Deutschlandfunk. Tee käme mir zum Tagesstart niemals in die Tasse. Ich bin Kaffeetrinker, seit ich zwölf bin, und komme morgens nicht ohne Koffein in Gang. Sobald ich meiner kleinen Dusche entsteige, genieße ich den wohligen Geruch des «Extra Milden» aus dem Aromafilter. Nichts wie hinein mit dem Kaffee in den blaugelben Batman-Becher, mit Augenmaß kommt ein Schuss Milch hinzu, denn goldig braun ist mir der kleine Wachmacher am liebsten.

Und dazu jetzt, ja, na, was wohl? – Ein Nikotinpflaster. Was denn sonst? Die Kippe am Morgen ist verboten, aber auch ein erstaunlich leicht zu verschmerzender Verlust: Mein neues Morgenritual heißt Pflasterkleben.

Zugegeben, es ist nicht ganz dasselbe. Schneide ich das braune Pflaster aus seinem Alu-Briefchen, beleidigt es die Nase mit einem üblen Geruch. Chemisch, anders ist er kaum zu beschreiben. Ich hatte zunächst den Kleber im Verdacht, doch es ist tatsächlich die Duftnote des Nikotins. Als Flüssigkeit ist es gelblich-transparent, aber alles andere als geruchsneutral.

Zwei-, dreimal muss ich das Pflaster fest andrücken, damit es auch 24 Stunden lang auf der Haut hält. Sanftes Anstreicheln rächt sich nach kurzer Zeit. Tröpfelt zu wenig Nikotin in meinen Blutkreislauf, werde ich grummelig. Ein wütender Gruß meines Mittelhirns.

Eine «gesunde, unbehaarte, trockene und saubere Hautstelle» zu finden, wie der Beipackzettel rät, wird zusehends schwieriger. Es kommen eigentlich nur die Oberarme in Frage, im Schulter- und Brustbereich löst sich das Pflaster beim Schwitzen oder bei ruckartigen Bewegungen. Mit der Klebewirkung ist es dann schnell vorbei.

Trotz täglichen Wechsels sehen meine Arme inzwischen aus wie nach einem heftigen Flirt mit einem Oktopus. Zwei Tage lang bleibt ein gut sichtbarer Abdruck auf der Haut, etwas größer als ein Fünfmarkstück, rundherum gerötet. Ich überlege morgens zweimal, ob ich Kurzärmeliges tragen kann.

Etwa eine halbe Stunde nach dem Aufkleben verspüre ich ein kurzes

Glücksgefühl. Der Serumspiegel ist dann wieder hoch genug, ausreichend frisches Nikotin hat mein Mittelhirn erreicht. Hmm, Dopamin!

Das Image der Nikotinersatztherapie ist ziemlich mies. «Eine unnötige Verlängerung der körperlichen Sucht», schreiben mir die Fans von Allen Carr gleich im Dutzend unter das Tagebuch. Auch so mancher andere Ex-Raucher betont dort ganz gern einmal, dass er es «ohne» geschafft hat. «Rauchstopp zweiter Klasse», lautet die Botschaft, die da mitschwingt.

Mir ist das nicht wichtig. Die Pflaster tun ihren Dienst. Sie nehmen mir die größten Sorgen und halten mich bei Laune – im Vergleich zu Adrian bin ich lammfromm. Im Alltag funktioniere ich, und damit hat die Ersatztherapie ihre Hauptmission erfüllt.

Mir hilft allein schon der Gedanke daran, dass das Pflaster an meinem Arm klebt. Wie sehr, das habe ich beim «Spiegel-Schock» auf der Vertriebs- und Bautagung erleben dürfen. Irgendwann werde ich mich dem körperlichen Entzug in Gänze stellen müssen. Wann immer das auch sein wird. Bis dahin ist eines mal ganz sicher: Trotz der seltsamen Prozedur jeden Morgen schmeckt der Kaffee noch zehnmal besser als früher mit der Frühstückszigarette.

11.27 Uhr

Und noch ein neues Ritual: Wenn Mia und Frau Hoffmann rauchen gehen, stelle ich mich gern für zwei Minuten an die große Fensterfront in unserem Büro und lasse das Auge von Norden aus über Hamburg schweifen. Von dort oben aus dem fünften Stock sehe ich den Michel und wie die großen Container-Kräne im Hafen schuften. Bis weit hinaus auf die Elbinsel mit all ihrem Grün reicht der Blick. Ich fühle mich dann wie der Kapitän auf der Brücke, der seinen Ozeanriesen durch die spiegelglatte See steuert.

Ich liebe Hamburg und möchte hier noch viele Jahre leben. Im Arbeitsalltag hat mir seit der Stunde null ein «Break» gefehlt. Doch jetzt ist Panorama-Pause angesagt. Immer ein sehr bewusster Moment, von dem ich aufgeräumt in den Job zurückkehre.

18.30 Uhr

26,52 Euro – die Summe auf dem Kassenbon, den mir die Kassiererin mit einem «Schönes Wochenende» in die Hand drückt, macht mich stutzig. Es sind sechs Euro mehr, als da eigentlich stehen dürften.

Was Einkaufen angeht, bin ich ein Gewohnheitstier. Jede Woche gehe ich dreimal, montags, donnerstags und samstags, in den nicht ganz billigen, aber gut ausgestatteten Supermarkt um die Ecke. Und mehr als 20 Euro zeigte der Kassenbon bisher nur dann, wenn zusätzlich zum Grundbedarf Zigaretten auf der Einkaufsliste standen.

Die waren heute garantiert nicht dabei. «Was für ein Idiot», dachte ich sogar, als der schmächtige Türke vor mir in der Schlange die Kassiererin um die Freigabe des elektrischen Zigarettenautomaten bat und gleich darauf zwei Schachteln «Prince Denmark» auf das Laufband plumpsen ließ.

Was meine Kosten hochtreibt, sind ausschließlich Leckereien. Nichts Spektakuläres, aber Sachen, die puren Genuss versprechen, mindestens zwei Preisklassen über meiner sonstigen Wahl: schwerer Burlander-Käse statt abgepacktem Gouda, Salami, in Italien luftgetrocknet, statt günstigem Holsteiner Mett, Preiselbeerleberpastete statt Delikatessleberwurst. Ich schmecke besser und lass es mir schmecken. Konsequent habe ich meine Grundbedürfnisse hochgefahren.

Sicher zähle ich nicht gerade zu den Buchhaltertypen, aber die finanzielle Bilanz meines Rauchstopps erschreckt mich doch. Während andere sich fröhlich das Sparschwein vollhauen, täglich ein paar Euro für Nichtgerauchtes auf die hohe Kante legen und eifrig Pläne schmieden, zahle ich drauf:

Teilnahmebeitrag Gruppentherapie:		30,00 Euro
Nichtraucherliteratur		20,00 Euro
Nikotinpflaster:	$11 \times 3,50$	38,50 Euro
Schwimmen	$4 \times 3,60$	14,40 Euro
Essen und Snacks	$11 \times 5,00$	55,00 Euro
		———
		157,90 Euro

Dagegen stehen, großzügig geschätzt, rund 50 Euro, die ich in den letzten elf Tagen durch nicht gerauchte Zigaretten eingespart habe. Würde ich nicht ein kleines Taschengeld von *stern.de* für das Nichtrauchertagebuch bekommen, hätte ich schon mehr als hundert Euro draufgezahlt.

Aber mittel- und langfristig werde ich sparen. Hoffe ich. Die einmaligen Kosten für Therapie und Nichtraucherliteratur sind zu verschmerzen, die laufenden Kosten für die Nikotinpflaster werden wegfallen. Nur bei einem Rückfall in nächster Zeit bliebe der Rauchstopp ein ordentliches Verlustgeschäft. In jeder Hinsicht.

Samstag, 13. Mai, 17.45 Uhr

HSV-Fan zu sein heißt leiden. Nicht nur in dieser Saison. Daran bin ich gewöhnt, 20 Jahre Bundesliga-Mittelmaß härten ab. In weiten Teilen meines Umfeldes hält man es lieber mit dem FC St. Pauli. Niels zum Beispiel ist ein glühender Verehrer. Die Kieztruppe, auch als Drittligist nimmermüde, sich als «Weltpokalsiegerbesieger» zu beweihräuchern, gilt als schick, die Fans als weltoffen und gut gelaunt. HSV-Anhängern dagegen hängt der Ruf an, prollig zu sein, irgendwie verbissen, ja sogar aggressiv. Heute – zu Recht.

Um es vorwegzunehmen: Wir haben verloren. 1:2, zu Hause, in einem fürchterlichen Spiel gegen Werder Bremen. Die Ernte einer großartigen Saison mit Zauberfußball à la van der Vaart hergeschenkt, in einem einzigen Saisonspiel. Nur Platz 3 in der Tabelle, um doch noch in die Champions League zu kommen, müssen wir durch die Qualifikation. Ein Spiel wie geschaffen für einen Rückfall. Mein HSV hat meine Standfestigkeit auf eine harte Probe gestellt. Und die von Woody gleich mit.

Ihm sah ich die Anspannung schon an, als er sich vor der «Bar Nouar» den Motorradhelm vom frischrasierten Schädel hievte. Er war nervös, und das nicht nur des Fußballs wegen. «Scheiße», präzisierte er seine Stimmung, als wir uns in die Polstersofas meiner vollbesetzten Stammkneipe warfen. Seit seinem Instant-Rauchstopp vor dem Hafengeburtstag ist er clean, nun strampelt er sich gerade durch die abklingende Akutphase. «Jetzt ist es nur noch Kopfsache», sagte er kämpferisch. Ich weiß nicht genau, ob er sich meinte oder unser Team.

Der Schmachter folgt dem Spielverlauf. Pünktlich zum frühen 0 : 1 flammten überall die Feuerzeuge auf, die ohnehin schon stickige Raumluft hätte man in viele kleine Pakete schneiden können. Woody saugte den Qualm in sich hinein wie ein Hochleistungsstaubsauger. Gilt derart aktives Passivrauchen schon als Rückfall?

Viel besser ging es mir auch nicht. Meine Nerven lagen blank. Die Gier wütete in meinem Kopf, wurde mit jeder vergebenen Torchance größer. Einmal meinte ich, aus dem Augenwinkel heraus Gollum erkannt zu haben, der, fröhlich grinsend, mit einem grün-weißen Werder-Schal unter den Zuschauern saß.

Dann der Ausgleich. Riesenjubel, ein Unentschieden hätte ja gereicht. Woody und ich hielten uns so innig in den Armen, als wären wir ein frisch verliebtes Pärchen. Balsam für unsere Nerven. Doch noch eine Chance für den HSV? Das Siegtor gegen den Schmachter?

Nein. Das Gegentor kurz vor Schluss stößt uns zurück in das Tal der Tränen. Schlusspfiff. Frustkippe. Das Wort spukt mir im Kopf herum, in Woodys Gedanken brannte sie wohl schon. Keiner spricht es aus. Stattdessen ein Wortgefecht mit den Werder-Fans, die ihren Spott auf uns herniederregnen lassen. Ich muss mich arg zusammennehmen, um nicht den notorischen HSV-Proll zu geben.

Gut, dass die Saison vorbei ist. Allzu viele solcher Spiele würde ich nicht rauchfrei überstehen.

22.30 Uhr

Im Gegensatz zu der meines Lieblingsvereins zeigt meine sportliche Erfolgskurve steil nach oben. Anstatt mir das HSV-Desaster nochmal in der Sportschau anzutun und Gollum weiter Futter zu geben, habe ich mich aufs Fahrrad gesetzt und bin ins Kaifu-Bad gefahren.

Im Wasser spulte ich mein Programm ab wie eine Maschine: lange Gleitphasen mit voller Körperstreckung, den Kopf meist unter Wasser, jeweils nur sechs kraftvolle Züge für die 25 Meter einer Bahn. In der Wellness-Idylle kann ich die Früchte meiner Abstinenz in vollen Zügen ernten. Normalerweise stieß ich nach etwa 200 bis 300 Metern an einen toten Punkt. Die Oberarme fühlten sich während einiger Bahnen taub an, weil die Muskeln Zeit brauchten, um sich ausreichend mit Sauerstoff zu versorgen. Doch heute rauschte ich über den ominösen Punkt hinweg. Keine Spur von Ermüdung: Ich absolvierte zwei Kilometer in gerade einmal 35 Minuten – das ist eine Leistungsexplosion!

Ich habe es nachgeschlagen: In der Zeit nach der letzten Zigarette erhöht sich bei einem ehemals starken Raucher die Lungenfunktion um bis zu 30 Prozent. Das ist ein größerer Effekt, als ihn ein Radrennfahrer bei der Tour de France mit illegalem Eigenblutdoping erreicht!

Seit dem Rauchstopp ist mein Verhältnis zum Sport noch intensiver geworden. Sportlich war ich schon immer. Früher habe ich Fußball gespielt, später Krafttraining gemacht. Aber in den letzten Jahren, mit den Prüfungen an der Uni, dem Stress im Job, blieb dafür immer weniger Zeit. Umso mehr hatte ich mich schon darüber gefreut, seit Anfang des Jahres regelmäßig zu schwimmen. Doch in den letzten beiden Wochen war ich fast jeden zweiten Tag in der Kaifu und fühle mich inzwischen fit wie noch nie in meinem Leben.

Auch Adrian schwimmt, als wäre er gedopt. Der Rückfall auf dem Hafengeburtstag hat ihn nicht umgehauen, seither hat er keine Kippe mehr angefasst. Als ich in der Kaifu ankam, sah ich bereits durch die Scheibe am Eingangsbereich, wie er mit kräftigen Delphinschwüngen einen braungebrannten Typen mit großem Schultertattoo auf der Tempobahn vor sich hertrieb. Normalerweise hat er ja Manieren, aber als er den behäbigen Schönling bei der Wende abhängte, erinnerte das an einen tiefergelegten 5er BMW beim schnellen Spurwechsel.

Auf die Tempobahn möchte ich früher oder später auch. Am besten früher. Das ist für mich der nächste, folgerichtige Schritt. Ich brauche immer solche kleinen Ziele, um mich zu motivieren. Wenn ich wollte, könnte ich natürlich schon jetzt dorthin. Man entscheidet selbst, wann man sich für fit genug hält. Aber mit meinem Hechtsprung in dieses

Haifischbecken werde ich noch ein wenig warten – wer dort zu langsam schwimmt, den bestrafen Leute wie Adrian.

Keine Frage: Ich habe an Körpergefühl gewonnen seit der letzten Zigarette, aber eben leider auch an Körperumfang. Das große Fressen macht sich inzwischen auf der Waage bemerkbar: vier Kilo mehr, in nicht mal zwei Wochen. Damit habe ich bereits jetzt den Durchschnittswert bei Post-Rauchstopp-Gewichtszunahme erreicht. Dem Zitterzeiger meiner 5-Euro-Waage zu Hause schenke ich kein Vertrauen, aber die Digitalwaage im Schwimmbad lügt nicht: 87,3 Kilogramm stand dort in roten Zahlen auf der Anzeige. Ich werde künftig noch ein bisschen schneller schwimmen müssen.

Sonntag, 14. Mai, 17.10 Uhr
Meine Füße sind geschwollen, die Beine taub, der Puls treibt die Schlagader an meinen Schläfen an. Aber ich habe durchgehalten: die erste Alsterrunde meines Lebens. Seit heute zählen Adrian und ich zu dem exklusiven Kreis, der die 7,5 Kilometer durch die Naturidylle der Außenalster erfolgreich umrundet hat. Bisher kannte ich Hamburgs liebste Laufmeile nur vom Vorbeifahren oder sommerlichen Grillsausen. Neugierig folgte dann der Blick all den Fitten und Schönen, die dort regelmäßig unterwegs sind. Man sagt, dass Ulrich Wickert und Johannes B. Kerner dort laufen, angeblich auch Monika Lierhaus, die schöne Sportschau-Fee.

Die habe ich heute zum Glück nicht getroffen. Ich schlich in Tippelschritten die Kieswege entlang, den Kopf hochrot und tief gesenkt. Keinen Blick für die blühende Natur, immer nur die nächsten Meter im Visier. Anfangs hatte ich noch versucht, manchem Laufwunder zu folgen, das an mir vorbeirauschte. Aber etwa zur Halbzeit auf der Bellevue trieb mich nur noch der olympische Gedanke. Laufen ist definitiv anstrengender als Schwimmen. So viel weiß ich jetzt. Meine Lunge kam derart in Fahrt, dass ich häufig husten musste und mir pikierte Blicke einiger Mitläufer einfing. Die wussten ja nicht, dass das ein guter Husten war.

Adrian war mit deutlich mehr Elan unterwegs, aber er hat auch weniger Gewicht dabei. Seinen Laufstil finde ich allerdings recht ungewöhnlich, das ist mehr so ein langgezogenes Hüpfen. Er selbst nennt es «gazellenartig», ich dagegen finde, es sieht aus wie bei «Sport-Goofy» in diesen Disney-Filmen. Er hüpfte immer ein paar Meter vor mir her, unwillig, auf mich zu warten. Doch bei mir war Beschleunigen genauso wenig drin wie Anhalten. Bei der Zielankunft an der Kennedy-Brücke tippelte ich noch ein bisschen weiter und brauchte etwas, um die Erlösung zu begreifen.

Doch seither bin ich pickepacke stolz. Als Raucher hätte ich das nie geschafft, wäre vermutlich noch nicht mal losgelaufen. Adrian fabulierte auf dem Nachhauseweg bereits von einer Marathon-Teilnahme im nächsten Jahr. Geradezu klassisch für den Größenwahn bei Gerade-Abstinenten. Aber der Gedanke hat einen gewissen Charme, das muss ich schon zugeben. Allerdings müssten wir dafür noch ein paar Runden drehen und vor allem an der Gesamtmotorik arbeiten. Zumindest wenn wir nicht als «Die Gazelle und der Schleicher» in die Annalen des Hamburg-Marathons eingehen wollen.

The times, they're a changin'

Montag, 15. Mai, 17.15 Uhr

Willkommen in der neuen Normalität. Nach exakt zwei Wochen und einer Viertelstunde hat das Bild von der Achterbahn endgültig ausgedient. Das behäbige Gefährt, mit dem ich durch meine Nichtraucherei gleite, würde einen Vergnügungsparkbetreiber schnell in den Ruin treiben. Der Ausnahmezustand ist nach 14 Tagen definitiv vorbei.

Mein Alltag heißt Nichtrauchen. Nach der Mitarbeiterbesprechung kehre ich wie selbstverständlich direkt ins Büro zurück und empfinde es sogar als positiv, gleich wieder an die Arbeit gehen zu können. Normal geworden ist es auch, mir nach dem Essen keine mehr anzuzünden, oder beim Schreiben tagsüber im Büro. Nach 14 Tagen ohne habe ich die kleinen rituellen Rauchmomente aus meinem Suchtgedächtnis getilgt.

Kaffee ist und bleibt eine Ausnahme. Wenn ich nach der Mittagspause einen großen Becher dampfender Wiener Melange aus dem Kaffeeautomaten in der Küche hole und das süßliche Aroma rieche, bekomme ich Lust auf eine Zigarette. Aber das, was bis vor kurzem eine heftige Attacke war, gleicht nun einer förmlichen Anfrage: «Na, Björn, hast du Lust zu rauchen? Wie sieht es aus?» Siehe da, Gollum hat Manieren bekommen. Ich dagegen werde uncharmant und sage so etwas wie: «Verpiss dich, Höllenbrut!» Und dann ist auch erst mal Ruhe im Karton.

Doch die neue Normalität hat so ihre Tücken. Das Kämpfen ist weggefallen, die Hauptbeschäftigung in den letzten beiden Wochen. Da galt es noch, den Rauchstopp-Krieger zu geben, große Schlachten zu schlagen und glorreiche Siege einzufahren. Nun fehlen mir die Erfolge. Es gilt, «nur» noch durchzuhalten und das Erreichte zu bewahren.

Das ist so gar nicht meine Sache. Ich brauche immer aufs Neue die

Herausforderung. Das geht mir im Job genauso wie beim Sport oder in der Liebe. Ich gebe mich selten mit dem zufrieden, was ich erreicht habe. Das macht mich nicht gerade zum ausgeglichensten Menschen unter der Sonne. Und so einer soll nun anfangen, seine Sucht zu verwalten.

Die große Gefahr dabei ist Sorglosigkeit. Der Erfolg der letzten beiden Wochen hat Selbstzufriedenheit geschürt, ich blase mir ordentlich Weihrauch ins Gesicht. Im Alltag scheint Gollum Kraft zu sammeln, er wartet nur auf schwache Momente, um mit aller Macht hervorzupreschen. Eine schmähliche Niederlage des HSV reicht schon aus, um in heftigste Versuchung zu geraten. Manchmal erscheint mir die neue Normalität nur wie die trügerische Ruhe vor dem nächsten Sturm.

Da die Achterbahn-Analogie ausgedient hat, habe ich beschlossen, dass ein neues Bild hermuss, um den Verlauf meiner Abstinenz zu beschreiben. Dieses hier, aus dem *stern.de*-Nichtraucherforum, gefällt mir am besten:

«Das Nichtmehrrauchen gleicht einem Hürdenlauf, bei dem die Hürden immer weiter auseinanderliegen und niedriger werden: Die Attacken werden leichter, kürzer und seltener.»

Da findet sich auch gleich meine neue Laufleidenschaft wieder. Es ist tatsächlich ein bisschen wie gestern Abend an der Alster. Immer weiter voran mit vielen kleinen Tippelschritten und darauf hoffen, dass es bald nicht mehr wehtut. Bloß nicht stehenbleiben.

19.03 Uhr

Als der liebe Gott bei der Schöpfung dumme Angewohnheiten verteilt hat, scheine ich besonders häufig «Hier» gerufen zu haben. Beispielsweise streiche ich mir unzählige Male am Tag mit der rechten Hand durch meinen kurzen Haarschopf oder mache jeden Morgen nochmal auf der Türschwelle kehrt, um zu überprüfen, ob auch wirklich alle

Elektrogeräte ausgeschaltet sind. Dass ich stets penibel darauf achte, dass der digitale Lautstärkeregler meiner Stereoanlage auf einer geraden Zahl steht, ist mir selbst schon etwas unheimlich. Aber ich fühle mich dann einfach wohler.

Der mit Abstand dümmsten Angewohnheit habe ich mich entledigt. Kein anderes Verhalten war so kostspielig, schädlich und überflüssig wie das Rauchen. Welchen Raum ich den Zigaretten in meinem Alltag wie selbstverständlich gewährt habe, ist mir erst klar geworden, seit ich mir nicht mehr regelmäßig eine anstecke. Durch den Rauchstopp habe ich Zeit gewonnen. Sowohl subjektiv wahrgenommen als auch effektiv. Wenn ich jede meiner ehemals 25 Zigaretten täglich mit fünf Minuten veranschlage, komme ich auf satte eineinviertel Stunden.

Die nutze ich nun anders. Besser. Vor allem für Arbeit. Die Zeit, die ich nicht mehr in der Raucherecke verbringe, macht sich deutlich in meinem täglichen Pensum bemerkbar. Die vielen abgelegten Raucherrituale habe ich durch neue Gewohnheiten ersetzt: Der weit schweifende Blick über Hamburg gehört dazu, genauso wie das allmorgendliche Schnüffeln am Narzissenstrauch. Pflasterkleben, intensives Sporttreiben und am Vormittag im Büro kurz in der Online-Ausgabe der *NY Times* schmökern, um mein Englisch nicht einrosten zu lassen – alles kleine Bausteine meiner neuen Nichtraucher-Normalität. Allesamt viel besser als Rauchen.

Ich habe in meiner Rauchstopp-Vorbereitung mal irgendwo gelesen, dass man ein Verhalten 21-mal regelmäßig wiederholen muss, um daraus eine neue, sprich automatisch ablaufende Gewohnheit zu machen. Sollte in dieser Theorie auch nur ein Körnchen Wahrheit stecken, bin ich in genau sechs Tagen ein neuer Mensch – mit ein paar dummen Angewohnheiten weniger.

23.47 Uhr

Die Lob-Quote geht nach zwei Wochen rapide zurück. Mia musste ich heute um 17.00 Uhr eigens an mein kleines Jubiläum erinnern und erntete bloß ein gestresstes «Ja, ja, herzlichen Glückwunsch». Und

Denise hat sich eben beim chinesischen Essen auch nicht gerade durch überbordende Sensibilität ausgezeichnet. «Kannst du mal über etwas anderes als Nichtrauchen reden?», fauchte sie und legte ihre schöne Stirn in Falten. Normalität ist ja so etwas von unspektakulär: keine großen Erfolge, keine Herausforderung. Und nun bröckelt auch noch mein Fan-Lager dahin.

Dienstag, 16. Mai, 11.20 Uhr
Gesund sieht er aus, mein Schreibtisch mit der gut gefüllten Obstschale darauf. Exakt an jener Stelle gleich neben der Postablage, wo früher der volle Aschenbecher thronte. Das blau verzierte Porzellangefäß im Landhausstil hat mir unsere Sekretärin Frau Helmchen aus den alt-ehrwürdigen Beständen der Nordwohn AG zukommen lassen, als ich heute Morgen mit einer gut gefüllten Obsttüte bei ihr im Vorzimmer stand. Äpfel, Bananen, Kiwis und blaue Pflaumen – von heute an esse ich gesünder. Der Kilo-Schock von Samstag entfaltet heilsame Wirkung, ich bin nicht mehr bereit, der hemmungslosen Völlerei tatenlos zuzuschauen.

Die Hauptmahlzeiten sind mir erst mal egal, per Vitaminschock soll es der saudummen Fresserei zwischendurch an den Kragen gehen. Jedes Mal, wenn ich Verlangen nach einem Schokoriegel bekomme, werde ich mir nun einfach eine Pflaume greifen oder einen Apfel schälen. Vor allem eine neue doofe Angewohnheit habe ich im Visier: das zweite Frühstück. Nach Vollkorntoast mit Kirschmarmelade zu Hause knuspere ich am Vormittag in der Firma gern nochmal zwei belegte Brötchen weg.

Geradezu instinktiv schwenke ich morgens, die Treppe vom Bahnsteig hinunterkommend, erst mal nach rechts weg – hin zum «Le Croissant», um mich mit Käse-Schinken-Baguettes zu versorgen. Sattsam bestrichen mit leckerer, aber auch unfassbar kalorienhaltiger Remoulade. Heute Morgen habe ich ein paar Schritte vor der kleinen Snackbude angehalten und mir lieber bei dem Lieferwagen des schwungvollen Obst-Türken die Fruchttüte vollpacken lassen.

So einfach lässt sich mein Körper allerdings nicht überzeugen. Obwohl ich schon zwei Bananen und eine Handvoll Pflaumen weggelutscht habe, sehnt sich mein Gaumen nach Kräuterremoulade. Die scheint über ein ähnliches Abhängigkeitspotenzial zu verfügen wie Nikotin.

22.48 Uhr

```
Hey, Björn,
bin sehr stolz auf Dich. Bezüglich Tabak warst Du
eindeutig mein Negativ-Vorbild der letzten Jahre,
nun bin ich kurz davor, Dich als Positiv-Vorbild der
Zukunft zu nehmen. Also weiter so! Schicke Grüße aus
München,
Sören
```

Ein Online-Nichtrauchertagebuch mit Stammleserschaft ist eine feine Sache. Da klage ich gestern noch über die Lob-Schwäche meines Umfeldes – und heute schreiben mir die Leser im Viertelstundentakt Gratulationen unter den Eintrag, in dem ich mein Zweiwöchiges verkünde. Besonders freue ich mich dabei über den Kommentar meines alten Freundes Sören.

Mit ihm habe ich sicherlich die schönste Zeit meines Studiums verbracht. Unbeschwertes Leben in der Sechser-WG «Im Brauereiviertel», Dauerparty auf dem großen Südbalkon, den wir mit einer alten Polstercouch namens «Knautschi» und großen Boxen ausgestattet hatten. «No escapin' this», die bassige Beatnuts-Hymne, lief gern mal 24 Stunden auf Endlosschleife. Grandiose Zeiten.

Aber auch grandios verraucht. Das mit dem Negativ-Vorbild entspricht leider der Wahrheit. Sören kam als junger Physikstudent lebensdurstig, aber lungenunbefleckt in unsere Wohnkommune und entwickelte sich innerhalb eines halben Jahres zum hemmungslosen Suchtraucher. Inspiriert und gesponsert durch meine Kippen.

Wir beide rauchten sogar beim Sport! Wenn wir auf der selbstgebauten Hantelbank in unserem Aufenthaltsraum Gewichte stemmten, kamen auf zwölf Wiederholungen mindestens vier Züge aus der Zigarette. Inzwischen wünscht aber auch Sören seine Sucht zum Teufel und hat schon ein paarmal versucht aufzuhören.

Das mit dem Positiv-Vorbild ist so eine Sache – nach gerade einmal 15-tägiger Nichtraucherkarriere will ich mit dieser undankbaren Rolle nichts zu tun haben. Ganz lässt es sich nicht vermeiden, allein schon durch das *stern.de*-Tagebuch. Meine gute Freundin Tina aus Bielefeld mailte mir heute, dass eine Kollegin von ihr bei der *Neuen Westfälischen*, inspiriert durch meine Erlebnisse, selbst den Rauchstopp probt und ebenfalls öffentlich Tagebuch führt. Darüber freue ich mich natürlich, genauso wie über jeden Leser, der mir unter die Artikel schreibt, dass er es ebenfalls angeht. Da wünsche ich immer bestes Gelingen. Aber mehr auch nicht.

Der Tenor, der sich bisher durch meine Texte zieht, lautet: «Nichtrauchen ist möglich – selbst für den größten Suchtknochen.» Ich habe jedoch keine Botschaft, die ich unter das Volk bringen möchte, schon gar keine besondere Methode, mit der das Nichtrauchen todsicher gelingt. Mit der Tagebuchschreiberei lässt sich allenfalls ein Anstoß geben. Vor allem wenn der Wunsch aufzuhören ohnehin schon sehr präsent ist. Da reicht manchmal ein kleiner Schubser, um die Kippen wegzulegen. Doch spätestens ab dann muss da jeder – allen Ratgebern, helfenden Freunden und eventuellen Vorbildern zum Trotz – ganz alleine durch. Mit eigenen Sorgen, eigenen Strategien, eigener Leidensfähigkeit.

Genau so handhabe ich es. Obwohl meine Nichtraucherei in der Öffentlichkeit stattfindet, tue ich das ganz allein für mich. Ich will mir mit dem Rauchstopp zuvörderst selbst etwas beweisen – nicht anderen. Ich fände es auch unglaubwürdig, würde ich nach so kurzer Abstinenz vom suchtrauchenden Saulus zum Gesundheitsapostel Paulus auf Missionstour mutieren. Dafür ist die Rückfallgefahr viel zu groß – zünde ich mir morgen eine Kippe an, bin ich ganz schnell wieder ein Negativ-Vorbild. Und die Rolle kenne ich ja schon.

Bei Sören interessiert es mich natürlich, ob er sich in absehbarer Zeit zur Tat durchringen kann. Bei uns lief es auch immer so ähnlich wie mit Adrian und mir: gesunde Konkurrenz. So spiele ich für ihn natürlich gerne Vorbild und unterstütze ihn mit meiner geballten Nichtraucher-Kompetenz. Denn ein schlechtes Gewissen habe ich wegen damals schon. Da wäre es doch schön, wenn es diesmal andersherum läuft.

Mittwoch, 17. Mai, 13.55 Uhr
«Ja, ja, Essen kommen gleich.» Das hatte uns die kleine rumänische Kellnerin in der «T.R.U.D.E.» nun schon mehrfach radebrechend zugerufen, wenn sie wieder einmal mit leeren Händen an unserem Fenstertisch vorbeischlenderte. Mia und ich mussten heute mehr als eine halbe Stunde auf eine schlichte Penne all'arrabiata warten. Dabei war die sogar Tagesgericht in dem Lokal, das von den Nordwohn-Mitarbeitern als De-facto-Kantine genutzt wird. Außer vier Euro für den passablen Mittagstisch muss man allerdings auch immer reichlich Zeit mitbringen.

Dabei kommt die Gastronomie in dem Rotklinker-Neubau betont schick daher und gibt den Speisen auf der Karte gern komplizierte Namen – doch der Service ist bei mehr als 20 Gästen schnell überfordert. Wir gehen nur noch hin, weil es direkt vor der Tür liegt. «T.R.U.D.E.», das ist die Abkürzung für «Tief runter unter die Elbe» und eine Hommage an das mächtige Schneidrad – 14 Meter hoch und 380 Tonnen schwer –, das als technisches Denkmal seine Ruhestätte auf dem Kiesplatz vor dem Lokal gefunden hat. Jahrelang hatte es die vierte Elbtunnelröhre aus dem Erdreich unter Hamburgs größtem Fluss gefressen.

Ganz tief unten – genau wie unsere Laune. Wir haben reichlich Kohldampf und nur wenig Zeit, da es im Büro viel zu tun gibt. Mia verzichtet inzwischen auf die Kippe vor dem Essen. Aus freien Stücken, wir haben nie darüber gesprochen. Das ist jedoch kein leichtes Unterfangen, wenn der Küchenchef scheinbar Mittagspause macht und die Kollegen um uns herum die Luft blau qualmen.

Früher haben wir uns die Zeit vor dem Essen mit Rauchen vertrieben und konnten so den Appetit zügeln. Und meistens kam das Essen genau dann, wenn wir uns gerade eine neue Kippe angesteckt hatten. Aber heute? Da schwiegen und schmachteten wir gemeinsam. «Ja, ja, Essen kommen gleich.»

Wartezeit ist Zigarettenzeit. Sich eine anzustecken ist für den Raucher so etwas wie die natürliche Reaktion, wenn es mal wieder länger dauert. Was anders sollte man mit der ansonsten unnütz verrinnenden Zeit anstellen? Kippe rausholen, anzünden, durchpusten – und schon sind fünf Minuten von der Uhr. Völlig gleichgültig, worauf man wartet. Den Bus, Prüfungsergebnisse, das Christkind – ohne Zigarette ist die Zeit gleich nochmal so lang.

Mia brachte die rauchlose halbe Stunde zielorientiert rum: Sechs OCB-Blättchen verwandelten sich durch Tabakdreingabe in ihrer Drehmaschine zu rauchbereiten Glimmstängeln. Hübsch auf dem Eichentisch aufgereiht, aber unangezündet. Und was tut Neu-Nichtraucher während bleierner Wartezeit? Rumhippeln, den Nebentischen die Zigaretten neiden, in Selbstmitleid suhlen. Um die Finger zu beschäftigen, begann ich damit, mehrere Bierdeckel in möglichst kleine Teile zu zerlegen, um daraufhin den Schriftzug «Jever. Keine Kompromisse» wieder zusammenzupuzzeln.

Auf die Erlösung all'arrabiata folgte dann doch nochmal Sturm: Mias Essen war lediglich lauwarm, woraufhin sie die Kellnerin derart zusammenstauchte, dass man das Echo davon noch in Bukarest gehört haben dürfte. Warten und Nichtrauchen setzten bei meiner lieben Kollegin wirklich eine beachtliche Energie frei – ich glaube kaum, dass die uns in der «T.R.U.D.E.» noch einmal so lange auf die Folter spannen.

21.18 Uhr

Seit heute Abend wartet auch die Raucherfraktion meiner Therapiegruppe. Und zwar auf ein eher zweifelhaftes Vergnügen: Den Nullpunkt. Frau Günther hat per Dekret das Datum für die letzte Zigarette auf den 20. Juni festgelegt. «Sie werden Ihr Verhalten dann schon so weit geändert haben, dass der Verzicht am Schluss nur noch eine Formsache sein wird», raspelte sie Therapeuten-Süßholz. Davon ließen sich meine lieben Mitstreiter nicht überzeugen. Ich sah die Angst in ihren Augen. Für ein paar Minuten schaute unser Spitzenreiter ungefähr so blöd aus der Wäsche wie die Guppys in Frau Günthers Aquarium.

«Life's a boomerang» – und für mich eine Genugtuung. Eine kleine Retourkutsche für all die Rauchgeschichten, die sie mir in den letzten zwei Wochen erzählt haben. Und für die so eindeutig präsentierte Kippe im Eingangsbereich letzte Woche. Natürlich ist das albern, aber die Jungs und Mädels sollen ruhig mal selbst erleben, was ich in den letzten zwei Wochen durchgemacht habe.

Egal, was Frau Günther da über schonende Reduzierung auch schwadroniert – die Zeit mit dem Nullpunkt vor Augen ist die allerschlimmste. Man lernt Zigaretten auf einmal wieder zu schätzen und dreht gerade deshalb bei dem Gedanken fast durch, dass die Raucherei bald vorbei ist. Im Gegensatz zu mir können sich meine Mitstreiter noch nicht einmal die Angst wegrauchen, sondern müssen den Konsum immer weiter runterfahren.

In der Forschung gibt es eine hitzige Kontroverse über die beste Rauchstopp-Methode. Fakt ist, dass etwa 80 Prozent aller Raucher per Schlusspunktverfahren aufhören. Sogar bei denen, die zunächst langsam reduzieren, gibt es viele, die nach einiger Zeit von dem Plan abweichen und auf einen Schlag aufhören. Nach dem, was ich so in der Therapiegruppe erlebe, halte ich die Reduktionsmethode für großen Mist. Das ist bloß Leiden auf Raten. Dann lieber einmal richtig Tabula rasa machen, statt über einen längeren Zeitraum mit dem Bewusstsein zu leben, dass es irgendwann vorbei ist.

Für unsere Minimal-Raucherin scheint indes das große Warten ein Ende gefunden zu haben. Die Lösung für ihr Problem heißt: Luftzigarette. Statt der sonst üblichen Kippe als Abendritual rollt sie sich nun ein mundgerechtes Blatt Papier zurecht und schmaucht ein wenig daran herum. Das war eine Idee von Frau Günther, und aus irgendeinem Grund scheint das sogar zu funktionieren. Sie ist seit fünf Tagen rauchfrei und hat keinerlei Entzugserscheinungen. Aber das wäre ja auch noch schöner.

Donnerstag, 18. Mai, 10.30 Uhr

```
Hallo, Björn,
vor knapp zwei Jahren habe ich den Schritt ins Nicht-
raucher-Dasein unternommen, nachdem ich knapp 20 Jah-
re regelmäßig rauchte. Wenn ich mich an die Zeit vor
zwei Jahren zurückerinnere, muss ich sagen, dass Du
Deine Abhängigkeit schon sehr weit hinter Dir gelas-
sen hast. Ich habe monatelang schlecht geschlafen
und davon geträumt, wieder zu rauchen. Wie Du habe
ich wahllos Lebensmittel in mich hineingestopft, was
schlussendlich dazu führte, dass ich 18 Kilogramm zu-
nahm, die ich jetzt allerdings wieder abgenommen habe
(was sehr viel einfacher war, als mit dem Rauchen
aufzuhören!).
```

Wie kann man denn bitte schön in einem kleinen Leserkommentar so viel Gutes und Gruseliges miteinander kombinieren? Als Standortbestimmung liest sich das natürlich super. Die Sucht schon weit hinter mir gelassen – das sehe ich prinzipiell genauso. Trotz gelegentlicher Schmachtereien.

Aber die 18 Kilo machen natürlich Angst. Die will ich mir an meinem Körper nicht vorstellen – das wären unfassbare 72 Butterpakete in Form eines Fettgürtels rund um die Hüften! Leider schreibt der Leser nicht, in welchem Zeitraum er so viel zugenommen hat. Bei mir hat sich der Zeiger der Waage jedenfalls schon wieder in die falsche Richtung bewegt: 88,5, das sind vier Kilo in nur 17 Tagen!

Es ist zum Auswachsen: In dem Maße, in dem ich Kontrolle über die Sucht gewinne, verliere ich sie über das Essen. Es ist ein Nullsummenspiel. Nach wie vor esse ich zu fett, zu süß und zu oft. Die Idee mit der Obstschale zündet noch nicht so ganz. Einmal nachmittags greife ich mir daraus einen Alibi-Apfel, ansonsten erfüllt sie vor allem Dekorationszwecke. Heute Morgen gab es auch schon wieder ein Putenbrustbrötchen als zweites Gedeck – spontaner Remoulden-Schmachter!

113

Realistisch betrachtet, ist ein Ende der Gewichtszunahme nicht in Sicht. Mehr Sport als jetzt kann ich kaum machen. Wenn nun auch noch die anstrengende *Mosaik*-Produktion ansteht, wird eher weniger Zeit zum Schwimmen bleiben. Meine Priorität beim Nullsummenspiel steht nach wie vor unverändert: lieber mehr essen, als die Kontrolle über die Sucht zu verlieren. Und darauf hoffen, dass der Leser in seinem Kommentar recht hat und die zusätzlichen Pfunde einfacher loszuwerden sind als die Sucht.

19.15 Uhr

Nach Hause kommen ist ziemlich großartig. Nachdem ich in meinen Briefkasten geschaut habe, stapfe ich die zwei Stockwerke zu meiner Wohnung hinauf. Auf halber Treppe zu meiner Etage liegt immer etwas Rauch in der Luft. Er kommt aus der Wohnung von Herrn Voller, meinem Nachbarn zur Rechten. Er bringt seine viele Freizeit vor allem mit Fernsehen und Zigaretten rum.

Schnell öffne ich meine Haustür, nach zweimaligem Schlüsselumdrehen und leichtem Ziehen am Türgriff ist der Rauchspuk schnell vorbei. Meine Wohnung empfängt mich mit ihrem Eigengeruch, getunt mit einem Hauch Lavendel. Ich bin glücklich, wenn dieser Duft in meine Nase strömt. Er ist eine Belohnung für die Leistungen der letzten Wochen.

Doch der Moment des Nachhausekommens ist auch der, in dem die Rückfallgefahr am größten ist. Mein geharnischtes Kontrollsystem, das in der Öffentlichkeit jedes Rauchverlangen mit voller Wucht zurückweist, bekommt dann eine klitzekleine Lücke.

Der Stress des Tages legt sich, und der Feierabend fängt an. Zum ersten Mal am Tag bin ich wirklich unbeobachtet. Wenn ich zu Abend gegessen habe und die Füße auf den großen Glastisch lege, um mir die Comedy «King of Queens» anzuschauen, dann klingelt es an der Haustür. Es ist Gollum.

Er kommt daher wie der nette Herr Kaiser von der Hamburg-Mannheimer, in Wirklichkeit hat er den Charme einer Drückerkolonne mit dem Fuß in der Haustür. Eine einzige Zigarette will er mir verkaufen. Mehr nicht. Dass es sich dabei um ein lebenslanges Abo handelt, verschweigt er tunlichst. Er tut so, als könnte ich jederzeit wieder kündigen. Eine ist keine, meint er zu mir und erzählt etwas von Kontrolle. Manchmal ist der Flirt mit dem elenden Hausierer ziemlich intensiv.

Sollte ich tatsächlich rückfällig werden, dann in einem solchen Moment. Kurz nach Feierabend, bei mir zu Hause. In Gesellschaft passiert mir das nie und nimmer. Mein gesamtes Umfeld, selbst lose Bekannte wissen, dass ich den Rauchstopp probe. Sie alle kennen das Tagebuch bei *stern.de*. Als öffentlicher Nichtraucher bin ich derart darauf genormt, unter Beobachtung zu stehen, dass Gollum es in Gesellschaft noch nicht einmal probiert – selbst wenn alle anderen um mich herum zärtlich an ihren Zigaretten ziehen.

Der soziale Druck ist ein ganz wesentliches Moment für einen erfolgreichen Rauchstopp. In der Anfangszeit kitzelt er das letzte Fitzelchen an Motivation aus einem heraus. Man will nicht Opfer des Umfeld-Spottes werden. Später dann ist die öffentliche Kontrolle so etwas wie das Zünglein an der Waage, das einem die eine Kippe, die ja immer nur eine Ausnahme sein soll, verleidet. «Hast du wirklich keine einzige Zigarette geraucht?», werde ich oft gefragt. Und mit Stolz in der Stimme sage ich dann «Nein».

Es gibt Leute, die verheimlichen Freunden und Bekannten, dass sie versuchen aufzuhören. Mia etwa hat mich mehrfach darauf eingeschworen, niemandem zu erzählen, dass sie zu ihrem 50. Geburtstag den Ausstieg plant. Ich vermute, letztendlich nur aus Angst, bei einem eventuellen Scheitern ausgelacht zu werden.

Pfiffig ist das nicht gerade. Der Rauchstopp im stillen Kämmerlein ist zum Scheitern verurteilt. Denn dabei steht die Hintertür für einen möglichst folgenlosen Rückfall sperrangelweit offen. Unterstützung hat man auch nicht. Genauso wenig wie Lob, das man so dringend braucht.

Die Verhaltenstherapeuten sehen das genauso. Nur öffentlich, gemeinsam mit dem Umfeld, kann der Abschied von der Zigarette gelingen. Frau Günther mahnt das auch immer wieder an, hat der Gruppe auch empfohlen: «Wetten Sie, was das Zeug hält, die Kontrolle ist pure Motivation.»

Meine Wette mit Ansgar auf die ersten zwei Wochen habe ich schon gewonnen. Und ich bin mir ziemlich sicher, dass ich die schräge Negativwette mit Niels zum Weltnichtrauchertag ebenso wenig verlieren werde. Ich muss nur aufpassen, dass mir Gollum an der Haustür kein Abo aufschwatzt. Nach Feierabend, wenn mich niemand mehr beobachtet.

20.12 Uhr

Ich singe besser, seit ich nicht mehr rauche. Klingt komisch, ist aber so. Mir fiel es eben auf, als ich mal wieder die Klampfe rausgeholt hatte und «Puff, the magic dragon» spielte. Ich mag den alten Drogensong von Peter, Paul and Mary. Tatsächlich habe ich heute Abend mal den hohen Ton bei «Honah Lee», der kurz vor dem Refrain kommt, halten können. Mal was ganz Neues.

Am liebsten spiele ich derzeit ein anderes Lied: «The times, they're a changin'», das ist meine neue Hymne. Die Zeiten ändern sich – und ich bin mittendrin. Als ich noch geraucht habe, war meine Stimme allerdings ein wenig dichter an der von Bob Dylan. Manche Songs sollte man eigentlich nur mit Kippe im Mundwinkel spielen …

23.30 Uhr

Nur mit einem Handtuch um den riesigen Bauch geschlungen, löffelt der Bademeister mit einer großen Kelle das Wasser über die heißen Steine in dem Saunaofen. Er sieht Tim Mälzer erstaunlich ähnlich, nur eben in XXL-Version. «Eisminze-Lemone habe ich euch diesmal mitgebracht», sagt er mit demselben hanseatischen Zungenschlag wie der redselige Fernsehkoch. Mit kräftigen Handtuchschwüngen verteilt er den ätherischen Heildampf in der Schwitzstube. Wer jetzt anfängt zu husten, ist ein Raucher.

Ein gutes Drittel der schwitzenden Nackten auf den Holzbänken in der gemischten Kaifu-Sauna ist am Röcheln. Das entspricht ziemlich genau dem Anteil der Tabakfreunde an der Gesamtbevölkerung. Der Heildampf schießt in die Atemwege und lässt den Raucherbronchien keine andere Wahl, als sich von aufgestautem Schleim zu trennen. Der schlaksige Brillenträger vor mir auf dem Stars-and-Stripes-Badehandtuch kriegt sich vor Husten gar nicht mehr ein. Anderthalb Schachteln täglich, schätze ich, als er sein beschlagenes Augenglas von der Nase nimmt und mit den Fingern reinigt.

Husten muss ich in der Sauna nicht mehr. Immer noch löst sich Schleim, aber die Keuchattacken während des Aufgusses bleiben mir erspart. Stattdessen schlendere ich hinterher in Badelatschen und Handtuch durch den offenen Innenhof oder schaue mir aus dem Liegestuhl den Hamburger Abendhimmel an. Tief durchatmen. Die kühle Luft in den erhitzten Körper saugen. Ich fühle mich dann wie ein Neugeborenes. So muss Leben sein: unbeschwert, glücklich, rauchfrei.

Der Abend mit Adrian heute war wie ein kleiner Urlaub. Wir zogen wie üblich unsere Bahnen im Außenbecken und gönnten uns danach das gesamte Beauty-Programm: Saunieren, Dampfbaden und Kältetanken im Eisraum, wo unablässig Eiswürfel aus einem Metallschacht in der Wand purzeln. Hinterher laberten wir lange im stilvollen Ambiente des Ruheraums vor dem Gaskamin. Über den Tag, den Job und unseren neuen Lebensstil im Schoße der Zwei-Drittel-Gesunden. Gesünder, stärker, freier.

Leisten kann ich mir all den Beauty-Zauber eigentlich nicht. Am Bäderland-Schalter müsste ich 8,50 Euro auf den üblichen Schwimmtarif drauflegen, um Zugang zu der Wohlfühl-Oase zu bekommen, die separat vom angeschlossenen Fitness-Club betrieben wird. Als Mitglied mogelt mir Adrian jedoch aus der Umkleidekabine dort gelegentlich ein rotes Spindschlüssel-Armband heraus. Der Türöffner zum Wellnessbereich. Einmal pro Woche lässt mein Gewissen diese Schummelei zu. Die Angst, von dem dicken Tim-Mälzer-Verschnitt erwischt zu werden, stört das Wohlbefinden jedoch gehörig.

Finanziell ist eine Mitgliedschaft in der Kaifu momentan nicht zu stemmen. Selbst mit Presserabatt reicht mein schmales Volontärsgehalt nicht für derartigen Luxus. Aber ich habe mir geschworen, dass eine Mitgliedschaft das Erste auf dem Zettel ist, sobald ich mit meinem Rauchstopp Geld verdiene. An keinem anderen Ort bin ich von meiner Vergangenheit als übler Suchtraucher so weit entfernt wie dort.

Freitag, 19. Mai, 11.16 Uhr

«Mahlzeit, Herr Erichsen, Sie habe ich ja schon lange nicht mehr gesehen. Waren Sie etwa krank?» Es ist «Zigarillo-Man», der mich auf dem Büroflur von der Seite anspricht. Seine blassen Augen mustern mich neugierig über den Rand seiner getönten Brillengläser. Seinen Spitznamen haben Mia und ich ihm verpasst. Er ist die dunkelste Raucherseele im Konzern.

Seinen richtigen Namen kenne ich nicht, ich weiß nur, dass er im «Mahn- und Klagewesen» arbeitet. Wenn er das denn mal tut: Egal, wann wir die Raucherzelle im vierten Stock besuchten – «Zigarillo-Man» hing bereits an dem kleinen Tresen und blies uns den Rauch seiner «Black Vanillas» entgegen. Zwischen langsamen saugenden Zügen erklärte er einem die Welt – seine Welt. Zwischenfragen unerwünscht, er nuschelte ungerührt weiter und ließ den Zigarillo auf seiner dicken Unterlippe tanzen.

«Nein, ganz im Gegenteil, ich rauche nicht mehr», erwidere ich reichlich schnippisch auf seine Frage. «Ich fühle mich seitdem viel besser. Wollen Sie es nicht vielleicht auch mal probieren?», treibe ich die Provokation auf die Spitze. Sein leerer Blick verrät, dass der Gedanke daran für ihn so weit entfernt liegt wie Hamburg-Wandsbek von Havanna. «So weit kommt es noch», grunzt er und geht seines Weges. Und ich habe so eine Ahnung, wohin ihn der führen wird.

Tatsächlich treffe ich, seit ich meine letzte Kippe ausgedrückt habe, einige Leute aus anderen Abteilungen überhaupt nicht mehr. Das ist mir nach der unerwarteten Begegnung gerade eben aufgefallen. Es sind Kollegen, mit denen es keine Berührungspunkte im Job gibt. Das Einzige, was uns verband, war die gemeinsame Zigarette unten in der Raucherecke.

Ich vermisse sie nicht. In dem zur Küche offenen, auch «Busstation» genannten Kunststoffunterstand mit Dunstabzug traf man immer die gleichen Gesichter, die unablässig die gleichen belanglosen Gespräche führen: Motzen über Stress, Chefs und Zipperlein. Mit Glück gab es mal Gerüchte, die eventuell sogar als Meldung in der *Mosaik* landeten. Und dann war da noch eine Spezies: Nichtraucher beim Kaffeeholen – die immer ganz genau im Blick hatten, wer wie lange da unten stand.

Dabei kann es in Raucherecken richtig kuschelig sein. Es sind hochkommunikative Orte, nirgendwo sonst in Unternehmen ist der Flurfunk derart gut zu empfangen. Gerade für einen Neuling in einer Firma lassen sich bei einer Zigarette ganz ungezwungen Erstkontakte knüpfen. Unerreicht in dieser Disziplin die Raucherküche bei meinem letzten Studentenjob bei einem großen Konzertveranstalter. Da ließ es sich herrlich auf der Fensterbank fläzen und mit den vielen schönen Frauen von der Ticket-Hotline flirten. Dort lernte ich auch Denise kennen.

Dagegen ist die Raucherecke der Nordwohn AG ein spaßbefreites Stillleben in blauem Dunst. Nein, die Momente da unten – von den Schwätzchen mit Mia mal abgesehen – vermisse ich nicht. Und schon gar nicht den Duft von «Black Vanilla».

22.12 Uhr

Heute habe ich Woody besucht, um ihm bei seinen Bewerbungen zu helfen. Dadurch kam ich endlich mal wieder in den Genuss des Autofahrens – zum ersten Mal seit der letzten Zigarette. Mein Auto steht in Hamburg wirklich nur rum.

Die erste Amtshandlung bestand darin, den Aschenbecher auszuleeren. Schon eklig, die vielen alten Kippen. Genauso wie der Rauch, der noch im Innenraum hing. Einen Schmachter hatte ich trotzdem. Aber den habe ich selbst herbeigerufen. Ich bin schon mit dem Gedanken ins Auto gestiegen, dass ich dabei bestimmt gerne rauchen würde. Eine derartige Wahnsinnstat beging ich natürlich nicht. Und siehe da: Autofahren funktioniert auch ohne Kippe. Man soll es ja nicht für möglich halten.

Die Arbeit an Woodys Bewerbungen war kein echter Spaß. Er hat sich tatsächlich seit seiner Ausbildung vor 15 Jahren bei keinem Arbeitgeber traditionell bewerben müssen. In der IT-Branche ging so etwas ja lange Jahre auf Zuruf. Als es nun galt, eine umfangreiche Bewerbung auf Papier zu erstellen, stand er ein bisschen wie der vielzitierte Ochs vorm Berg.

Wir mussten beim Lebenslauf ein wenig schummeln. Wie bitte schön verkauft man sonst einem mittelständischen Unternehmen für Bilanzierungssoftware eine mehrjährige Tätigkeit als Webmaster im Erotikbereich als positive Referenz?

Gewisse Spannungen ließen sich beim Lebenslauftuning nicht vermeiden. Ich war genervt, weil es so viel Arbeit war und ich die Zeit selber gut hätte gebrauchen können. Ein Text für die Nordwohn AG liegt mir im Nacken, und auf das Kunstheft müsste ich mich gedanklich langsam auch mal einlassen. Woody gegenüber konnte ich mir die eine oder andere Spitze daher nicht verkneifen. Aber er selbst war auch nicht besser.

So läuft es halt, wenn sich zwei ungeduldige Ex-Raucher zum konzentrierten Arbeiten zusammenfinden. Nach einem wüsten Wortgefecht darüber, mit welchem Superlativ wir seine Teamfähigkeit einstufen sollten, mussten wir am Ende beide lachen. «Wir sollten wohl besser nicht reinschreiben, dass ich mir gerade das Rauchen abgewöhnt habe», meinte er.

Woody tut sich schwer mit der Nichtraucherei. Er erzielt seine kleinen Erfolge, hat etwa seine tägliche Joggingzeit auf rund eine Stunde ausgebaut. Dennoch lastet die Gesamtsituation auf ihm, das habe ich deutlich gemerkt. Und macht das Standhaftbleiben natürlich nicht leichter. Ich finde es beachtlich, dass er schon so lange durchhält.

Auf der Rückfahrt hatte ich wieder einen Schmachter, erneut nicht ganz unerwartet. Die kleine Unausgeglichenheit legte ich auf die Straße um: Tempofahrt, rasches Einblinken, ein paarmal kräftig hupen – wenn ich etwas in Hamburg gelernt habe, dann das. Erfreulicherweise hilft es auch gegen Rauchverlangen.

Samstag, 20. Mai, 11.05 Uhr

Ich habe es getan. Ich habe gestern Abend eine rauchende Frau geküsst. Eines jener zauberhaften Wesen, denen Wiglaf Droste in seinem Buch «Begrabt mein Hirn an der Biegung des Flusses» eine mehrseitige Liebeserklärung geschrieben hat. Rauchende Frauen würden auch «ansonsten recht zurechnungsfähige Männer in intellektuelle Raserei versetzen» und den spontanen Wunsch freisetzen, ihnen zu gefallen, behauptet der Berliner Satiriker. Ein bisschen was ist da dran.

Meine rauchende Frau heißt Katrina, und wir küssten uns gestern Abend in der «Bar Nouar» an einem der weißen Pfeiler direkt neben der Tanzfläche. Die Rückstände ihrer letzten Zigarette habe ich durchaus wahrgenommen, aber wie Aschenbecher schmeckte sie nun wirklich nicht. Und rückfallgefährdet war ich während dieser kleinen Passivraucheinlage per Zungenschlag schon gar nicht. Das Ganze könnte also eine richtig schöne Geschichte sein, hätte nicht Adrian etwa zehn Minuten später ebenfalls mit ihr rumgemacht.

Es fing harmlos an: Wir kamen mit Katrina und ihrer Freundin Inga beim Spanier in der Schanze ins Gespräch, wo wir uns bei Tapas und ein paar Bierchen unter freiem Himmel einen gemütlichen Abend machten. Die Ausgangslage war schnell klar: Inga ist nett, aber unscheinbar, der Pokal des Abends hieß Katrina. Eine attraktive Blondine, selbstbewusst und clever, PR-Managerin. Immer wenn sie sich eine ihrer Davidoffs anzündete, schielte sie mit graublauen Augen unfassbar süß in Richtung Flamme. Adrian und ich überboten uns vor Charme.

Das männliche Balzverhalten ist mindestens so ritualisiert wie das Rauchen. Adrian und ich sind gut eingespielt, geübt darin, dem anderen Steilvorlagen für Lieblingsgeschichten aus der Flirt-Mottenkiste zu geben, mit denen sich erfahrungsgemäß ordentlich Eindruck schinden lässt. Natürlich redeten wir wieder einmal über das Nichtrauchen, zeichneten die Qualen des Entzuges in düsteren Farben, um unsere Standhaftigkeit noch ein bisschen größer erscheinen zu lassen. Mit dieser Rauchstoppbalade brachten wir sogar die rauchende Frau dazu, ein paar Kippen wegzudampfen.

Im «Nouar» machte mir Katrina bei einer lauschigen Plauderei das ungewöhnliche Kompliment, dass sie es sexy finde, wie ich das Wort «Hallo» ausspreche. Das sage ich tatsächlich recht häufig und in mehreren Varianten – zur Begrüßung, bei Missfallen oder als ironische Wendung, immer etwas anders betont. Etwa drei knuddelige «Hallos» später steckte sie mir mehr oder minder ungefragt ihre Zunge in den Mund.

Adrian war da gerade Bier holen am Tresen und guckte ziemlich blöd aus der Wäsche, als er uns auch noch das gesponserte Becks an den Pfeiler brachte. Da hat er mir sogar noch leidgetan, was sich jedoch zehn Minuten später schnell änderte, als ich von der Toilette kam und die beiden wild züngelnd auf einem der Sofas erwischte. Pikant, pikant, wer mit wem und was nun?

Eben am Telefon überboten wir uns beim Runterspielen der kleinen Doppelknutscherei. «Interesse an Katrina … neeeinn …, du etwa?» – «Neeee, mit einer Freundin könnte ich momentan gar nichts anfangen.» Das ging so in einer Tour. Ich glaube ihm kein Wort. So wie er sich gestern Abend über das Sofa gerobbt hat, dürfte sein Bedarf an Zärtlichkeit durchaus beachtlich sein.

Mir geht es ja auch nicht anders. Ich habe mich jetzt nicht spontan in sie verliebt, aber sie ist schon sehr sexy. Seit Denise hatte ich keine ernsthafte Beziehung mehr. Aber muss es gerade Katrina sein? Sie scheint ja ein kleines Biest zu sein, wenn sie gleich mit uns beiden rummacht.

Ich weiß auch nicht, ob eine rauchende Frau das ist, was ich jetzt gerade brauche. Der Geschmack ist ja, wie ich nun weiß, das kleinere Problem. Aber regelmäßig Zeit mit einer schönen Raucherin zu verbringen ist natürlich riskant. Da holt man sich ja gleich die doppelte Versuchung ins Haus. Was ist denn, wenn sie sich nach dem Sex eine anzündet? Das würde nicht allzu lange gutgehen.

Sonntag, 21. Mai, 23.48 Uhr
Nur der trübe Schein der Lampe ganz links auf meinem großen Schreibtisch erhellt den Zettelwust auf der großen Ablagefläche. Die braunen Spritzer auf dem Papier zeugen von meinem Missgeschick mit

der Kaffeetasse. Das karierte Geschirrhandtuch saugt sich voll mit dem bewährten Wachmacher. Genauso wie an meinem Heimarbeitsplatz sieht es auch in meinem Kopf aus. Wüst, unaufgeräumt und mittendrin ein gieriger Schwamm, den es nach nur einem dürstet: Zigarettengift.

Es ist der «Aufmacher» für die nächste *Mosaik*, der mir nicht aus der Feder fließen will. Thema: Die Rolle der Nordwohn AG in Hamburg. «Etwas ganz Besonderes» habe ich Herrn Wehmeyer angekündigt und den Text für morgen Vormittag zugesagt. Die Prahlerei hat Kalkül: Morgen Vormittag werde ich Cheffe ebenfalls mitteilen, dass ich mein Volontariat gern um ein halbes Jahr verkürzen würde. Begeistert wird er sicher nicht sein. Und meine Argumente werden nicht besser, wenn ich mit einem ahnungslosen Textfragment daherkomme.

Den Artikel habe ich erst vor anderthalb Stunden angefasst. Vorher habe ich mir einen ganz faulen Sonntag gemacht: fernsehen, duschen erst am Nachmittag, auf ein Lebenszeichen von Katrina warten. Als Mami anrief, wunderte sie sich, weil ich mich mit einem zuckersüßen «Hallo» meldete. Immerhin ist das nächste Tagebuch für *stern.de* fertig. Problemlos runtergeschrieben. Erst seit es mit der Lobhudelei für meinen Arbeitgeber hakt, bin ich nicht mehr allein im Raum. Gollum klopfte an. Nein, mehr noch: Er trat die Tür zu meinem Bewusstsein auf. «Nur mit einer Zigarette wirst du es schaffen», wisperte die falsche Schlange, «nur mit Kippe bist du kreativ!»

Diese Auffassung ist unter rauchenden Kollegen weit verbreitet. Bei Journalisten scheint es geradezu Teil des Berufsbildes zu sein. Der hektische Arbeitsalltag, in dem es immer schnell geht, in dem man von jetzt auf gleich einfallsreich sein muss, ist ein idealer Nährboden für Glimmstängel. Alle rauchenden Kollegen, die ich kenne, halten Schreiben ohne Zigarette praktisch für unmöglich. Da in den meisten Redaktionen inzwischen Rauchverbot herrscht, ist zum Redaktionsschluss hin Hochbetrieb in den Raucherecken, wo Redakteure dampfend ihre Texte redigieren.

Für die These von der rauchenden Kreativität müssen stets die ganz Großen herhalten, die regelmäßig zum Tabak griffen, während sie Weltliteratur verfassten. Friedrich Schiller, Thomas Mann und Heinrich Böll etwa. Bert Brecht hat sich bei seinem Schaffen mit Zigaretten stets den Magen verdorben. Und Jean-Paul Sartre nannte Nichtraucher Gesundheitsfetischisten, «die ihre Darmspülungen wie Verdienstmedaillen vor sich hertragen».

Alles sehr, sehr kreative Raucher, ohne Zweifel. Aber wäre die Geistesleistung ohne Tabak schlichter ausgefallen? Wären die «Buddenbrooks» ohne Kippe ein gutes Stückchen dünner oder «Kabale und Liebe» weniger tragisch? Ich kann es mir nicht vorstellen. Außerdem gibt es sehr kreative Nichtraucher. So wie Goethe einer war. Nur trank der eben zwei Flaschen Wein am Tag.

Gollum lügt, wenn er sagt, dass nur eine Zigarette die Schreibblockade brechen könnte. Diese Situation ist überhaupt nicht neu: Früher habe ich genauso über Texten gebrütet, bin quälend langsam vorangekommen, entsetzt über manch profane Formulierung bis hin zu massiven Selbstzweifeln – und das alles rauchend wie ein Schlot. Da haben mich die vielen Kippen auch nicht kreativer gemacht. Harte Arbeit am Text ist der Schlüssel; was man nicht in Worte fassen kann, hat man noch nicht verstanden.

Das hat mit Zigaretten nichts zu tun. Daran versuche ich mich immer wieder zu erinnern, während mir ein hässliches Wesen mit grauen Lippen das Gegenteil einreden will. Ich muss jetzt Ruhe bewahren. Es lohnt sich nicht, für einen Text in der *Mosaik* meine weiße Weste zu besudeln. Ich darf mir nicht weiter einreden, dass meine Zukunft an einer Zigarette hängt.

Montag, 22. Mai, 11.42 Uhr

Heute Vormittag flossen mir die Worte deutlich leichter aus der Feder. Ich bin froh, gestern Abend die richtige Priorität gesetzt zu haben: Abstinenz vor Fertigschreiben. Bis halb drei habe ich am Text gesessen, aber es las sich alles sehr bescheiden. Daher bin ich heute früher ins Büro – und siehe da: Die Sucht ließ mich beim Schreiben komplett in Ruhe.

Gollum weiß genau, dass er in der Öffentlichkeit der Firma keine

Chance hat, und hat sich daher nicht aus seinem Verlies getraut. Unter massivem Druck und von Rauchgelüsten befreit, habe ich die Rolle der Nordwohn AG ganz ansehnlich in Worte gießen können. Meinte auch Herr Wehmeyer, selbst wenn er wie immer ein paar Anmerkungen hatte. Mein Gespräch mit ihm habe ich lieber auf morgen verschoben. Dafür war ich einfach zu müde.

Insgesamt muss ich sagen, dass das Arbeiten in der Firma ohne Zigaretten leichter fällt. Ich habe mehr Zeit und erledige die Aufgaben schneller und präziser. Sonst lief es oft so, dass ich immer auf die nächste Rauchpause hingearbeitet habe. Zum Beispiel bin ich regelmäßig nochmal in die Raucherecke gegangen, bevor ich mich nach dem Schreiben an die Schlusskorrektur gesetzt habe. Wenn ich inzwischen einen Text schreibe, besteht das einzige Ziel darin, fertig zu werden. Und das ist schon mal ein ganz guter Ansatz für die Zukunft.

17.37 Uhr
Ach ja, das Dreiwöchige. Kein echter Grund zum Feiern, 17.00 Uhr habe ich komplett verpasst. Ich habe heute keine Lust, Bilanz zu ziehen, so kurz vor Feierabend. Hier die Instant-Variante: Nichtrauchen lohnt sich, der Dauerlauf durch die Abstinenz geht über flache Hürden. Meistens jedenfalls.

Doch auf einmal tut sich ein tiefer Graben auf: Die Attacke gestern Abend hat mich in ihrer Heftigkeit überrascht. Ich hätte nicht gedacht, dass Gollum noch zu solch einer Energieleistung fähig ist. Geduldig hat er auf den schwächsten Moment gewartet – und zugeschlagen wie eine Kobra. Knapp war's. Ich mache jetzt Feierabend.

23.49 Uhr
«Die letzten 15 Meter waren hart.» Dieser legendäre Satz stammt von Éric Moussambani, jenem tapferen Schwimmer aus Äquatorialguinea, der bei den Olympischen Spielen von Sydney auf der Königsdisziplin 100 Meter Freistil unendliche 1:52 Minuten unterwegs war. Am Ende

wäre er fast ertrunken. Doch «Éric der Aal», wie ihn die Medien später nannten, wurde vom Publikum frenetisch gefeiert. Vor seinem Start bei Olympia schwamm er gerade einmal acht Monate, hatte noch nie eine 50-Meter-Bahn gesehen.

Was den guten Éric aus Afrika und mich verbindet, ist unser Schwimmstil. Brustschwimmen klappt bei mir tadellos, nur mit dem deutlich anstrengenderen Kraul haperte es bisher noch gewaltig. Das sah bei mir so aus: das Einhechten noch halbwegs elegant, dann unter wilden Armrotationen schnaufend voran, bis ich nach 25 Metern den Beckenrand festklammerte wie einen Rettungsring. Atemlos. Kraulschwimmen war mit Raucherlunge nicht zu machen. Ich hatte es lange Zeit gar nicht mehr probiert. Bis heute: Ich kraulte jeweils drei Bahnen im Stück, ohne zwischendrin anzuhalten. Fünfmal insgesamt, 375 Meter. Es bleibt dabei: Meine Lunge reagiert sensationell auf den Rauchstopp.

Ich habe sogar noch einen draufgesetzt: Tauchen! Im warmen Innenbecken glitt ich die 20 Meter rüber auf die andere Seite, dicht am Beckenboden wie ein U-Boot auf Schleichfahrt. Es tut so gut, meinen Körper wieder derart beherrschen zu können. Beim Aussteigen aus dem Becken habe ich mir aber schnell das Handtuch umgeworfen. Muss ja nicht jeder mitbekommen, wie schnell aus einem schnittigen U-Boot ein dicker Tanker wird.

Dienstag, 23. Mai, 14.15 Uhr
Er sitzt da, den Telefonhörer mit der Schulter eingeklemmt, zurückgelehnt im Chefsessel. Wie so oft bei Presseanfragen hat er ein Bein im 45-Grad-Winkel über den Schreibtisch gelegt, sorgsam darauf bedacht, dass die Sohle der Schuhe die Schreibtischplatte nicht berührt. Nur Menschen jenseits der 1,90 bekommen das so hin.

Seit 15 Minuten bin ich mit Herrn Wehmeyer zum Gespräch verabredet. Dem Gespräch. Doch er legt einfach nicht auf, und ich muss auf dem Flur warten. Hören kann ich nicht, was er sagt, ich sehe ihn nur durch die kleine Scheibe, die in die schwere Bürotür eingelassen ist.

Also tapere ich über den Gang, vorbei an den Büros der Revision bis nach vorne zum Vorstandszimmer, wo das Ölgemälde des altehrwürdigen Nordwohn-Gründers hängt. Noch so ein Raucher. Das, was ich gleich im Gespräch sagen möchte, rattere ich immer wieder herunter: «Herr Wehmeyer, vielen Dank für die gute Ausbildung, den gesponserten Volontärskurs an der Akademie für Publizistik, das Fotopraktikum bei Andreas – das alles hat mich weitergebracht. Doch ich fühle mich schon länger nicht mehr wie ein Volontär, brauche andere Herausforderungen und möchte langsam Geld verdienen.» Oder so ähnlich. Jedenfalls hoffe ich, dass wir hinterher noch Freunde sind.

Auf dem Rückweg schaue ich wieder durch die Scheibe in sein Büro und sehe dasselbe Bild. Ich bin nervös, habe keine Ahnung, was mich gleich erwartet. Rauchen würde ich jetzt gern. Nur eine Kippe, gegen die Anspannung. Doch ich setze mich lieber wieder ins Büro und schreibe gegen den Schmachter an.

14.48 Uhr
Mann, war das easy. Und hocherfreulich. Er hatte längst geahnt, worum es geht. Ich kam noch nicht einmal dazu, den ganzen Text aufzusagen. Er bescheinigte mir gute Arbeit, bedauerte meine Entscheidung, wolle mir aber keine Steine in den Weg legen. Er müsse nur noch mit der Personalabteilung sprechen. Das war alles. Und dafür wäre ich fast umgefallen.

Nichtrauchen und andere Ärgernisse

21.30 Uhr

Katrina hat sich gemeldet – leider nicht bei mir. Adrian verkündete gerade am Telefon, dass sie ihn angerufen habe und sich morgen Abend mit ihm treffen möchte. Damit ist die Sache wohl entschieden, sie hatte schließlich auch meine Nummer. «Du kannst gern dazukommen, das ist nur ein unverbindliches Treffen», säuselte er scheinheilig. Erst hatte er minutenlang rumgedruckst, bevor er überhaupt mit der Botschaft rausrückte. Der hat sie ja wohl nicht alle! Soll ich denen wieder beim Knutschen zugucken?

Nee, ich bin froh darüber, dass ich die olle Raucherin los bin. Soll Adrian doch sehen, wie er mit einer vollen Schachtel Davidoff vor seiner Nase zurechtkommt. Es ist besser so. Aber schade um das Dopamin!

Mittwoch, 24. Mai, 10.22 Uhr

Lächerlich das Ganze! Ich habe vor drei Jahren aufgehört zu rauchen. Vom einen auf den anderen Tag. Und nicht so rumgejammert, sondern einfach keine Zigarette mehr angerührt. Ganz schwaches Bild!

Na, da ist aber einer knurrig. Warum haut der liebe Leser so drauf, nur weil ich im *stern.de*-Tagebuch geschrieben habe, dass mir die Nichtraucherei gerade wieder schwerer fällt? Aber öffentliches Leiden ist eben tabu. Natürlich. Es stimmt ja durchaus, dass in unserem Land zu viel gejammert wird.

Als Autor eines Nichtrauchertagebuches hat man da allerdings nur einen begrenzten Spielraum. Ich kann über Euphorie schreiben, über Stolz und Standhaftigkeit. Selbstverständlich auch über Komik – aber die Essenz der Übung heißt Leiden. Aus diesem Grund werden die meisten Leser das Tagebuch anklicken – die kleinen Voyeure erwarten jemanden, der im eigenen Saft schmort.

Jenseits des Gepöbels finde ich den Eintrag oben aber durchaus interessant. Ist es wirklich realistisch, was er da schreibt? Nichtraucher werden von jetzt auf gleich, die letzte Kippe wegzuqualmen und nie wieder an Zigaretten zu denken?

Im Prinzip gibt es drei Möglichkeiten: Entweder will er mich nur ärgern mit dem, was er schreibt. Oder er hat nach drei Jahren derart große Erinnerungslücken, dass er die Akutphase inzwischen ausgeblendet hat. Man verklärt so etwas ja ganz gern mal im Nachhinein. Die dritte Möglichkeit ist, dass es tatsächlich stimmt.

Bei mir lief es nicht mal annähernd so. Obwohl es in Woche zwei ein bisschen ruhiger wurde, würde ich nach den Erfahrungen der letzten Tage nicht mehr so locker prognostizieren, dass ich am Ende des Monats noch rauchfrei bin. Ich brauche wieder häufiger meinen ganzen Willen, um gegen den Schmachter anzukämpfen. Auf eine vollständige Suchtgedächtnisamnesie warte ich bisher vergeblich.

Ein anderer Leser hat schon mal so etwas Ähnliches geschrieben. Deutlich freundlicher allerdings. Auch der, ehemals starker Raucher und seit 14 Jahren clean, meinte, dass er nach der letzten Lunte «niemals wieder auch nur das geringste Verlangen hatte», sich eine anzuzünden:

Ich glaube, der springende Punkt war, dass ich nicht sagte: «Ich versuche es mal», sondern dass ich mir absolut sicher war, dass ich ab sofort Nichtraucher bin … Wer wirklich entschlossen ist, der schafft es auch.

Entschlossenheit – das nehme ich auch für mich in Anspruch. Bei aller Angst im Vorfeld war ich mir sicher, dass ich aufhören will, und bin es noch. Gibt es einen Unterschied zwischen festem Willen und echter Entschlossenheit?

Allen Carr, der bei seinem «Easyway» ebenfalls den völlig schmerzfreien Entzug verspricht, argumentiert zumindest so. Der «Methode Willenskraft» hat er ein ganzes Kapitel in seinem berühmten Buch gewidmet. Seine These dabei: Solange der abstinente Raucher glaubt, er würde etwas verlieren, muss er sich immer wieder aufs Neue zum Aufhören zwingen, leidet dabei – und scheitert schließlich.

Mit diesem Argument erwischt er mich auf dem falschen Fuß. Ich nehme all die Vorteile des Nichtrauchens wahr: Ich bin stolz, genieße die Gesundung meines Körpers und fühle mich freier. Und doch – wenn ich ganz ehrlich bin – gibt es tief in mir drin das Gefühl, etwas verloren zu haben. Die Vorstellung, niemals wieder in einem Café genüsslich zum Macchiato eine dampfen zu können, löst einen Phantomschmerz aus. Nicht stechend, eher eine dumpfe Form von Trauer.

Will ich in Wirklichkeit gar nicht aufhören und halte nur durch, weil ich muss?

In letzter Konsequenz ist die Beantwortung der Frage müßig, solange ich keine Zigarette anfasse. Gollums Gezeter muss ich dann eben aushalten, bis ich vielleicht irgendwann mal einen Punkt erreiche, an dem ich nichts mehr vermisse. Aber nach gerade einmal 22 Tagen bin ich einfach noch nicht so weit.

Mit meiner Geschichte liege ich allerdings deutlich näher an dem Erleben der meisten bemühten Abstinenten – es gab unter dem Tagebuch ja schon ganz andere Einträge, in denen von gruseligen Albträumen und mehrtägigen Darmverstopfungen berichtet wurde. Unter journalistischen Gesichtspunkten ist es eh ein Segen: Wie viele Leute würden das Format wohl noch anklicken, wenn ich meine Sucht nach der letzten Zigarette abgestreift hätte wie ein durchgeschwitztes Hemd und durchgehend erzählen würde, wie einfach es doch ist? Nein, Leiden gehört genauso in ein Nichtrauchertagebuch wie zweifelhafte Versprechungen in die Ratgeberliteratur.

11.08 Uhr

Nicht mehr zu rauchen bedeutet Verlust. Zu dem Thema fällt mir ein ganz praktisches Beispiel ein: mein Zippo.

Dass ich mein geliebtes Benzinfeuerzeug nicht mehr dabeihabe, schmerzt. Mehr als zehn Jahre gehörte das silberne Feuerzeug aus Bradford/Pennsylvania zu mir, genau wie meine Tolle und die Koteletten. Das ist für mich schlichtweg eine Stilfrage gewesen, worauf sonst bekommt man heutzutage eine lebenslange Garantie?

Die großen Tricks hatte ich nie drauf, über Deckelöffnen durch sanftes Daumenstreicheln ging es nie hinaus. Aber mein sturmfester Begleiter war mir immer treu, trotzte selbst schlimmstem Hamburger Schietwetter. Nur zu gern habe ich anderen Leuten damit Feuer gegeben. Denise bat ich gerne mal, beim Anschmauchen eine Sekunde länger in die Flamme zu blicken – ihre braunen Augen bekamen dann immer so einen feierlichen Glanz.

Jetzt taugt das Zippo gerade mal dazu, das Teelicht unter der Duftlampe anzufeuern. Denn um anderen Leuten die Lunte zu flambieren, schleppe ich es bestimmt nicht mehr mit mir rum.

20.05 Uhr

Rückblickend betrachtet, war die Eskalation unvermeidlich: sie, eine gestresste Verkäuferin in einem überfüllten Supermarkt am Tag vor Christi Himmelfahrt. In der langen Schlange vor ihrer Kasse Kunden wie ich: gestresst, genervt, in Eile. Ich weiß nicht genau, wer von uns beiden der Flasche mit Olivenöl den entscheidenden Schubs gab, sodass diese vom Laufband fiel und zerbrach. Angesichts der schmierigen Lache im Kassenbereich pöbelten wir uns jedenfalls lautstark an.

Ich füllte danach eines dieser Kommentar-Kärtchen aus, um meinem Ärger Luft zu machen. «Unfreundlich», «wohl kaum im Sinne der Geschäftsleitung», solche Sachen. Als ich den Zettel in der Box mit der Aufschrift «Ihre Meinung interessiert uns!» versenkte, war es wieder da, dieses Gefühl spontaner Befriedigung. Kaum war ich aus dem Laden raus, war mir die ganze Sache nur noch peinlich.

Leider passiert mir so etwas derzeit häufiger. Nichts wirklich Böses, aber kleine Alltagsruppigkeiten haben Konjunktur. Aktives Drängeln in der S-Bahn etwa oder heute in der Mittagspause nicht auf den Kollegen warten, der noch zu mir in den Aufzug stürzen wollte. Ich hätte locker den Öffnen-Knopf drücken können, aber im Bruchteil einer Sekunde entschied ich mich dagegen.

Gestern führte ich mit Ansgar eine hitzige Diskussion über das Layout der *Mosaik*. Völlig unnötig, den eigentlichen Streitpunkt hätten wir innerhalb einer Minute klären können. Aber ich sah mich genötigt, einen langen Vortrag zu halten und mich kraft meines Amtes als «Chefredakteur» durchzusetzen. Mia meinte dazu, dass ich in den letzten Tagen auf dem besten Weg zum Stinkstiefel sei.

Die miese Laune einzig und allein aufs Nichtrauchen zu schieben wäre zu einseitig. Momentan kommt einfach viel zusammen, die Mischung macht den Zorn: wenig Schlaf, viel Arbeit mit dem Mitarbeitermagazin, eine Freundin noch nicht mal in Sichtweite. Und über allem schwebt die Sucht, die sich genau solche trüben Zeiten für ihre Sticheleien aussucht.

Aber PR-geübt, wie ich inzwischen bin, lässt sich das natürlich auch positiv formulieren: Seit der letzten Zigarette bin ich durchsetzungsstärker geworden. Die Erfolge bei der Nichtraucherei pumpen das Ego gehörig auf, was ich meiner Umwelt ganz gern per Körpersprache mitteile: Beim Diskutieren schaue ich Gesprächspartnern direkt in die Augen, stehen sie vor mir, richte ich mich bewusst auf, was mit den breiten Schultern und den zusätzlichen Kilos durchaus seine Wirkung hat. Ich muss nur darauf achten, es nicht zu überreißen, kontrollierte Offensive ist das Gebot der Stunde. Sonst bin ich wahrscheinlich bald ein ziemlich einsamer Nichtraucher.

Bei der Therapie habe ich mich für heute Abend entschuldigen lassen. Auf Frau Günther habe ich gar keinen Bock. Ich log ihr etwas von beruflichen Gründen vor. In Wirklichkeit steht Spaßtherapie auf dem Programm: «Hamburgs größte Singleparty». So zumindest wird die Veranstaltung mit einigen Ausrufezeichen versehen in der *Bild* angekündigt. Ich hasse das Blatt, aber studiere immer mit einiger Muße die

Rubrik «Alsterliebe und Elbverkehr», auch wenn mir niemals in den Sinn käme, mich auf eine der dortigen Chiffre-Anzeigen zu melden.

Über diese Abendaktivität haben Woody, Niels und ich absolutes Stillschweigen verabredet, darauf hat vor allem Niels bestanden. Ist ja auch richtig, muss ja nicht jeder mitbekommen, dass wir dem Lockruf des organisierten «Fisch-sucht-Fahrrad» erliegen. In jedem Fall aber besser, als den Abend mit Adrian und Katrina zu verbringen! Und wer weiß, vielleicht lerne ich dort ja ein attraktives, intelligentes, witziges Single-Girl kennen. Sternzeichen und Lieblingsfarbe wären mir egal, aber Nichtraucherin dürfte sie gerne sein.

Donnerstag, 25. Mai, 12.21 Uhr

«Fang bloß wieder an zu rauchen. Du bist seitdem das allergrößte Arschloch auf dem Planeten! Komm mal wieder klar!» Woody pfefferte mir ein paar harte Abschiedsworte an den Kopf, als er wutentbrannt den Hamburger Berg hinunter Richtung Reeperbahn wankte. Kurz zuvor hatten wir uns passend zum Hafentavernenambiente von «Rosis Bar» fast geprügelt. Er war der Vernünftigere von uns beiden, die Provokation und auch das Geschubse am Schluss gingen eindeutig von mir aus.

Allerdings war ich zu diesem Zeitpunkt auch extrem frustriert. Die wenigen weiblichen Wesen, die um halb vier nachts noch zu House-Rhythmen tanzten, wollte ich nicht kennenlernen. Oder die mich nicht, was häufiger vorkam. So wie ich gelaunt war, auch kein Wunder: wortkarg, mäkelig, kein bisschen lustig. So jemanden lädt man nicht am ersten Abend zu sich nach Hause ein, sondern schmeißt ihn nach ein paar frustrierenden Ehejahren raus.

Der Abend war nicht wie gewünscht verlaufen. Im «Fees», wo die große Single-Sause steigen sollte, waren wir gar nicht erst. Als Niels die lange Schlange sah, musste ich ihn überzeugen, sich überhaupt in den Reigen der flirtbereiten *Bild*-Leser einzureihen. Der Altersschnitt war mindestens so niedrig wie der Bildungsstand. Arschgeweihe, Alkopops und Armani-Imitate, das volle Programm. Woody und ich waren wahrscheinlich die einzigen Nichtraucher in der langen Schlange, was mal wieder eindrucksvoll belegt, dass Rauchen und sozialer Status eindeutig zusammenhängen. Oder um einen bösen Satz zu zitieren, den ich mal in einem Nichtraucherforum gefunden habe: Nicht alle Raucher sind Assis, aber wirklich alle Assis rauchen!

Nach einer Dreiviertelstunde hielten wir es dort nicht mehr aus und spazierten lieber durch diverse Kiezlokalitäten. Niels mühte sich um gute Laune, doch er stieß auf die vereinigte Übellaunigkeit der beiden angehenden Nichtraucher. Mit steigendem Alkoholspiegel wuchs bei Woody und mir der Schmachter, und wir starrten Niels die Kippe in Stereo aus der Hand. Dann noch ein Gedanke an den knutschenden Adrian, und fertig war der Aggressions-Cocktail, den ich über dem armen Woody ausgoss. Auch Nichtraucher sind manchmal echte Assis.

Inzwischen habe ich mit ihm telefoniert und mich entschuldigt. Er nimmt es mir nicht krumm, in unserer ruppigen Kleinstadt-Jugend haben wir schließlich schon deutlich Schlimmeres in dieser Richtung erlebt. Mit dem Auftritt gestern Abend habe ich wohl so ziemlich jedes Klischee bestätigt, das der liebe Niels gegenüber Nichtrauchern mit sich rumträgt. Als wir beide später noch gemeinsam am «Silbersack» standen, meinte er zu mir, dass er mich noch niemals so aggressiv erlebt habe und beim Schlichten sogar Sorge hatte, dass ich als Nächstes auf ihn losgehen würde. Ziemlich heftig, so etwas von Freunden zu hören.

Freitag, 26. Mai, 13.12 Uhr

1. *Setzen Sie sich locker hin, spüren Sie Ihren Atem.*
2. *Spannen Sie jetzt möglichst viele Muskeln Ihres Körpers an: Fäuste machen, Arme anspannen, Schultern hochziehen, Oberschenkel- und Gesäßmuskel anspannen, Stirn sowie Augenbrauen runzeln und die Zähne aufeinanderbeißen.*
3. *Die Spannung kurz halten und anschließend wieder ganz locker lassen – bei jedem Ausatmen ein bisschen mehr. Lassen Sie die restliche Anspannung dabei immer mehr entweichen.*

Den arbeitsarmen Brückentag im Büro habe ich dafür genutzt, um etwas gegen meine Unausgeglichenheit zu tun. «Tipps zur Spontan-entspannung» stand über dieser kleinen Anleitung aus dem Internet, die ich akribisch befolgte: Ich spürte meinen Atem, rollte mit den Schultern, runzelte die Brauen und wippte ordentlich auf meinem Gesäßmuskel herum – in dem Moment kam Mia herein und lachte sich schlapp. Ich war zusammengezuckt, als habe sie mich gerade beim Onanieren erwischt. Spontan entspannt fühlte ich mich jedenfalls nicht.

Dennoch muss ich überlegen, wie ich ausgeglichener werden kann. Die nächste Woche wird nicht witzig, die *Mosaik*-Produktion steht auf dem Programm. Mit den Ratschlägen der Tagebuch-Leser kann ich nicht so viel anfangen, Akupunktur und Hypnose sind da noch die besten Hinweise. Allerdings bin ich weder scharf auf Nadeln im Kör-per noch auf einen Kontrollverlust auf der Couch irgendeines Quack-salbers. Die größte Entspannung verschaffte mir heute ohnehin Herr Wehmeyer, als er mir mitteilte, dass wir das Volontariat wie gewünscht Ende September beenden werden.

Samstag, 27. Mai, 17.20 Uhr
Ich bin notorischer Passivraucher. Auch heute wieder, als ich mich mit Denise im «Herren Simpel» im Schanzenviertel auf ein Plauderkäff-chen traf. Den Qualm ihrer «Reynos» habe ich nur zu gern mitgenom-men. Es ist nicht mehr ganz so schlimm wie am Anfang, als ich noch praktisch jeder umherwabernden Rauchwolke nachgelaufen bin, aber auf diesen Hauch Rauchervergangenheit möchte ich auch jetzt noch nicht verzichten. Wenn ich beim Käffchen schon selbst nicht rauchen darf, muss ich wenigstens die Krumen mitnehmen, die vom reich ge-deckten Tisch der anderen fallen.

Passivrauchen ist ein ernstes Thema. Bei meiner Raucherlun-ge kommt es auf ein paar Milligramm Teer mehr oder weniger nicht mehr an, aber es gibt viele, die darunter leiden. Auch wenn die genauen Auswirkungen des Passivrauchens schwer zu beweisen sind, bestreiten heutzutage nur noch Vollidioten, dass der (meistens) unfreiwillig eingeatmete Dunst eine Gefahr darstellt. Im politischen Berlin scheint das jedoch niemanden zu interessieren, die großmütig abgelegte Selbstverpflichtung des «Hotel- und Gaststättenverbandes», kurz Dehoga, ist jedenfalls ein Witz.

So liest sie sich bereits: Bis zum 1. März dieses Jahres sollten mindestens 30 Prozent aller Speisebetriebe 30 Prozent ihrer Plätze als Nichtraucher-Plätze anbieten, bis März 2008 hat diese Quote auf 90 Prozent aller Gaststätten mit jeweils 50 Prozent Nichtraucher-Plätzen anzusteigen. Ausnahmen gelten für Betriebe mit weniger als 40 Prozent Sitzplätzen. Noch Fragen?

Das eigentliche Problem besteht aber darin, dass selbst diese windelweiche Regelung von niemandem ernsthaft kontrolliert wird, das Gesundheitsministerium hält sich da elegant zurück. Die Dehoga hat nun Vollzug für die erste Stufe vermeldet und stützt dies auf eine Befragung(!) ihrer Mitglieder. Man kann sich in etwa vorstellen, was die geantwortet haben, als der Fragebogen per Verbandszeitschrift ins Haus flatterte.

Auf die Idee, die Plätze einfach mal von einer unabhängigen Stelle zählen zu lassen, kommt anscheinend keiner. Das Ganze ist eine sehr deutsche Regelung. Andere Länder in Europa, Irland, Italien und Schweden etwa, haben längst klare Kante gemacht und ein komplettes Rauchverbot durchgesetzt. Nur bei uns ist es das übliche Rumgegeiere.

Mein Verhältnis zu dem Thema ist gespalten. Mich stört der Qualm in Kneipen nicht. Ich bin auch noch viel zu sehr Raucher, als dass ich jetzt wie ein geläuterter Nichtraucher auftreten und lautstark ein totales Rauchverbot fordern würde. Als ich im März das Foto-Praktikum bei Andreas absolvierte, hatte ich mich noch strikt geweigert, etwas in einem Café in der Hafen-City zu bestellen, in dem Rauchverbot herrschte.

Mittelfristig wird es wohl keinen anderen Weg als das vollständige Verbot geben, solange von Dehoga und Tabaklobby keine vernünftigen Vorschläge kommen. Ich hoffe, dass sich die Sache vielleicht mit Filteranlagen und abgetrennten Raucherzonen lösen lässt. Um die Kosten dafür auszugleichen, müssten Raucher halt 50 Cent mehr für ihren Kaffee zahlen. Fest steht für mich, dass ich das Thema im Tagebuch nicht aufgreifen werde. Da sticht man in ein Wespennest.

Sonntag, 28. Mai, 11.37 Uhr

Raucher feiern besser. Das sagt man landläufig so – und Nichtraucher bestreiten es immer wieder. Spätestens seit gestern Abend weiß ich: Es stimmt!

Lars, ein guter Freund von Christopher, hatte gestern Abend zu einer kleinen, gemütlichen Party zu sich nach Hause geladen. Zwölf Leute, die übliche Combo, mit der ich gelegentlich mal unterwegs bin, seit ich Christopher kenne. Wir saßen alle im Wohnzimmer auf den schicken Polstermöbeln vor dem kleinen Kamin beieinander und plauderten. Rauchen war nur in der Küche erlaubt.

Es war dann wie immer, wenn so eine Regelung auf einer Party besteht. Nach und nach verschwinden die Raucher, um eine dampfen zu gehen. Anfangs kamen sie noch wieder zurück – doch so gegen 22.00 Uhr lichteten sich die Reihen im Wohnzimmer, sodass ich irgendwann nur noch mit Ingo und seiner Sozialpädagogen-Freundin auf dem Sofa saß.

Ingo ist ein netter Kerl, ganz sicher, aber eben nicht gerade ein Entertainer. Er erzählte viel über seinen Job auf einer Hamburger Schiffswerft und auch davon, dass sich die beiden vor kurzem ein gemeinsames Refugium in einer Doppelhaushälfte zugelegt hätten. Aus der Küche drangen derweil die Klänge von «Guantanamera» herüber. Laut gegrölt, mit viel Spaß intoniert. Ich wusste, Daniel hatte sich die Klampfe geschnappt und gab Vollgas. Da hielt es mich nicht mehr auf der Couch.

In der Küche saßen die neun Raucher dicht gedrängt um den kleinen Küchentisch herum, auf dem mehrere Tequila-Flaschen, eine große Schüssel mit Zitronen und mehrere Aschenbecher standen. Die Luft war komplett dichtgeräuchert, mir tränten nach kurzer Zeit die Augen. Aber das war mir scheißegal, ich wollte feiern. So genehmigte ich mir ein paar Gläser Hochprozentiges aus Mexiko und sang lauthals mit: «Guantanamera, guajira Guantanamera». Als Nichtraucher muss man auch mal Kompromisse machen.

15.35 Uhr
Psychologen meinen, dass Trauerarbeit – und dabei handelt es sich beim Nichtrauchen nun mal auch – nach einem weitgehend gleichen Muster abläuft. Angeblich in diesen fünf Phasen:
1. Verleugnung
2. Wut
3. Feilschen
4. Depression
5. Akzeptieren

Sollte das stimmen, so befinde ich mich gerade irgendwo zwischen Phase zwei und drei. Das hieße, dass die große Depression erst noch kommt. Dabei dachte ich, dass ich die schon längst hinter mir hätte.

Montag, 29. Mai, 17.34 Uhr
Mit dem Rauchen aufzuhören ist nicht schwer.

So, jetzt ist es raus. Ich weiß ganz genau, dass ich diesen Satz irgendwann bereuen werde und Gollum sich die Hände reibt, während ich das schreibe. Doch genau so sehe ich es, vier Wochen nach meiner letzten Zigarette. Im Vergleich zu der überwältigenden Angst vor einem Leben ohne Zigaretten, die ich über Jahre kultiviert habe, waren die letzten Wochen schlichtweg ein Spaziergang. Die Erinnerung an die Rauchexzesse der Vergangenheit kommt mir inzwischen seltsam fremd vor. So als wäre nicht ich es gewesen, der 120 000 Kippen geraucht hat, sondern lediglich jemand, den ich mal flüchtig kannte.

Die schlimmen Tage der Akutphase habe ich nicht vergessen. Nicht die Verzweiflung, nicht die schlaflosen Nächte und schon gar nicht den Blick auf den Boden von «Schnüffel». Und dennoch möchte ich es heute am liebsten jedem Raucher ins Gesicht schreien: «Aktiver Widerstand ist jederzeit möglich, du bist deiner Sucht nicht ausgeliefert!»

Ich ärgere mich darüber, dass ich mich so lange habe einschüchtern lassen. Die Sucht erscheint nur deshalb so übermächtig, weil man es selber glaubt. Das Biest, das ich «Gollum» genannt habe, lässt sich in so kurzer Zeit nicht erlegen. Doch ich habe den elenden Blender auf Normalmaß zurechtgestutzt. Er kommt daher wie Herr Tur Tur, der Scheinriese aus der Augsburger Puppenkiste: Je näher man ihm auf die Pelle rückt, desto kleiner wird der Lump.

Nach vier Wochen lohnt es sich, mal einen Blick auf die vorher festgelegten Rauchstopp-Ziele zu werfen, die ich mir im April brav auf einen Zettel geschrieben habe. Die Bilanz liest sich gar nicht mal so schlecht:

Gesundheit:	Ein Volltreffer, ich wusste nicht, dass man sich so fit fühlen kann.
Kondition:	Nochmal Hauptgewinn: Ich könnte bergauf schwimmen.
Leistungsfähigkeit:	Ich arbeite schneller und konzentrierter, sogar Schreiben klappt.
Selbstachtung:	Schwankt. Von manisch bis depressiv.
Respekt:	Neun von zehn Leuten loben mich, vor allem Raucher.
Geschmack/Geruch:	Sensationell, vom dritten Tag an.
Wohnung ohne Mief:	Ich sage nur Lavendel.
Erscheinungsbild:	Haut besser und gesünder, nur das Gewicht nervt. Fünf Kilo!
Mehr Geld:	Nein, ich hänge immer noch am teuren Pflaster.
Autonomie	Joa, so langsam wird das

In diesem Sinne, lieber Björn: fröhliches Vierwöchiges!

19.36 Uhr

Raucherbeobachtung – das ist eine Disziplin, die mir langsam Spaß macht. Kein Vergleich mehr zu den trist-bösen Gedanken, die ich anfangs hatte, wenn jemand in meiner Nähe rauchte. Unglaublich, wo und wie manche Leute rauchen.

Der Klassiker ist definitiv der ungeduldige S-Bahn-Raucher. Im Abteil kann er es sich gerade noch verkneifen, die Lunte in Brand zu setzen. Doch sobald der Zug in den Bahnhof einfährt, steht er mit Kippe im Mund direkt vor der Waggontür. Spätestens wenn sich die Türen auch nur einen Spalt weit öffnen, klickt das Feuerzeug – bloß keine Sekunde verschenken.

Heute kam mir auf der Stresemannstraße ein Raucher auf einem Fahrrad entgegen – wild strampelnd, aber immer noch genug Energie für den Zug an der Lulle, damit sie ja kein Opfer des Fahrtwindes wird. Und auch der Typ, der bei der Nordwohn AG die Getränke bringt, überrascht mich mit seiner Zigaretten-Arbeits-Koordination. Für ihn ist es wahrscheinlich unvorstellbar, die vollen Kisten Selters ohne Kippe aus die Sackkarre zu stemmen.

Der König aller Raucher jedoch wohnt bei mir im Haus nebenan. Jeden Abend, wenn ich vom Job nach Hause komme, sitzt er an seinem Fenster im zweiten Stock, schaut heraus und raucht. Er hat einen großen, breiten Mund und ein tief gefurchtes Gesicht. Er sieht aus wie der Steinbeißer in der «Unendlichen Geschichte». Sollte ich mal irgendwann eine ernsthaft kreative Ader entdecken, werde ich ihn malen – als Schutzpatron schwebend über allen Rauchern dieser Welt.

Dienstag, 30. Mai, 20.15 Uhr

Über einen Mangel an Gedenktagen kann sich hierzulande sicher niemand beklagen. Geht es dabei um wirklich Gedenkwürdiges – weil politisch, historisch oder kulturell Wertvolles –, finde ich das absolut in Ordnung. Aber inzwischen haben auch Muttersprache, Imker und Hauswirtschaft ihre jährlichen 24 Stunden bekommen.

Irgendwo dazwischen war bei mir immer der Weltnichtrauchertag angesiedelt. Ich erinnere mich noch gut an jenen Morgen, als ich zum ersten Mal überhaupt davon erfuhr. Man schrieb den 31. Mai 1998, ich brütete mal wieder in meiner Studentenbutze über einer Seminararbeit, Thema: Bismarcks böse «Sozialistengesetze». Um mich herum Berge von Büchern und Zetteln, vor mir zwei Aschenbecher, beide randvoll. Die Luft im Zimmer stand. Völlig übernächtigt schaltete ich die Frühnachrichten ein. Da kam die Meldung, dass Weltnichtrauchertag sei, garniert mit einer dieser Umfragen, denen zufolge sich beispielsweise 88 Prozent aller Europäer eine rauchfreie Luft in Büroräumen wünschen. Ich sah mich um, musste lachen. Und zündete mir erst mal eine an.

Dieses Mal ist alles anders. Für mich wird der morgige Weltnichtrauchertag tatsächlich ein ganz besonderer Tag sein. Ich werde diesen denkwürdigen Tag zum Gegenstand des aktuellen Tagebuchs machen. «Tabak: Tödlich in jeder Form», so lautet in diesem Jahr das Motto, unter dem Weltgesundheitsorganisation und Krebshilfe antreten. Sie wittern Morgenluft. Ihre Stoßrichtung ist klar: Weg von butterweichen Selbstverpflichtungen Marke Dehoga, her mit einem allgemeinen Rauchverbot. Her mit einem Gesetz, das Rauchen an allen öffentlichen Orten verbietet, vor den Gefahren des Passivrauchens schützt. Wie anderswo in Europa auch.

Die Forderung nach einer rauchfreien Weltmeisterschaft ist dabei natürlich reiner Aktionismus, ein kläglicher Versuch, noch irgendwie auf den WM-Zug aufzuspringen. Dass hierzulande ein Rauchverbot in Stadien nicht durchzusetzen ist, anders als bei der WM 2002 in Japan und Südkorea, dürfte auch den lautesten Mahnern klar sein. Das wäre denn doch zu viel Ketzerei im deutschen Raucherparadies.

80 000 Menschen sterben in Europa jedes Jahr durch das Passivrauchen, sagt die EU. Und es gibt noch mehr Horrorzahlen, die man sich zum Weltnichtrauchertag ruhig mal vor Augen führen darf: Nur 58 Prozent der Raucher erreichen das 70. Lebensjahr, bei den Nichtrauchern sind es 81 Prozent. Jedes Jahr sterben in Deutschland 110 000 bis 140 000 Menschen durch ihren Tabakkonsum, europaweit sogar 650 000. Das sind mehr Menschen, als durch Verkehrsunfälle, Morde,

Suizide, Aids, Alkohol und illegale Drogen ums Leben kommen – zusammengenommen, versteht sich.

Aktive Raucher ignorieren diese Zahlen geflissentlich. Verständlicherweise. Keiner von ihnen – vor allem die nicht, die aufhören wollen und nicht können – hat allzu großes Interesse daran zu erfahren, dass sich seine Chance auf einen grausamen Erstickungstod durch eine krebszerfressene Lunge deutlich erhöht. Militante Nichtraucher kommen gern mit solchen Beispielen. Brabbeln eine dieser Statistiken herunter. Wundern sich, dass sie bei Rauchern nichts erreichen. Ich habe immer, wenn jemand damit anfing, auf Durchzug geschaltet. Wenn es anders wäre, hätten ja auch Warnhinweise auf Zigarettenpackungen irgendeinen messbaren Einfluss auf die Verkaufszahlen. Doch die Aufdrucke begeistern vor allem Sammler.

Heute ist für mich alles anders. Der Weltnichtrauchertag wird mir tatsächlich einmal gute Nachrichten kredenzen: Statistisch gesehen, gewinnt jemand, der sich im Alter von 30 das Rauchen abgewöhnt, zehn Lebensjahre hinzu. Meine Lieblingszahl aus der Statistik.

Mittwoch, 31. Mai, 13.30 Uhr, Weltnichtrauchertag

Liebe Raucher,

wie wäre es denn, wenn Sie heute einfach mal die Kippen weglassen? Ich rede nicht übers Aufhören, einfach nur mal einen Tag nicht rauchen. Keine große Sache also, nur eine Prise Solidarität. Ginge das? Es fällt Ihnen nicht leicht, Sie wollen nicht? Klar, ich verstehe das, Sie rauchen gern. Wie lange schaffen Sie es denn ohne Zigaretten? Mehr als zwei, drei Stunden, ohne unruhig zu werden? Kompliment, das ist länger als ich noch vor vier Wochen. Tja, und wenn es gar nicht geht, dann rauchen Sie halt wieder. Ist ja Ihr gutes Recht. Sie haben ja schließlich dafür bezahlt. Und Sie werden dafür bezahlen …

Und so weiter. Mea culpa: Ich habe missioniert. Für so manchen Nicht-raucher-Tagebuch lesenden Raucher bei *stern.de* dürfte meine kleine Aufforderung wohl eher blanker Sarkasmus sein. Arrogant und herab-lassend, ein klarer Fall von größenwahnsinnigem Ex-Raucher. Dabei finde ich den Text recht gelungen, ich habe ihn gestern, noch etwas auf-gewühlt, mit viel Leidenschaft geschrieben. Den Titel habe ich an die Internationale angelehnt, ihn «Raucher, hört die Signale» genannt. Die Idee mit der Solidarisierungsforderung ist dann erst heute Vormittag entstanden, ganz spontan. Für das dazugehörige Foto besorgte ich ex-tra einen Fertigkuchen und drapierte zum Anlass meines Vierwöchigen vier Kerzen darauf.

Ja, ich habe mit dem Vorsatz gebrochen, nicht zu missionieren. Das eitle Ego des erfolgreichen Nichtrauchers raushängen lassen. Und die Antwort kam prompt. Von meinem Freund Jan aus Bremen, per Mail, keine Viertelstunde nachdem das Tagebuch online war. Er traf mich an einem wunden Punkt:

```
Moin, Björn,
kennst Du diese Sorte Nichtraucher, die man schon
früher - völlig zu Recht - ganz und gar unerträglich
fand? Diejenigen nämlich, die es geschafft haben, aus-
zusteigen - obwohl einst stark abhängig. Und die dann
einen nachgeradezu missionarischen Eifer entwickel-
ten? Den Gesundheitsapostel markierten. Einem Bilder
von Raucherlungen zeigten, mit erhobenem Zeigefinger.
Ja, Du erinnerst Dich noch dunkel an sie? Das ist gut.
Dann kann man Dich ja vielleicht noch warnen.
Oder was hättest Du noch vor vier Wochen all jenen
zugerufen, die Dir das entgegengehalten hätten, was
Du heute auf stern.de schreibst? Und dann noch unter
der Flagge der Arbeiterbewegung. Und hast Du nicht
einst auch selbst geschrieben, dass man einem Raucher
nicht entgegenhalten kann, dass Rauchen irgendwie
ungesund ist?
```

Okay, ich glaube, Du hast mich verstanden. Obwohl ich es - ehrlich - total gut finde, dass Du aufhörst. Und hoffe, denke, dass Du durchhältst. Aber es wäre noch viel besser - finde ich -, wenn Du nicht gleich versuchtest, die rauchende Welt zu retten. Und zu missionieren. Und obendrein, denke ich, ist es auch viel spannender, zu lesen, wie es Dir *persönlich* mit der Situation ergeht. Oder will da einer ablenken?

Nix für ungut, meint der
Jan,
mit vielen lieben Grüßen

Amen.

Er hat ja recht, der Gute. Aber als Journalist bei der *taz* muss man natürlich auch immer ein bisschen mäkeln. Ich rechtfertige mich damit, dass mir so etwas natürlich nur am Weltnichtrauchertag aus der Feder fließen würde. «Außergewöhnliche Tage erfordern außergewöhnliche Texte», habe ich ihm zurückgeschrieben. Ich weiß allerdings nicht, ob er es geschluckt hat.

Diese herablassende Art ist nicht nett, ja, und man macht sich schon gar nicht über die Sucht anderer lustig. Völlig egal, wie lange man schon abstinent ist. Ich weiß das. Und vor allem will ich keiner von diesen Militanten werden. Einer wie Philipp, seines Zeichens Produktmanager bei dem Konzertveranstalter, bei dem ich als Student gearbeitet hatte. Ein Ex-Raucher, der immer in die Raucherecke der Firma pilgerte, um dort lange Vorträge zu halten. Einer, der Poster von rauchenden Schimpansen plakatierte. Mit Erfolg: Ich habe gleich noch eine geraucht. Nur um ihm eins auszuwischen.

21.32 Uhr

Frau Günther musste ich darauf aufmerksam machen, dass heute Weltnichtrauchertag ist! Ganz schön schwaches Bild für jemanden, der sein Geld mit Rauchertherapie verdient. Aber sie wirkt ohnehin schnell überfordert, sobald mal irgendwas vom vorgegebenen Kursverlauf abweicht.

Der Kurs bekommt eine immer stärkere Schieflage, Noch- und Nichtmehrraucher haben einfach sehr unterschiedliche Probleme. Ich fühle mich stark und selbstbewusst, die anderen ziehen mich mit ihren Befindlichkeiten bei der Zigarettenreduktion eher runter. Das Nullschreiben am Flipchart ist nicht mal mehr halb so schön wie am Anfang. Was soll ich da eigentlich noch?

Das ganze Gefeilsche und vor allem das Gejammer unseres Spitzenreiters, dass der Verzicht auf die letzten zwölf Tageskippen am anstrengendsten sei, hängt mir zum Hals raus. Meinen, zugegebenermaßen, etwas provokanten Vorschlag, dass er doch eigentlich auch komplett aufhören könnte, quittierte er mit wütendem Protest und Frau Günther mit einem bitterbösen Blick.

So läuft sie also, die hochgelobte Verhaltenstherapie. «Es sollen Strategien gegen den zwanghaften Griff zur Zigarette erarbeitet und neue Verhaltensweisen erlernt werden», hieß es so schön in der Kursankündigung. Doch bis auf ein paar Tipps, wie man sich bei Schmachter ablenken kann, war das Angebot bisher spärlich. Mit ein bisschen Nachdenken kommt man auf die meisten «Maßnahmen» auch von selbst.

Am Anfang, in meiner Akutphase, tat die wöchentliche Zusammenkunft noch ganz gut. Ich konnte mich ausheulen, und um mich herum saßen Leute, die mich ernst nahmen. Von Woche zu Woche ist die Veranstaltung sinnloser geworden. Dass sich mit einer solchen Maßnahme die Erfolgschancen beim Rauchstopp verdoppeln lassen sollen, halte ich wahlweise für irreführende Werbung oder einen schlechten Scherz. Vielleicht habe ich aber auch mit diesem speziellen Kurs einfach nur Pech gehabt.

Der absolute Höhepunkt heute: Frau Günther hat im *stern.de*-Tagebuch meine Erfahrungen mit der Spontanentspannung gelesen und sich aufgeregt, dass ich mich darüber lustig gemacht habe. Nun will sie beim nächsten Mal so eine Übung mit uns durchführen. «Ich zeige Ihnen dann mal, wie das richtig funktioniert», meinte sie zu mir.

Doch kollektives Gesäßmuskelwippen im Stuhlkreis mit Frau Günther möchte ich mir nicht mal vorstellen.

Donnerstag, 1. Juni, 18.45 Uhr

In so gut wie allen Sommersachen sehe ich aus wie eine Presswurst! Bei meinem Lieblings-T-Shirt, einst ein körperbetonender Traum in Beige, stellt sich das folgendermaßen dar: An den Schultern und um die Brust herum spannt es, wodurch es an den Oberarmen deutlich zu kurz ist, um noch irgendwie gut auszusehen. Gehe ich auch nur ein wenig ins Hohlkreuz, gewährt es freie Sicht auf meinen Bauch. Solche Dinge bemerke ich üblicherweise erst dann, wenn ich mit der Nase darauf ge-stoßen werde. So wie von Mia heute im Büro. Leider erst nachdem ich von meinem Termin im Tierpark Hagenbeck zurückkam.

Dort hatte ich gleich einen doppelten Auftrag: einmal, einen Arti-kel über «Alice Springs» zu schreiben, ein kleines Känguru, das kurz nach seiner Geburt aus Mutters Beutel fiel und nun von einem Pfleger großgezogen wird. Allerliebst, und eine schöne Geschichte für unser Kundenmagazin. Zum anderen gab mir Mia den Tipp, doch mal ein Auge auf die dortige PR-Verantwortliche, Frau Schmidt, zu werfen. Sie sei genau mein Typ: «Klein, blond, clever», wie sich die fürsorgliche Mia ausdrückte.

Als ich um Punkt 11.00 Uhr eintraf, stand nur Andreas samt Fo-toausrüstung am Haupteingang. Keine Spur von Frau Schmidt, nur Mengen von wild umherwuselnden Schulklassen. Andreas überbrück-te die Wartezeit mit einer Selbstgedrehten, was ich gewohnt sorgfältig, aber neidfrei beobachtete. Nach einer Zigarette war mir wirklich nicht: Es war heiß, mein Mund trocken, und vom Tierpark wehte ein eigen-tümlicher Geruch herüber, eine Mischung aus Blumenduft und Büf-feldung.

Am Infostand erfuhr ich nach einiger Zeit auf Nachfrage, dass Frau Schmidt bereits auf mich warten würde. Wir seien am falschen Ein-gang und sollten doch bitte möglichst schnell auf die Wiese neben dem Tapir-Gehege kommen, wo «Alice» einmal täglich herumhüpfen darf.

So sprinteten wir los, drängelten Grundschüler beiseite und kraxelten mit einem Affenzahn durch die engen, manchmal richtig steilen Wege der Tierparkwelt, vorbei an den Elefanten, Tigern und Flamingos. Beim Eintreffen gab ich ein fürchterliches Bild ab: Ächzend, schwitzend und bauchfrei stand ich der schönen Frau Schmidt gegenüber. Näher kennengelernt habe ich sie nicht.

Während ich jetzt hier vor meinem Kleiderschrank stehe und die zu kleinen Sachen aussortiere, schwant mir, dass es mit den Frauen in diesem Sommer schwierig werden könnte. Langsam muss ich mich damit abfinden, dass andere Leute meinen gewachsenen Körperumfang deutlich registrieren. Und das bedeutet, dass ich meine Ansprüche herunterschrauben muss: Eine intelligente, schlanke, attraktive, witzige Nichtraucherin, die noch dazu auf Vollschlank steht, trifft man wohl nicht alle Tage.

Freitag, 2. Juni, 13.30 Uhr

Chaotisch, aber sauber: Wie immer am Schlusstag der *Mosaik*-Produktion sah es wüst auf meinem Schreibtisch aus: Korrekturdrucke, Foto-CDs, braunberandete Schmierzettel, drei Kaffeetassen, eine davon noch von gestern. Was diesmal fehlte: Asch- und Tabakreste, die die Unordnung in früheren Tagen stets gepudert hatten. Mittendrin stand immer der über Rand gefüllte Aschenbecher, der mich oft zum «Kippen-Mikado» einlud. Geht noch eine rein, bevor der Stummelberg zusammenbricht?

Die Zeiten, in denen mein Schreibtisch so schmutzig war, dass selbst unsere bosnische Putzfrau die allabendliche Reinigung verweigerte, sind glücklicherweise vorbei! Ein für alle Mal. Hoffe ich zumindest.

Samstag, 3. Juni, 14.27 Uhr

Adrian hat geraucht, letzten Mittwoch, am Weltnichtrauchertag! Und schuld ist das Fernsehen. Das beichtete er mir heute Morgen bei einer Partie Squash. Seine Bank hat ihn dazu auserkoren, künftig bei n-tv und dem Wirtschaftssender «Bloomberg» als Experte für Rohstoffe Rede und Antwort zu stehen. Vor dem Auftritt war er natürlich aufgeregt. Logisch.

Bevor er ins Studio fuhr, schnorrte er sich zwei Zigaretten von einer Kollegin und schmauchte sie vor dem Auftritt weg. Als ich ihn fragte, ob es denn wenigstens etwas gebracht hätte und die Aufregung sich gelegt hätte, pfiff er mir wütend einen Aufschlag um die Ohren. «Nein, natürlich nicht, es war absoluter Schwachsinn und die definitiv letzte Kippe», fauchte er.

Bei mir dagegen ist mal wieder Großputz angesagt, denn ich bekomme gleich lang erwarteten Besuch. Die Kollegen, mit denen ich einige Zeit an der Akademie für Publizistik verbracht habe, treffen sich heute Abend in Hamburg. Zunächst bei mir zu Hause, dann geht es auf Kneipentour. Meine Wohnung soll bis dahin auf Hochglanz poliert sein, damit meine ehemaligen Kursgenossen auch den ganzen Nichtraucher-Björn erleben können. Abstinent, ausgeglichen und in gut duftender Wohnung. Von der Akademie kennen die mich schließlich nur als üblen Nikotin-Junkie, der es nach den Unterrichtseinheiten regelmäßig als Erster an den Kaffeeautomaten schaffte.

Pfingstsonntag, 4. Juni, 17.33 Uhr

Ein wunderschöner Abend, ein freudentränenreiches Wiedersehen. 13 von 21 Kursteilnehmern hatten den Weg nach Hamburg geschafft. Beachtlich dafür, dass alle viel beschäftigt sind und der Kurs an der Akademie nun schon ein Jahr zurückliegt. Alle haben erzählt, was ihnen seit dem letzten Treffen im Dezember widerfahren ist. Für meine Geschichte inklusive *stern.de*-Tagebuch konnte ich einiges an Lob einfahren. Nicht dass ich es bräuchte …

Meiner geplanten Wohnungspräsentation ging leider auf halber Strecke die Frischluft aus. Die ersten Kollegen empfing ich noch qualmfrei – doch als Jan und Nina nach einem Aschenbecher fragten, war es vorbei mit dem Nichtraucher-Domizil. «Nein» sagen wollte ich nicht. Denn das wäre dann doch zu lächerlich gewesen: Der ehemalige Dauerquarzer, der nun den Nichtraucher-Paulus mit höchsten Ansprüchen an die Raumluft mimt.

Später am Abend bekam ich tatsächlich noch einen Schmachter. Beim Essen zuvor hatte ich meine Nichtrauchergeschichte schon mehrfach in allen Details zum Besten gegeben. Als wir dann bei Bierchen und Britpop-Hymnen im verrauchten «Grünen Jäger» waren, wuchs das Verlangen. Es war keine böse Suchtattacke, eher so ein dahingeschmachteter Traum von der einen folgenlosen Zigarette, die einen perfekten Abend noch ein kleines Stückchen besser gemacht hätte.

Auf unserer letzten Station verging das Rauchverlangen wie von selbst. Ein wildfremder Typ hatte uns im Schanzenviertel lautstark vom Balkon rufend auf eine Privatparty eingeladen. Die Wohnung war düster und tapetenlos, die Party lag am Boden so wie einige Partygäste auch, Psychedelisches plätscherte aus den Boxen. Durch die schwer durchdringbare Wand aus Rauch konnte ich manche der Feiernden anfangs nur schemenhaft erkennen. Es erinnerte mich an «The Fog», diesen alten Horrorstreifen.

Früher wäre ich sicher geblieben, aber gestern musste ich dort nach einer Viertelstunde raus. Ich wollte keine Zigarette mehr, sondern einfach nur frische Luft. Ich bin danach direkt nach Hause, wo es zwar auch noch etwas nach Rauch roch, ich aber keine Angst haben musste, einem Zombie zu begegnen.

Pfingstmontag, 5. Juni, 10.16 Uhr

So, jetzt ist erst mal ein paar Tage Lüften angesagt. Dafür, dass Christoph angekündigt hatte, in meiner Wohnung nicht zu rauchen, hat er ganz schön was weggedampft. Trotz offener Fenster und Duftlampe im Dauerbetrieb habe ich den Qualm noch in der Nase. Jetzt liegt mein alter Freund aus Berlin friedlich nebenan und pennt. Kurzfristig hatte er erfahren, dass ihm das Zimmer, das er während des *stern.de*-Jobs während der WM bewohnen wird, erst ab heute zur Verfügung steht. Daher kam er gestern Abend erst mal zu mir.

Bei seiner Ankunft war er ziemlich gestresst vom Pfingstverkehr auf der Autobahn. Dennoch beharrte er energisch darauf, sich in meiner Wohnung keine Zigarette anzustecken. Das wolle er mir als «frischem Ex-Raucher» nicht antun, betonte er mehrfach und hatte dabei etwas Gönnerhaftes in der Stimme. Daher wollte ich ihm auch nicht häufiger als dreimal mitteilen, dass das für mich überhaupt kein Problem sei.

Der Duft des kalten Rauches, der ihn umgab, verriet mir allerdings, dass er sich direkt vor der Haustür noch eine reingepfiffen haben musste. Die Strategie kenne ich noch ganz gut, für keinen Raucher ist die Aussicht attraktiv, eine rauchfreie Wohnung zu besuchen. Da wird dann auf Vorrat gequarzt, solange das eben geht.

Wir machten uns einen richtig netten Abend und sprachen über die bevorstehende Zeit bei *stern.de*. Vor allem aber laberten wir uns wie gewohnt im Zickzackkurs durch die Weltgeschichte, beide bedacht darauf, im intellektuellen Muskelspiel nicht den Kürzeren zu ziehen. Christoph redet noch mehr als ich. Wenn er richtig loslegt, bekommt man eine Vorstellung von der Weite des Universums.

Sein Instant-Rauchstopp hingegen dauerte nur etwa anderthalb Stunden. Ich bemerkte sehr wohl, dass er immer unruhiger auf seinem Hintern hin und her rutschte und sein Bier in immer schnelleren Zügen trank. Seine Gestik ein einziger Hilferuf. Aber ich ließ ihn erst ein bisschen schmoren, bis ich ihm wortlos den Aschenbecher hinstellte. Mann war der dankbar, als er sich endlich eine anstecken konnte. Für die ersten Kippen entschuldigte er sich noch wortreich, bald darauf rauchte er Kette.

Mich stört das nicht wirklich, der Restqualm wird sich in zwei Tagen aus der Wohnung verzogen haben. Die Aktion als solche finde ich hingegen bemerkenswert. Wunderschön, dass er Rücksicht nehmen möchte – doch dass das nicht gutgehen konnte, war irgendwie klar: Wenn man sonst am Tag 30 Zigaretten raucht, vergeht der Schmachter sicher nicht, wenn man gestresst zu einem gemütlichen Plauderbierchen ansetzt.

Ich glaube, es ging ihm in erster Linie darum, sich selbst etwas zu beweisen. Motto: «Wenn der das schafft, dann ich schon lange.» Er erzählte auch noch, dass er eigentlich aufhören möchte und es Anfang des Jahres sogar für vier Wochen hinbekommen hat. Aber mit diesem hausgemachten Umfaller hat er einfach nur eine völlig unnötige Niederlage im Kampf gegen die Sucht kassiert.

Dienstag, 6. Juni, 19.13 Uhr

Woody hat wieder geraucht – aber diese Fluppe hätte ich mir wahrscheinlich auch gegönnt. Er hatte einen Unfall mit dem Motorrad. Nichts Ernstes, ein paar Prellungen und ein angebrochener Finger, aber seine schöne Kawasaki hat es arg erwischt. Schuld war mal wieder Bitumen, dieses Erdölnebenprodukt, mit dem Schlaglöcher nicht gut, aber günstig geflickt werden. Für Motorradfahrer eine rutschige Angelegenheit. Auf diesem Zeug hat es Woody das Vorderrad verrissen, nachdem ein paar Bauarbeiter es frisch auf die Straße aufgetragen hatten.

Die Zigarette, die ihm einer der Arbeiter nach dem Sturz anbot, hat er ohne nachzudenken angenommen und im Handstreich weggepafft. Das ist für einen Raucher schlichtweg die normale Reaktion. «Schock = Kippe» ist die einfache Formel. So ein besonderes Ereignis reißt das gesamte, mühsam aufgebaute Regelwerk im Handstreich nieder. «Wenn das kein Grund ist, was dann?», fragt die Sucht scheinheilig und greift zu, bevor das Hirn überhaupt mitreden kann.

Vor so einer Schock-Situation habe ich Bammel. Ich habe meine Sucht gut im Griff, alles, was da so an Schmachtern auf mich einplätschert, lässt sich kontrollieren. Nur was ist, wenn mich ein so außergewöhnliches Ereignis treffen wird? Eines, das die Sünde irgendwie rechtfertigt? Ich glaube, wenn ich die Nachricht bekäme, dass irgendetwas mit meinen Eltern wäre, würde ich sofort kettenrauchend nach Kappeln rasen.

Mittwoch, 7. Juni, 21.28 Uhr

«Björn, du spielst vorne im Sturm und machst die Dinger rein wie Gerd Müller.» Schon als dieser Azubi aus meiner Mannschaft mir dies beim

Aufwärmen zurief, hätte ich misstrauisch werden müssen. Nichts gegen den ehemaligen Bomber der Nation, aber ich schätze meine Spielkunst irgendwie filigraner ein als die von «kleines dickes Müller».

Ich hatte mich wirklich auf das Nordwohn-Sportfest gefreut. Entspannt mit den Kollegen einen schönen Nachmittag verbringen, auf dem Spielfeld meine Ballkünste präsentieren und meine neu gewonnene Nichtraucher-Fitness austesten. Es sollte anders kommen.

Die Wahl des Trikots war sicherlich der größte Fehler. Passend zu meinen roten Schuhen und Stutzen hatte ich mich für das Jersey der Nationalmannschaft Vietnams entschieden, das mir Denise vorletztes Jahr aus Südostasien mitgebracht hatte. Doch was den schmächtigen Asiaten kleidet, spannt über meinem Wohlstandsbauch mittlerweile recht bedrohlich.

Schon im ersten Spiel musste ich erkennen, dass die kurzen, schnellen Sprints beim Fußball etwas völlig anderes sind als das gemütliche Traben um die Alster. Bei aller gefühlten Fitness: Zwölf Jahre Raucherkarriere verlassen die Lunge nicht nach fünf Wochen ohne. So walzte ich die meiste Zeit behäbig über den Platz, die Beine taub, die Füße brannten. Der endgültige Tiefschlag kam, als ich mal wieder mit karminrotem Kopf hinter einem Gegenspieler herhechelte: «Gib Gas, Butterkugel!», rief jemand vom Spielfeldrand zur Freude der Kollegen. Das saß!

Fehlende Kondition ersetzte ich in der Folge durch Körpereinsatz. Mehrfach hatte ich mich mit diesem Typen vom Betriebsrat in der Wolle, den ich sowieso nicht sonderlich mag. Ich will nicht wissen, was die Kollegen, die mich nicht näher kennen, gedacht haben müssen: Wahrscheinlich halten Sie mich für einen zornigen, dicken Mann, noch dazu für einen schlechten Verlierer, mit viel zu engem Shirt.

Das war eine ziemliche Demütigung vor dem halben Nordwohn-Personal. Zum Glück war das mein letztes Sportfest. Als hinterher der große Schwenkgrill aufgebaut wurde, habe ich ihnen noch den Gefallen getan, das nächste Klischee zu erfüllen. Ich hatte natürlich Hunger nach dem «Sport» und haute mir den Teller voll: zweimal Nacken, ein Holzfällersteak, zwei Würstchen, dazu reichlich Nudelsalat. Ein dicker Teller für einen dicken Mann.

Ich habe diese Geschichte in der Therapiestunde erzählt. Doch bis auf Gelächter und ein «Herr Erichsen, Sie sollten mehr auf Ihre Ernährung achten. Haben Sie es schon mit Obst probiert?» von Frau Günther gab es nichts, was mir irgendwie weitergeholfen hätte.

Um die angedrohte Entspannungsübung sind wir noch herumgekommen, dafür waren wir heute zu wenig. Die Teilnehmer, die da waren, feilschten wie gewöhnlich um jeden Zug aus der Zigarette. Ihr Gejammer habe ich schon gar nicht mehr wahrgenommen. Dafür bin ich Frau Günthers Bücherregal durchgegangen. Freud und Jung habe ich entdeckt, aber das gehört sich natürlich auch so. Doch mittendrin steht auch Dale Carnegie. «Sorge dich nicht, lebe», flüstert der Lebenshilfepapst mir zu.

Genau das habe ich künftig vor: Leben – ohne Therapie.

Donnerstag, 8. Juni, 17.05 Uhr
Juhu! Das war's. Ich bin raus aus der Wohnungswirtschaft und ab zu *stern.de* – zumindest für vier Wochen. Eben habe ich noch die Bilder vom Sportfest in das Mitarbeitermagazin gehievt, und dabei habe ich stark drauf geachtet, dass keines von mir hineinkommt. Alles andere ist auch erledigt oder an Ansgar abgeschoben. Nun können die Spiele beginnen. Pure Aufbruchstimmung, es wird höchste Zeit, die Welt zu Gast bei Freunden willkommen zu heißen!

Ganz weit oben

Samstag, 10. Juni, 17.30 Uhr

ER: Na, immer noch Nichtraucher?
ICH: Jo, bin tapfer und standhaft.
ER: Dann man to. Durchhalten!
ICH: Ja, ja, mach dir mal keine Sorgen.

Dialoge wie diesen habe ich im Laufe des gestrigen Tages bestimmt sieben-, achtmal geführt. Ich freute mich, mal wieder in der *stern.de*-Redaktion zu arbeiten und die Kollegen zu treffen. Für mehr als einen Smalltalk blieb allerdings keine Zeit. Und da ist Nichtrauchen eben ein willkommener Aufhänger. Aber mein «tapfer und standhaft» wurde mit der Zeit doch etwas monoton.

Stressig war sie, die erste Schicht. Angesichts der WM-Eröffnung waren alle recht angespannt. Bei DEM Sportereignis des Jahres müssen wir als Redaktion natürlich Vollgas geben. Gernot hat mir als Ressortleiter nachdrücklich die Grundregeln eingebläut: viel Bewegung auf der Seite – er sprach von zwölf Artikeln pro Schicht –, dazu, wann immer es geht, Fotostrecken. Am wichtigsten aber ist es, am Ende der Schicht eine saubere Übergabe-Mail an das gesamte Team zu schicken: «Wer schreibt, der bleibt», hat Gernot gewitzelt, und ich weiß nicht genau, wie ernst er es meinte. In jedem Fall ein deutlich anderer Tonfall als früher im Praktikum.

Gernot sitzt links von mir in unserer kleinen Fußball-Ecke, die vollgestopft ist mit WM-Sonderheften, Spielplänen und Zeitungen. Da ich als Letzter zum Team gestoßen bin, blieb für mich nur der schlechteste Platz über, ganz außen an dem langen, geschwungenen Tisch, mit dem Rücken zur Fotoredaktion. Frauke, Tim und Christoph haben sich in

den letzten Tagen schon die Plätze mit der besten Sichtmöglichkeit auf
den Fernseher geangelt. Ich kann nur den Ausgang sehen und habe dadurch immer im Blick, wer wann zum Rauchen geht.

Das Spiel der deutschen Mannschaft gegen Costa Rica habe ich mir
nach Schichtende bei Gruner + Jahr angeschaut. Der Verlag, in dem
der *stern* erscheint, leistet sich allen Ernstes ein eigenes Fanfest. Dafür
wurde der komplette Parkplatz neben dem Haupthaus eingezäunt, und
darauf wurden Bier- und Bratwurststände sowie eine Tribüne für 1000
Personen errichtet. Die riesige Leinwand ist mit ihren 80 Quadrat-
metern Durchmesser angeblich noch ein Stückchen größer als die auf
der offiziellen Fan-Meile auf dem Heiligengeistfeld.

Es stimmte alles an diesem Abend: Ein grandioser Sieg unseres
Teams, das schöne Wetter, und der *stern* bezahlt sämtliche Getränke.
Eine perfekte Steilvorlage für einen Vollrausch. Der Abend endete für
mich erst gegen 3.00 Uhr in einem Club im Portugiesenviertel. Seit
dem Hafengeburtstag vor ziemlich genau vier Wochen war es das erste
Mal, dass ich wieder derartig ausgiebig gefeiert habe. Einen Schmachter
hatte ich dabei nicht, kein bisschen Gefahr eines Rückfalls. Nur heute
Morgen mit Beginn der Frühschicht bereute ich die ausgelassene Feie-
rei doch sehr – nach Smalltalk übers Nichtrauchen war mir jedenfalls
nicht zumute.

20.11 Uhr
Woody raucht wieder. Heute hat er sich die zweite Schachtel gekauft
und das «Projekt Nichtrauchen» offiziell an den Nagel gehängt. Ein
bisschen zerknirscht war er schon – doch in erster Linie wirkte er erleichtert. So hält sich mein Mitleid mit ihm auch in Grenzen. Und ja,
auch eine Prise Schadenfreude ist dabei – man klopft sich da als Immer-
noch-Abstinenter schon ein wenig auf die eigene Schulter.

Seit seinem Unfall mit dem Motorrad hatte er immer wieder mal
eine geraucht. Nie regelmäßig, immer nur geschnorrt, wenn es irgendwie ging. Gestern beim Public Viewing auf der Fan-Meile brachen dann
alle Dämme. Bei der Party in Schwarz-Rot-Gold, mit 80 000 anderen,

suchtwandelte er zum Zigarettenautomaten und zog sich siegestrunken eine Schachtel.

«Ich habe während der WM keinen Bock zu leiden», meinte er eben am Telefon, so als müsste er sich mir gegenüber rechtfertigen. Aber er ist guter Hoffnung, dass es sich nur um ein kleines Fußball-Zigaretten-Intermezzo handelt: «Gleich nach der WM, da werde ich es wieder anpacken. Wenn wir Weltmeister sind, ist Schluss, gleich nach der Siegeszigarette.»

Seinen Optimismus teile ich nicht, in beiderlei Hinsicht: Für Klinsmann & Co. wird es vermutlich nicht zum Titel reichen, und ich glaube auch nicht, dass Woody es so schnell wieder probieren wird. Nach meiner Erfahrung braucht man als Raucher nach einem missglückten Versuch erst mal eine Pause von der Abstinenz. Von den Strapazen für Kopf und Körper muss man sich einfach erholen. Statistisch gesehen übrigens drei Jahre – in diesem Intervall wird der Rauchstopp im Durchschnitt angegangen.

Sonntag, 11. Juni, 23.45 Uhr

Niels gehörte zu den wenigen Glücklichen, die Karten für das Spiel Argentinien – Elfenbeinküste in Hamburg gestern Abend ergattern konnten. Er schwärmte derart von der großartigen Stimmung im Stadion, dass wir beschlossen haben, heute Abend auf dem Fanfest die WM-Party in die nächste Runde gehen zu lassen. Die rund 15 000 Leute, die an einem Sonntagabend zur Partie Portugal gegen Angola kamen, verliefen sich allerdings auf dem riesigen Areal des Heiligengeistfelds mit seinen großen Tribünen und den unzähligen Merchandising-Ständen.

Allein der «Boulevard der Nationen» war einen Besuch wert. In der kleinen Zeltstadt präsentieren sich alle 32 WM-Nationen mit Ständen und kulinarischen Köstlichkeiten aus ihrer Heimat. Köttbullar-Brötchen aus Schweden und togolesischer Gemüse-Lamm-Teller Seit' an Seit' mit Gulasch aus «Altpolnischer Küche» und karibischen Kochbananen aus Trinidad/Tobago. Der Trubel dort ist mitreißend. Menschen aus aller Herren Länder tanzen auf den Kieswegen, liegen sich in den Armen, trinken Cocktails am iranisch-mexikanischen Gemeinschaftsstand.

Wir entschieden uns für köstlich süße Frikadellen vom australischen Barbecue-Grill, die wir mit ukrainischem Bier herunterspülten. Er steckte sich danach genüsslich eine Kippe an, wieder mal eine aus der Chesterfield-Schachtel, die ich ihm nach gewonnener (oder verlorener?) Negativwette heute Abend überreicht hatte. Ein bisschen neidisch machte mich sein Rauchvergnügen schon, jedoch war es nicht mehr als ein kleiner Wehmutsschmachter.

Es ist das erste Mal seit jener kleinen Fast-Prügelei auf St. Pauli, dass wir wieder zusammen unterwegs waren. Kaum zwei Wochen liegt das zurück, und dennoch könnte das Miteinander kaum unterschiedlicher sein. Keine Sticheleien von Nils, ich für meinen Teil bin ausgeglichen und giere ihm nicht die Kippe aus der Hand. Alles stinknormal. Dennoch bleibt es ungewohnt, mit dem alten Rauchkumpan unterwegs zu sein und nicht selbst zur Zigarette zu greifen. So sehr, wie das Gewohnheitsrauchen meinen Alltag bestimmt hat, so sehr tat es das auch in Freundschaften.

Schon unsere erste Begegnung hatte mit Rauchen zu tun. Als ich Mitte 2004 mein Praktikum bei *stern.de* begann, war er dort selbst gerade erst ein paar Wochen Politik-Redakteur – und dazu verdonnert worden, die Praktikanten in die Arbeitsabläufe einzuführen. Die erste E-Mail, die ich dort verschickte, ging an ihn. In der Betreffzeile stand nur «Kippe?». Die Antwort kam prompt. Wir sind dann nach draußen vor die Tür gegangen, auf die Treppe, haben geraucht und geschnackt. Ein klarer Fall von spontaner Büro-Raucher-Sympathie.

Von da an standen wir noch oft dort draußen, egal, ob die Sonne schien oder mal wieder ein feuchter Wind vom Hafen herüberwehte, dem beim Zigarettenanzünden nur noch mein Zippo trotzen konnte. Bei diesen Plaudermomenten vor der Tür haben wir uns richtig kennengelernt. Wenn man so will, gründet sich unsere Freundschaft ein Stück weit auf dem Rauchen. Wären wir auch Freunde geworden, wenn ich schon damals nicht geraucht hätte? Müßig, darüber zu spekulieren.

Fest steht, dass es jetzt auch ohne funktioniert. Er raucht, ich nicht. Fertig. Alles andere wäre aber auch zu doof.

Niels hat die mitgebrachte Schachtel Chestis im Laufe des Abends fast komplett geleert, sodass er am Ausgang der Fan-Meile den Zigarettenautomaten ansteuerte. Ganz schön lädiert sah der aus, weigerte sich denn auch trotz mehrfacher Schläge beharrlich, eine Schachtel auszuspucken. Das ist die Höchststrafe für einen Raucher: Das mühsam zusammengesuchte Kleingeld ist weg, doch der Deal platzt, weil der Automat streikt. Das führt zu spontanen Wutausbrüchen. Und setzt Kräfte frei. «Hey, überleg doch mal, vielleicht ist das ein Zeichen», stichelte ich dieses Mal. Seine Schachtel hat er trotz allen Kraftaufwandes nicht bekommen.

Montag, 12. Juni, 17.38 Uhr

Bei *stern.de* hat sich ein neues Rauchereckchen etabliert. Seit die Redaktion vom Hochparterre in den zweiten Stock umgezogen ist, macht sich keiner der rauchenden Redakteure mehr die Mühe, zur Zigarettenpause nach draußen zu gehen. Die Kollegen stehen nun auf halber Treppe an einem Milchglasfenster und aschen auf einen Unterteller. Auf dem Weg zur Toilette komme ich zwangsläufig an ihnen vorbei. Ohne blöden Spruch geht das selten vonstatten. Mark aus der Fotoredaktion nannte mich heute einen «Tabaksteuerflüchtling», mehrfach wurde mir unter Gelächter im Vorbeigehen eine angeboten. «Nein, danke!», flöte ich dann herüber, manchmal übertrieben freundlich. Doch ich frage mich schon: Wie viel Witzpotenzial steckt eigentlich im Nichtrauchen?

Dienstag, 13. Juni, 0.33 Uhr

«Ja, schau nur her, ich rauche wieder! Und weißt du, was? Mir ist scheißegal, was du darüber denkst!» Das sprach Adrian zwar nicht aus. Doch ich konnte es in seinen großen braunen Augen lesen. Sein Blick war voller Trotz, als er sich, locker auf den Biertisch gestützt, eine Zigarette ansteckte. Er nickte immer wieder, während er den Rauch einsog. Es war ein Akt der Provokation. Mehr als ein Achselzucken gönnte ich ihm aber nicht. Schlucken musste ich dennoch.

Drei Stunden lang lässt er sich nichts anmerken. Schaut mit mir Fußball, trinkt Bier, plaudert völlig ausgelassen an den vollen Tischen im Schulterblatt, der Thekenmeile im Schanzenviertel. Offiziell – sprich mir gegenüber – ist er ja rauchfrei. Doch nach dem vierten Bier hält er es nicht mehr aus und fingert sich eine Zigarette aus der Packung eines der Medizinstudenten, die wir hier kennengelernt haben. Dann dieser Blick – und von da an noch ein paar Kippen mehr im Laufe des Abends.

Adrian raucht schon länger wieder. Das gestand er mir aber erst, als wir auf dem Heimweg bei dem dunklen Spielplatz an der Margarethenstraße haltmachten. Wir setzten uns in viel zu kleine Schaukelpferde und redeten übers Nichtrauchen – ein heißer Ritt der Anti-Marlboro-Männer. Seit Adrians Rückfall am Weltnichtrauchertag hatten sich die Kippen nach und nach wieder in seinen Alltag geschlichen. «Mehr als ein, zwei Zigaretten täglich, mehr nicht», sagte er, doch es wurde immer leichter, ihn zu überreden. «Mal war es mein Chef, mal die Kollegen nach dem Mittagessen. Ich dachte, ich kann es kontrollieren.»

Genau wie Woody wurde ihm das WM-Eröffnungsspiel zum Verhängnis. Mit seinen Arbeitskollegen hat er im Brauhaus gefeiert. Das Bier floss in Strömen, alle rauchten – und er hatte die Schnorrerei irgendwann satt. Seitdem nähert er sich sukzessive den alten Konsumgewohnheiten an. Mir gegenüber wollte er es nicht eingestehen. Aus Scham über die verlorene Schlacht. Und um mich nicht zu gefährden, wie er sagte.

Also hat er heute Abend die Schachtel zu Hause gelassen, versucht, den Abend ohne Kippen durchzustehen. Vergebens. Nach seiner Beichte wirkte er sehr erleichtert. Seine Strategie, wie es nun weitergehen soll, klingt etwas schwammig. Erst einmal eine «kontrolliert reduzierte Rauchphase» von drei bis vier Monaten, anschließend will er es noch einmal versuchen. «Dann sind der Sommer und die Feierlaune vorbei, im Job gibt's auch weniger Stress, und ich kann mich mental ganz anders auf den Umbruch einstellen.»

Nun ja, wir werden sehen.

So viel also zum Thema rauchfreie WM, pünktlich zum Anpfiff sind beide Mitstreiter endgültig umgefallen. Woody nach vier, Adrian nach fast sechs Wochen. Damit sind sie Musterbeispiele für die Rauchstopp-statistik.

Mir tut es für beide leid. Das bittere Gefühl des Einknickens kenne ich nur zu gut – aber sie können sich immerhin mit einer Kippe trösten. Ein Hauch Genugtuung mischt sich unter das Mitleid. Da bin ich ehrlich. Ich bin der Einzige, der durchgehalten hat. Und darauf bin ich stolz. Und fühle mich weiterhin sehr sicher. Adrian hätte sich um mich keine Sorgen machen brauchen. Letztendlich ist sich beim Nichtrauchen jeder selbst der Nächste – allem Mitstreiter-Pathos zum Trotz.

Ich werde weiter wachsam sein müssen. Beide haben zu einem Zeitpunkt wieder mit dem Rauchen angefangen, als sie das Schlimmste eigentlich schon überstanden hatten. Jeder von ihnen hat von Kontrolle erzählt. Und in beiden Fällen hat es nicht gestimmt. Die Quintessenz daraus lautet daher: null Toleranz – keine einzige Kippe anfassen. Sei die WM auch noch so schön.

18.02 Uhr

Zum definitiv letzten Mal habe ich mich heute in das zu enge Vietnam-Trikot gezwängt. Es galt, wieder einmal das Online-Tagebuch zu bebildern. Darin ging es diesmal um die Geschichte vom Nordwohn-Sportfest, wobei ich erstmals meine Gewichtssorgen thematisiert habe. So posierte ich draußen auf der Wiese vor dem Haupthaus in dem engen Jersey, einen Fußball im Arm und einen sorgenvollen Blick in Richtung Bauch. «Gib Gas, Butterkugel!», habe ich getitelt – ich konnte nicht widerstehen.

Das Echo war vorhersehbar: Meinen neuen Spitznamen in der Redaktion habe ich weg. Das Tagebuch war kaum online, da fragte mich Niels mit einem fetten Grinsen im Gesicht, wo ich denn nach Feierabend wohl hinkugeln würde. Als die Chefredaktion angesichts des

warmen Tages ein «Bottermelk»-Eis spendierte, waren weitere Witze unvermeidbar. Nun denn, ich sehe es pragmatisch:
1. Lieber dick als Raucher.
2. Jemanden, der eine Zeitlang den Spitznamen «Porno» innehatte, weil er mal eine ziemlich ausführliche Reportage über eine Erotikmesse verfasst hat, kann «Butterkugel» nicht mehr schrecken.

Kulinarisch bin ich derzeit neuen Versuchungen ausgesetzt: Die Verlagskantine stellt für jemanden, der um die Mittagszeit das Tagesgericht in der «T.R.U.D.E.» gewohnt ist, ein kleines Paradies dar. Täglich vier Gerichte zur Auswahl, Beilagen frei wählbar, dazu Suppe, eine große Salatbar und liebevoll zubereitete Desserts. Heute habe ich richtig zugeschlagen: Country Chips mit Sauce und Putenfleisch Hawaii. Kräftigst mit Käse überbacken. Die Kantinen-Dame haute mit einem Lächeln auf mein Bitten hin noch einen dicken Nachschlag obendrauf. Ich fürchte, der Sommer wird 'ne runde Sache …

Mittwoch, 14. Juni, 0.12 Uhr
Als ich Bier holte, konnte ich Adrian von der Bar aus sehen: Er holte sich geschwind eine Kippe aus seiner Schachtel und inhalierte sie mit schnellen Zügen. Wir waren gemeinsam im «Hadleys» wo die Hamburger PR-Junioren zum Stammtisch geladen hatten. Auf einem Großbildfernseher lief das Spiel Deutschland gegen Polen. Adrian rauchte in meiner Gegenwart nicht, doch sobald ich Bier holen oder zur Toilette ging, pfiff er sich im Höllentempo eine rein. Kam ich zurück, drückte er sie hastig aus, so als wäre nichts gewesen.

Ihm geht sein Rückfall nah, mir gegenüber hat er tatsächlich Schuldgefühle. Aber die Raucherei lässt sich eben nicht so einfach ausknipsen, wenn man mal wieder angefangen hat. Und an so einem dramatischen Fußball-Abend fordert die Sucht von Zeit zu Zeit ihren Tribut. Ich habe ihm gesagt, dass er einfach rauchen soll. Mit dieser Potemkin'schen Nichtraucherfassade quält er sich bloß durch das Unvermeidliche.

Fußballerisch gesehen lief der Abend sensationell: Odonkor flankte,

Neuville rutschte rein, 1:0. Die Stimmung im «Hadleys» explodierte geradezu nach dem Tor in letzter Sekunde. Der Sieg entschädigte für die schlechte Sicht. Wir sind spät gekommen, mussten ganz hinten auf einem Tisch direkt vor der offenen Fensterfront sitzen. Der gesamte Kippenqualm im Saal zog in unsere Richtung. Bei dem Nervenspiel, das unsere Mannschaft bot, dampften die jungen Öffentlichkeitsarbeiter ordentlich was weg. Viel zu viel, um Spaß am Passivrauchen zu haben. Heute Abend fand ich den Qualm zum ersten Mal wirklich eklig.

So ganz nebenbei gab es noch interessante Neuigkeiten von Jeannie. Ich erfuhr, dass meine bezaubernde Ex-Ex-Freundin nun für die Tabaklobby arbeitet und Öffentlichkeitsarbeit für einen Zigarettenkonzern macht. Das erzählte mir Annika, die sie noch aus der gemeinsamen Zeit aus der PR-Agentur kennt. Damit ist alles wie immer, schon damals lebte unsere Beziehung von Gegensätzen. Nun bin ich öffentlicher Nichtraucher und sie mediale Speerspitze der Zigarettenindustrie.

Die Kleine wird sich warm anziehen müssen. Die Stimmung in der Öffentlichkeit kippt zusehends, die Nichtraucherdebatte hat ordentlich an Fahrt gewonnen. Am Montag verkündete der *Spiegel* auf der Titelseite «Das Ende der Toleranz». Auch Jan hat für die *taz* gerade einen großartigen Artikel geschrieben, in dem er auf die kleinen Tricks hinweist, mit denen die Zigarettenindustrie ein Rauchverbot im Lande bisher torpediert hat. Titel: «Die Tabaklobby hustet».

In meinem Online-Tagebuch werde ich das Thema aber weiterhin nicht anfassen. Ich will keine Meinung machen, sondern einfach die Geschichte eines bemühten Nichtrauchers erzählen. Dennoch bin ich mir sicher: Am 1. Mai habe ich mich für die richtige Seite entschieden.

Donnerstag, 15. Juni, 23.06 Uhr

«Die Welt zu Gast bei Freunden» – das große WM-Motto funktioniert ja ganz vorzüglich. Wenn ich sehe, mit welcher Offenheit die Fans von überall her in Deutschland willkommen geheißen werden, könnte man glatt ein paar Vorurteile über «uns Deutsche» verlieren. Die WM ist eine große, bunte Party.

Heute Abend lernte ich Miguel aus Ecuador kennen. Er stand auf der Fan-Meile, schmächtig, mit gelb-blau-rotem Sombrero auf dem Kopf, und war immer noch selig: An diesem Nachmittag hatte sein Nationalteam Costa Rica mit 3:0 nach Hause geschickt und stand nun sensationellerweise im Achtelfinale. Adrian übersetzte mir, was er sagte. Er hatte sparen müssen, um sich den Trip nach Deutschland leisten zu können. Selbst wenn er in der Hauptstadt Quito, von wo er kommt, als Programmierer schon zu den Betuchteren gehört. Sobald feststand, dass sich sein Team für die WM qualifiziert hatte, gab es für ihn nur ein Ziel: Allemania.

Dass bei uns, was das Rauchen angeht, strengere Sitten herrschen, konnte er schon bei seiner Ankunft am Hauptbahnhof herausfinden. Als er sich locker am Bahnsteig eine ansteckte, wurde er gleich vom deutschen Michel in Gestalt eines eifrigen Ordners zurechtgewiesen. In Ecuador wäre das undenkbar. Dort raucht man, wo man will. Die Zigarette ist ein Statussymbol und steht direkt hinter dem täglichen Brot auf dem Einkaufszettel. Wie bei uns in den Fünfzigern, die Kippe als Glück der kleinen Leute.

Passivrauchen ist in Südamerika kaum ein Thema, von Rauchverboten hält man dort insgesamt recht wenig. Nur in Uruguay ist seit dem Frühjahr das Rauchen in Kneipen und Gaststätten verboten. Aber die Urugayos seien eh schon immer ein bisschen seltsam gewesen, meinte Miguel noch, kurz bevor er sich fahneschwenkend auf den Weg in Richtung Reeperbahn machte. Und außerdem nicht für die WM qualifiziert.

Freitag, 16. Juni, 21.34 Uhr

Zum Schluss waren es plus 14 kg. Das hieß dann für mich: alte Jeans weg, neue Jeans kaufen. Ist auch ein teures Vergnügen. Kurz vor der 90-Kilo-Marke kam dann auch noch ein Junggesellen-Abschied dazwischen. Mit Zigarren und allem Pipapo. Das war's dann leider mit dem Nichtrauchen. Bevor jetzt hier alle schreien: «Mehr Bewegung» - HALT! Ich habe während der Zeit meine Ernährung umgestellt, GLYX-Diät und vor der Arbeit gejoggt. (Ich bin Handwerker, kein Büro-Job, ca. 14 000 Schritte pro Tag laut Schrittzähler.) Aber die Gewichtszunahme war nicht zu stoppen.

Auf kein Tagebuch-Thema gab es bisher so viel Resonanz wie auf die «Butterkugel». Ein Leser nennt die Gewichtszunahme die «härteste Prüfung des Nichtrauchens». Andere erzählen davon, dass sie die stetig wachsende Fettschicht einfach nicht mehr ertragen und deswegen wieder angefangen haben.

Die 2,9 Kilogramm, die ein Ex-Raucher laut Forschungsergebnissen im Durchschnitt zunehmen soll, halte ich angesichts der vielen zweistelligen Kilo-Angaben der Leser unter meinem Tagebuch für wenig glaubwürdig. Bei mir sind inzwischen über sechs Kilo dazugekommen. Damit flirte ich erstmals im Leben mit der 90. Kein schönes Gefühl. Ein paar neue Klamotten waren fällig. Zwei Hemden, eine Hose. Alles günstig erstanden, der Kontostand lässt keine großen Sprünge zu. Richtig schick sieht es aber nicht aus.

Es passt ins Gesamtbild. Ich fühle mich derzeit nicht sonderlich attraktiv. Zum Sport komme ich durch die viele Arbeit und die abendlichen Fußballpartys nur noch selten. Die zusätzlichen Pfunde merke ich inzwischen deutlich am Körper. Beim Treppensteigen, beim Sitzen und überhaupt. Vor allem an heißen Sommertagen wie diesem ist das nicht gerade angenehm.

Letztendlich ist das alles Einstellungssache. Eine Leserin sieht das genau richtig:

Mein schöner Freund und ich rauchen seit dem 26. Januar nicht mehr, und wir haben beide zugenommen. Ich ca. drei Kilo, mein Freund wohl etwas mehr. Aber was soll ich sagen: Er sieht besser aus denn je, denn die ehemals aschfahle Gesichtshaut hat sich in ein knackiges Sommerbraun verwandelt, die ewigen Augenringe sind verschwunden, er riecht so gut und hat - wirklich wahr - deutlich weniger graue Haare als noch vor ein paar Monaten. Ich schwöre! Und was mich betrifft: Drei Kilo mehr sind für keine Frau Mitte 30 wirklich toll. Aber die Bauarbeiter pfeifen immer noch, die Zähne sind viel weißer, die Haut ist besser, und das Joggen (1× im Monat, haha) fällt wesentlich leichter. Mein Resümee: Wenn man's erst mal geschafft hat, fühlt man sich ziemlich cool. Also durchhalten, Ihr Menschen!

Samstag, 17. Juni, 17.40 Uhr
Die morgendliche Fahrt mit dem Fahrrad zur Redaktion runter an den Hafen ist einer der schönsten Momente des Tages. Vor allem am Wochenende, wenn der Berufsverkehr sich mal eine Atempause gönnt, liegt die Stadt bei Sonnenaufgang da wie eine verkaterte Diva. Die WM-Feierei hinterlässt ihre Spuren: Schon bei mir an der Holstenstraße türmen sich kleine Berge aus Bierbüchsen, Tüten und Zigarettenpackungen, immer hübsch garniert mit schwarz-rot-goldenen Punkten – weggeworfene Fähnchen, Blumenkränze in den Landesfarben oder anderen Fan-Accessoires.

Die Müllhäufchen werden größer, je näher ich der Fanmeile auf dem Heiligengeistfeld komme. Ungefähr in Höhe Neuer Pferdemarkt treffe ich jeden Morgen eine orange gekleidete Putzkolonne, die sich langsam Richtung Schanzenviertel vorarbeitet. Da, wo sich Fan-Fest und Reeperbahn treffen, nur ein paar Schritte vom Bismarck-Denkmal entfernt, kamen mir heute ein paar Nachtschwärmer entgegen, die Schminke verwischt, gezeichnet von der Nacht. Aber tapfer singend.

Von da an geht es nur noch bergab: am Michel vorbei und dann scharf rechts Richtung Baumwall. Ich sause meist freihändig dort hinunter, muss dabei die Augen zukneifen, weil die Sonne von vorn kommt. Ich genieße die Sonnenstrahlen. Und atme ganz tief durch. In diesem Moment bin ich mit mir im Reinen.

Die festliche Stimmung vergeht recht schnell, wenn ich die Redaktion betrete. Die Spätschicht um Gernot und Christoph hat sich angewöhnt, in unserer WM-Ecke zu grillen. Abends wird der Elektrogrill rausgeholt, Gernot sponsert Fleisch, Brot und Dressing. Entsprechend sieht die Küche morgens aus. Kreuz und quer stapeln sich fettberandete Teller mit Grillresten und angetrocknetem Ketchup und Senf. Es riecht wie in einer Würstchenbude. Aber daran habe ich mich gewöhnt. Und lüfte jeden Morgen.

Nicht so witzig hingegen finde ich, dass heute Morgen ein bis an den Rand gefüllter Aschenbecher direkt auf meinem Platz stand. Christoph! Wer sonst könnte den da hingestellt haben, nur abends und am Wochenende darf in der Redaktion geraucht werden. Den großen Haufen toter Zigaretten habe ich mir eine Zeitlang angeschaut. Traurig liegen die Kippen da, plattgedrückt, mit einer kreisrunden, dunkelgelben Stelle auf dem Filter, die den Durchzugspunkt von Teer und all den anderen Schadstoffen markiert. Ich habe mich gut gefühlt, denn ich muss nicht mehr rauchen!

Sonntag, 18. Juni, 13.21 Uhr

«Mann, schmeckt die Kippe gut.» Wie zufällig bläst Christopher eine Rauchwolke in meine Richtung. Zuvor hatte er die Zigarette bereits mit großer Geste aus der Schachtel geholt und genussvoll an ihr geschnüffelt. Nun grinst er fröhlich und hofft auf einen Lacher. Tue ich ihm den Gefallen, ist die Chance ziemlich groß, dass sich dieses Szenario noch ein-, zweimal am Abend wiederholen wird.

Täglich grüßt das Murmeltier: Den Witz, den mein lieber Freund gestern Abend beim geselligen Zusammensein in der Sofabar zelebrierte, kenne ich inzwischen zur Genüge. Gut ein Dutzend Mal, schätze ich, habe ich ihn inzwischen erlebt.

«Schau her, ich darf rauchen und du nicht!», lautet die Botschaft. Es geht um Neid. Zumindest vordergründig. Dann was erwartet Christopher eigentlich? Glaubt er, dass er mich provozieren kann? Dass ich geifernd vor ihm sitze, mit Gollums gelben Augen, und im eigenen Saft schmore? Das habe ich schon lange hinter mir. Ich fange auch nicht an, ihn zu belehren: «Du solltest auch aufhören, weißt du nicht, wie schädlich Rauchen ist!» – so etwas käme mir nicht über die Lippen. Ignorieren, Schulterzucken, fertig.

Über das Motiv für den immer wiederkehrenden Witz lässt sich nur spekulieren. Humor scheidet aus. Christopher ist ein wirklich lustiger Mensch, Witze auf diesem Niveau hat er gar nicht nötig. Schon gar nicht in dieser Häufigkeit – die ständige Wiederholung macht das vermeintliche Genuss-Ritual verdächtig.

Ich glaube, er will sich mit dieser Aktion rechtfertigen. Er würde gerne Rücksicht nehmen, wahrscheinlich sogar selbst aufhören – aber da der Wunsch zu rauchen stets stärker ist, tritt er eben die Flucht nach vorn an und inszeniert die Zigarette in meiner Gegenwart mit ein bisschen Tamtam und Schenkelklopfen.

Nach nunmehr 50 Tagen ohne Zigarette stellte ich fest, dass sich manche Raucher in meiner Gegenwart sonderbar verhalten. Es gibt geradezu Stereotype. Und Christopher ist danach das Paradebeispiel für den «Spaßvogel». Außerdem habe ich noch den «Feind» identifiziert. Und den «Bemühten».

Letzterer ist am weitesten verbreitet. Er ist gnadenlos rücksichtsvoll. «Darf ich?» – «Darf ich wirklich?» Ich weiß nicht, wie oft ich das in den letzten Wochen gefragt worden bin. Obwohl ich stets betone, wie wenig mich das Rauchen stört, werde ich Zeuge teils übler Verrenkungen beim Ausblasen, damit mich ja kein Rauchwölkchen erreicht.

In der Anfangsphase war ich dankbar für Rücksichtnahme. Doch selbst damals hat es mich schon genervt, wenn Leute wegen des Rauchens herumdrucksten. Bei Christoph fand ich es dann einfach nur noch komisch, wie er unendlich bemüht auf meiner Couch vor sich hin schmachtete. Nach fast zwei Monaten ohne sollte man jedenfalls meinen, dass meine Schonzeit vorbei ist. Jedoch treffe ich die «Bemühten» überall.

Auch da spiele ich jetzt mal den Hobbypsychologen: Ich glaube, sie fühlen sich unterbewusst schuldig. Bei den «Bemühten» handelt es sich durch die Bank um Suchtraucher mit mehr oder minder fernem

Aufhörwunsch. Sie wissen, dass sie etwas Schlechtes tun, können aber nichts daran ändern. Daher sind sie dann ganz besonders engagiert, dass andere nicht unter ihrem Laster leiden. Ich will jetzt nicht undankbar sein. Aber auch Rücksichtnahme kann nerven.

Darauf würde der dritte Typus nicht kommen. Denn er ist der «Feind». Besser gesagt: Ich bin seiner. Geht es um das Thema Rauchen, fährt er stets Kampflinie. Derb im Tonfall, will er von den Vorzügen des Nichtrauchens nichts wissen. «Na, du Verräter», ist die gebräuchliche Grußformel. Niels ist das Paradebeispiel gewesen.

Ich reime mir das so zusammen: Als überzeugter Raucher sieht er seine Spezies immer und überall bedroht. Mit meinem Rauchstopp bin ich ihm in den Rücken gefallen, bin quasi aus einer Art geheimer Nikotinbruderschaft ausgetreten und werde dafür nun geächtet. Wer nicht mit ihm raucht, ist gegen ihn, so die Logik, die dahintersteckt. Bist du keiner von uns, bist du einer von ihnen.

Eines haben alle drei Typen gemeinsam: Bei all dem Getue geht es gar nicht so sehr um mich, sondern in erster Linie um sie selbst.

Montag, 19. Juni, 19.47 Uhr

«Raucht gelegentlich? Weiß der *stern* davon?»

So hat mich heute «Keksi» auf *finya.de* angeschrieben. Auf dieser Flirtplattform im Internet habe ich schon vor ein paar Jahren ein Profil angelegt. Gelegentlich logge ich mich da mal ein. Gar nicht so sehr, um meine Traumpartnerin zu finden, eher, um ein bisschen zu chatten. Eine gute Ablenkung bei der Schreibtischarbeit.

In meinem Profil dort hatte ich unter Rauchstatus «Gelegentlich» angekreuzt. Ursprünglich ganz bewusst. Es kommt bei der Kontaktaufnahme einfach nicht so gut, wenn man sich gleich als reger Raucher outet. Natürlich stimmte das damals so wenig wie heute. «Keksi» hatte mein Bild aus dem *stern.de*-Tagebuch wiedererkannt – und meinte gleich mal nachfragen zu müssen, ob ich da etwa einen Rückfall verschweige.

Sie erzählte mir noch von ihrem gescheiterten Rauchstopp. Vier Wochen, dann wieder langsam angefangen. Der Klassiker also. Ich glaube nicht, dass ich Keksi näher kennenlernen werde. Aber schon erstaunlich, woran man alles denken muss, wenn man sich das Rauchen in der Öffentlichkeit abgewöhnt. Seit heute bin ich jedenfalls auch als Online-Flirter offiziell abstinent.

Mittwoch, 21. Juni, 23.46 Uhr

Der neue Volkssport der Hamburger heißt: Location-Jagd. Jeden Abend und vor allem an jenen Tagen, an denen Deutschland spielt, interessiert nur eine Frage: «Wo guckst du heute Abend Fußball?» Die guten Plätze in Ottensen oder in der Schanze, jene also, bei denen man im Freien sitzt und gleichzeitig den ungestörten Blick auf einen möglichst großen Fernseher genießen kann, sind heiß begehrt. Wer nicht mindestens zwei Stunden vor Anpfiff da ist, hat keine Chance.

Heute Abend ist mir das egal. Bei der Location-Jagd habe ich den Hauptpreis gezogen: eine Akkreditierung für die Media-Lounge hoch droben auf dem alten Bunker am Heiligengeistfeld. Ein zauberhafter Ort. Dorthin lädt ein großer Fensterhersteller während der WM VIPs und Medienschaffende der Stadt zum Chillout ein, selbstredend mit umfangreicher Gratisverpflegung.

In rund 80 Meter Höhe wirkt das Fanfest geradezu beschaulich. Phantastisch ist der Blick über die Dächer der Stadt, auf denen die «Blauen Tore» so herrlich leuchten. Über 150 sind es inzwischen geworden, seit ich die ersten von ihnen im März gemeinsam mit Andreas fotografiert hatte. Lange stand ich oben auf der Bunkerbrüstung und genoss die Aussicht. Das war viel besser, als mich mit all den anderen Gästen in dem verrauchten Glaspavillon um die großen Fernseher und die Freibiertheke zu drängen.

Ich fühlte mich einfach frei, geradezu erhaben. Theoretisch hätte ich zu diesem Zeitpunkt in der Therapiestunde sitzen und über die Unbill der Zigarettenlosigkeit plaudern müssen. Wenn Frau Günthers Plan aufgegangen ist, sind die anderen dort heute am Nullpunkt angelangt. Neugierig bin ich ja schon, ob sie es mit der Reduktionsmethode geschafft haben. Aber wahrscheinlich sitzen sie nach wie vor im Kreis und feilschen um die letzten Züge. Nein danke, ich habe derzeit keinen Bedarf an Verhaltenstherapie.

Ein bisschen therapeutisch wurde es dennoch – allerdings kam diesmal ich mit guten Ratschlägen daher. Am Kuchentisch neben dem Grill habe ich Martin getroffen, ein Bekannter, der seit einiger Zeit Karriere beim *Spiegel* macht. Er hat mein Nichtrauchertagebuch bei *stern.de* verfolgt und stellte viele Fragen.

Seit die Schallmauer von vier Wochen Abstinenz durchbrochen ist, wird mein Rauchstopp langsam ernst genommen. Ich erinnere mich noch gut an die skeptischen Blicke in der Frühphase: «Na, ob der das schafft?» Inzwischen aber wird so mancher Raucher mit Aufhörwunsch neugierig – und kommt von selbst auf mich zu. Es scheint fast so, als würde sich da ein neuer Typus herauskristallisieren: der Interessierte.

Ich erzählte Martin meine Geschichte in der Kurzfassung. Dabei fiel mir auf, dass auch ich inzwischen dazu neige, die böse Akutphase zu verklären. Klar, die Schmerzen von gestern tun heute nicht mehr weh. Dabei müsste ich in meinem Tagebuch nur ein paar Seiten zurückblättern, um mir Gollums Attacken und den Geruch eines gewissen «Schnüffel» in Erinnerung zu rufen. Martin hörte jedenfalls aufmerksam zu und war sichtlich nachdenklich. Das Gespräch endete mit einem Satz, den ich in letzter Zeit häufiger gehört habe: «Ich sollte es auch bald mal wieder angehen.»

Wer wird denn bei einem Sommermärchen rauchen?

Donnerstag, 22. Juni, 23.31 Uhr

Mit den Nikotinpflastern ist endgültig Schluss. Ich schleppe die Biester schon viel zu lange mit mir herum. Ich fühle mich gut und schaffe das ab jetzt auch so!

Heute habe ich beim Fußballgucken in der Schanze versucht, einer bildhübschen Italienerin namens Roberta zu erklären, wozu das braune kreisrunde Ding auf meinem Brustkorb gut ist. Wir hatten ziemlich nett miteinander geplaudert, sie war noch in Feierlaune, weil ihre Mannschaft heute Nachmittag Tschechien mit 2:0 besiegt hatte. Nun saßen wir beim Portugiesen auf schmalen Holzbänken und tranken Vino.

Alles war gut, bis sie das Pflaster auf meinem Brustkorb bemerkte, das unter meinem dünnen Hemd durchschimmerte. Dorthin klebe ich es, wenn ich Shirts mit kurzem Arm trage, um es einigermaßen zu verbergen. Das ging so lange gut, bis ich meine Arme zum Torjubel hochriss. Die Geschichte, die ich zur Erklärung auf Englisch daherholperte, überzeugte die strikte Nichtraucherin wenig. «Nikotin, Nikotin, you understand?» Ich glaube, sie hat mich am Schluss für einen Junkie gehalten. Jedenfalls verabschiedete sie sich relativ bald nach dem Schlusspfiff. Es bleibt dabei: Über die Nikotinersatztherapie lässt sich einfach kein Heldenlied singen.

Die Pflaster nerven mich schon länger. Vorgestern habe ich auf halber Strecke in die Redaktion umkehren müssen, da ich das morgendliche Kleberitual schlichtweg verschusselt hatte. Dadurch kam ich eine Viertelstunde zu spät. Doch ohne wollte ich den Tag auch noch nicht angehen.

Die Pflaster sind den sommerlichen Temperaturen nicht gewachsen. Wenn ich schwitze, lösen sie sich viel zu schnell ab und spenden nicht mehr das gewohnte Nikotin. Mehrfach habe ich in letzter Zeit ein zweites Pflaster nachkleben müssen. Das geht ganz schön ins Geld. Über 200 Euro habe ich inzwischen für Nikotinersatz hingeblättert.

So lange wie ich hat niemand, den ich kenne, an den Pflastern festgehalten. May-Britt hatte sich damit mal das Rauchen abgewöhnt und die kleinen Hilfsmittel nach zehn Tagen einfach vergessen, andere nutzten die Pflaster, um über die ersten Tage der Akutphase hinwegzukommen. Nur ich habe treu und brav durchgeklebt, dabei jedoch nicht die Stärke reduziert. Das Nikotin könnte ja «ausschleichen.»

Aber nun ist Schluss mit Nikotinersatz. Die tiefen Rauchgewohnheiten habe ich durchbrochen, nun wird es Zeit, an der zweiten Front aktiv zu werden. Zwei Pflaster sind noch in der Packung. Und dann, lieber Körper, ist ein für alle Mal Schluss mit Nikotin.

Freitag, 23. Juni, 19.23 Uhr

Christoph ist ein Anschleicher. Auf leisen Sohlen tapert er durch die Redaktion, bewegt sich lautlos über den blauen Veloursboden. Und steht dann auf einmal hinter einem. Manchmal riecht er nach Salamibrötchen, manchmal nach kaltem Rauch, dem immer noch unangefochtenen Spitzenreiter aller Missgerüche. Gerne fasst er einen dann auch noch an Arm oder Schulter, wenn er sich mal wieder Redezeit erkämpfen möchte. Ich könnte dann explodieren.

Heute tat ich es. «Hör endlich auf, mir ständig auf die Pelle zu rücken», pampte ich ihn an. «Wenn du nicht künftig mindestens einen Meter Abstand hältst, werden Dinge geschehen, die weder dir noch Gott gefallen dürften!» Dabei sprang ich vom Stuhl hoch, baute mich vor ihm auf und schaute ihm mit eisigem Blick in die erschrockenen Augen. Da ist er wieder, Aggro-Björn.

Mit Christoph gerate ich in den letzten Tagen häufiger aneinander. Vor allem weil er jeden Scheiß immer wieder endlos diskutieren muss. Gerade wenn es schnell gehen soll, nervt das beträchtlich. Ich habe ihm inzwischen den Spitznamen «Lost-the-Plot» verpasst. Der wahre Grund für meinen Wutausbruch ist ein anderer: Ich bin zum ersten Mal ohne Nikotinpflaster unterwegs. Entgegen meinem ursprünglichen Plan.

Heute Morgen hatte ich das vorletzte schon aus der Packung rausgeholt, hatte schon die Schere in der Hand, um es aus der Aluminiumhülle zu schneiden. Da entschied ich mich spontan dagegen. Also weg damit und raus aus der Haustür. Auf der Fahrt in die Redaktion war ich tatsächlich etwas aufgeregt. Wie würde der erste Tag ohne Chemo-Krückstock werden?

Durchwachsen. Das muss man so sagen. Ich habe recht häufig an Zigaretten gedacht. Häufiger als sonst zumindest. In akuter Rückfallgefahr war ich aber nicht. Ich habe eher das Gefühl, dass das Rauchverlangen dem Prinzip der self-fulfilling prophecy folgt: Ich weiß, ich bin ohne mein gewohntes Hilfsmittel unterwegs, daher bekomme ich den Schmachter. Ich glaube, so herum wird ein Schuh draus. Alles Kopfsache.

Meine Laune war wackelig. Positiv ausgedrückt, trat ich besonders forsch auf, der Rest des WM-Teams dürfte mich als gereizt, pampig, aggressiv wahrgenommen haben. Selbst mit Gernot lieferte ich mir ein Wortgefecht über Sinn oder Unsinn des Aufbaus unserer WM-Fotostrecken.

Ich war froh, als die Schicht endlich zu Ende war. Ich bin dann nochmal kurz zu Christoph hin. Mein kleiner Ausraster tat mir schon wieder leid. Er ist ja ein feiner Kerl, auch wenn ich böse über ihn schreibe. Und gestresst sind wir alle gerade, die viele Arbeit hinterlässt ihre Spuren. Auf meinen nett gemeinten Schulterklopfer zum Abschied reagierte er allerdings kaum. Ich glaube, er war immer noch ziemlich geschockt. Aber Nikotinmangel ist eben auch kein Spaß.

Samstag, 24. Juni, 18.10 Uhr
So langsam mausern wir uns zum WM-Favoriten. Was Poldi, Klose und Co. heute mit den Schweden angestellt haben, war schon beeindruckend. Nach dem frühen 2:0 hat Mami angerufen und gejubelt. Für

sie als Dänin sind Siege über Schweden immer etwas ganz Besonderes – selbst wenn es «nur» wir Deutschen sind, die dem skandinavischen Erzrivalen einen mitgeben.

Geschaut habe ich das Spiel mit Christopher, Lars und ein paar anderen Kollegen in einem Hinterhof-Café in Ottensen. Nicht die beste Idee, vom ganz großen Jubel in der Stadt bekamen wir kaum etwas mit.

Für mich galt das leider auch für Teile des Spiels, dafür liebäugelte ich zu häufig mit den Zigaretten in der Hand von Lars, der direkt neben mir auf der rustikalen Holzbank saß. Schmachter! Aber hallo! So langsam scheint mein Körper bemerkt zu haben, dass ihm irgendetwas fehlt.

Die anderen sind nach dem Spiel noch in Richtung Reeperbahn weitergezogen. Mich hat es auch richtig gejuckt. Überall feiernde Leute, hupende Autos, ausgelassene Stimmung. Aber ich bin vernünftig geblieben und habe mich auf den Weg nach Hause gemacht.

Klingt nach Spaßbremse, ist aber die richtige Entscheidung. Die Ruhe tut mir gut. Ich glaube, wenn ich gefeiert und mehr als meine drei Bier getrunken hätte, wäre der Rückfall so sicher gewesen wie der Umstand, dass Deutschland am 9. Juli Weltmeister wird.

Sonntag, 25. Juni, 19.12 Uhr

Jeder Ex-Raucher hält die Methode, mit der er oder sie sich das Rauchen abgewöhnt hat, für die beste. Das ist nun mal so. Viele (von den wenigen, die es ohne Hilfsmittel geschafft haben) schwören darauf: «Nur der kalte Entzug führt zum Ziel.» Eine Leserin, von Hypnose überzeugt, schrieb schon ein paarmal unter das Tagebuch, dass der therapeutische Dämmerschlaf der entspannteste Weg zum Nichtrauchen sei. Ich selbst bin da auch nicht anders. Auf Nachfrage empfehle ich mit Verve die Pflaster.

Die mit Abstand überzeugtesten, nervigsten, penetrantesten Ex-Raucher sind aber die Jünger von Allen Carr. Sie stehen ihrem Meister in puncto Sendungsbewusstsein in nichts nach. Nimmermüde lobpreisen sie unter dem Tagebuch den «Easyway», nur dieser sei das Ende aller Nikotinprobleme. Manchmal glaube ich, dass die Marketing-Abteilung des Carr-Imperiums die Leserkommentare als kostenlose Werbeplattform nutzt.

Viele schreiben nur kurz und im Imperativ: «Lies endlich Allen Carr!», so als würde ich als erfolgreicher (!) Ex-Raucher sofort gesenkten Hauptes in den Buchladen laufen und das Carr'sche Konto um ein paar Euro aufstocken. Andere nehmen sich etwas mehr Zeit, aber auch da nervt der ach so fürsorgliche Tonfall:

Hallo, Björn,
ich weiß nicht, wie viele Stunden Du bereits mit dem Schreiben dieses Tagebuchs, geschweige denn mit dem Kampf gegen die Nikotinsucht verbracht hast, aber es wird eine ganze Menge Aufwand gewesen sein, verglichen mit dem Lesen des Buches «Endlich Nichtraucher!» von Allen Carr. Das schafft man locker an einem Nachmittag.
Auf die Gefahr hin, dass ich nerve, schreibe ich diesen Rat nun schon zum 3. oder 4. Mal, weil ich davon ausgehe, dass Du entweder meinen Hinweis noch nie gelesen hast oder nicht daran denkst, ihn zu befolgen. Du bist aber genau der richtige Kandidat für dieses geniale Buch, und ich bin mir sicher, dass Du eine Menge daraus ziehen kannst.
Ich habe vor acht Jahren mit Hilfe dieses Buches mit dem Rauchen aufgehört und weder zugenommen noch Angst vor einem Rückfall gehabt. Auch heute kann ich mich immer noch darüber freuen, «es» geschafft zu haben, und ich freue mich über jeden Raucher, der zum Nichtraucher wird.
[…] Es ist eine tolle Erfahrung, die einem auch in anderen Lebensbereichen viel bringt, und es ist lange nicht so schwer, wie man es vorher befürchtet. Wie

sagt man? Alles ist schwer, bevor es leicht wird.
Gruß an alle willigen Raucher! Holt Euch das Buch, es
ist wirklich toll.

Nein, keine Gefahr, dass er nervt. Woher denn auch? Glauben er und
die anderen allen Ernstes, dass ich mich noch nie mit Allen Carr befasst
habe? Wenn man sich auf den Rauchstopp vorbereitet, ist es völlig unmöglich, an dem Nichtraucherpapst vorbeizukommen. Zwei-, dreimal
habe ich es bereits vorsichtig anklingen lassen, dass mir «DAS BUCH»
nicht geholfen hat, doch das scheint nicht zu reichen. Daher widme ich
Herrn Carr diesmal einen kompletten Eintrag. Und zuvörderst schreibe
ich da rein, was ich von dieser Scheiß-Missionsattitüde halte!

Dienstag, 27. Juni, 18.39 Uhr

«Gernot hat nach dir gefragt und will nach seinem Meeting unbedingt
mit dir reden», sagte mir Kultur-Carsten, als ich vom Mittagessen aus
der Kantine zurück in die Redaktion kam. «Was hat der denn? Ich habe
ihn noch nie so böse erlebt. Er murmelte etwas davon, dass er dich
feuern will.»

Autsch! Was? Nach dieser bösen Kunde war ich erst mal fertig mit
der Welt. Ich ließ mich bedröppelt auf meinen Stuhl fallen und starrte
auf den Bildschirm.

Natürlich wusste ich, worum es ging. Heute Morgen hatten wir uns
in die Haare bekommen. Per Telefon stauchte mich Gernot zusammen,
weil seiner Ansicht nach zu wenig Bewegung auf der Seite ist. Eine
ähnliche Diskussion hatten wir schon gestern. Diesmal wollte ich das
nicht auf mir sitzenlassen und schrieb eine Mecker-Mail an ihn und
den zweiten Ressortchef Klaus, dass wir «uns gern darüber unterhalten
können, was im Frühdienst konkret zu leisten ist und was nicht». Beleidigter Tonfall, viel zu scharf fomuliert.

Keiner von beiden hatte bisher geantwortet. Ich war verdammt nervös, als ich an meinem Platz saß und auf Gernot wartete. Mein Puls war
am Anschlag, jedes Mal, wenn die schwere Eingangstür aufging, fuhr

ich blitzartig herum. Fast eine Stunde lang ging das so. Das Warten war die Hölle.

Eine Zigarette. Der Gedanke schoss mir durch den Kopf. Und blieb. Es erschien mir folgerichtig zu sein: Die Kippe versprach Linderung, ein paar Züge gegen die Angst vor dem, was kommen würde. Es war ja eh alles egal geworden. Ich würde gleich mein Todesurteil als WM-Reporter erhalten, über weitere Aufträge, später als freier Journalist, würde ich mir keine Gedanken mehr machen müssen.

Ein paarmal war ich innerlich so weit, aufzustehen, runter zum Kiosk zu laufen und mir eine Schachtel zu kaufen. Dann würde ich einfach die Hafenkante entlangschlendern und rauchen. Der Plan war konkret, in meinem Kopf mehrfach durchgeführt. Mir war auch gar nicht so wichtig, ob mich dabei einer der Kollegen sehen würde. Ich wollte einfach nur die Situation beenden, das Dasitzen und Warten auf das Unvermeidliche.

Dann kam Gernot.

Er bat mich zum Gespräch in den Besprechungsraum im Hochparterre. Auf dem Weg die Treppen runter malte ich mir aus, wie ich direkt nach meiner Kündigung eine rauchen gehe. Doch so weit kam es nicht.

Gernot hatte sich längst beruhigt. Wir sprachen ernst und sehr sachlich. Ich machte ihm deutlich, wie hoch der Arbeitsaufwand in der Früh ist, er betonte, dass er dennoch mehr Artikel auf der Seite sehen möchte. Wir beendeten das Gespräch mit einer Art Kompromiss. Von einer Kündigung war zu keiner Zeit die Rede.

Die Heftigkeit der Suchtattacke habe ich noch nicht verdaut. Dafür bin ich zumindest gedanklich zu weit gegangen. Ich hatte mir die Zigarette in dieser Ausnahmesituation bereits erlaubt. Und ich hätte sie auch geraucht, da bin ich mir sicher.

Mittwoch, 28. Juni, 15.15 Uhr

«Hallo, Herr Erichsen, wie geht es Ihnen?» Die Stimme, die da aus meinem Handy kam, erkannte ich nicht gleich. Als ich es tat, erschrak ich: Es war Frau Günther. Aus irgendeinem Grund sah ich mich genötigt, mich zu rechtfertigen. Wortreich erklärte ich ihr, dass ich derzeit viel Stress habe und daher nicht mehr zu ihrer Therapiestunde kommen könne. Und auch, dass es mir leidtue, mich noch nicht mal abgemeldet zu haben. Echt irre, dabei bin ich ihr wahrlich keine Rechenschaft schuldig.

Ein Einzelfall bin ich ohnehin nicht. Die Beteiligung an der Mittwochssitzung sei seit WM-Beginn stark rückläufig, erzählte sie mir. Rauchertherapie und Fußballfeste scheinen nicht so recht zusammenzupassen. Sie rief dann auch nur an, um mir mitzuteilen, dass die Sitzung heute verschoben werden würde. Irgendwann Mitte Juli sollten wir noch ein letztes Mal zusammenkommen. Ich bedankte mich artig für die Information. Und verschwieg selbstredend, dass ich eh nicht vorgehabt hatte, heute Abend bei ihr aufzuschlagen.

Bei meiner Frage, wie es denn so um die Erfolge der anderen bestellt sei, zögerte sie zunächst. Dann schwadronierte sie etwas von «guten Fortschritten». Eine solche Formulierung benutzen PR-Leute immer, wenn man von der Lösung eines Problems noch recht weit entfernt ist. Ich machte mir den Spaß und bohrte nach. Und tatsächlich: Rauchfrei ist noch kein Einziger dort – von der Luftzigarettenfrau mal abgesehen. Die schmaucht immer noch abends in der Küche blankes A5-Papier, geht aber weiterhin zur Therapie.

Ich kann mir die Szenerie dort gut vorstellen: durchschnittlich motivierte Entwöhnungswillige im WM-Fieber, die sich einen Mentalringkampf mit der ewig positiven Frau Günther («Es ist leichter, als Sie denken!») liefern. Zu dem Termin im Juli gehe ich in jedem Fall. Aus purer Neugier.

22.23 Uhr
Auf den bösen Tagebucheintrag zum Thema Allen Carr hatte ich einen Aufschrei erwartet. Ich dachte, dass mir all seine Hardcore-Fans per Leserkommentar kräftig die Leviten lesen würden. Doch von den eifrigen «Lies-endlich-das-Buch!»-Schreibern meldete sich nicht ein einziger zu Wort.

Die Reaktionen liefen eher in die entgegengesetzte Richtung: «Endlich spricht das mal jemand aus, mir ist es beim Lesen ganz genauso gegangen», schrieb einer. «Solch ideologisch überladene Bücher braucht es nicht», fand ein anderer. Mich hat das überrascht, weil es deutlich von all dem abweicht, was man ansonsten über Carr hört oder liest.

Es gab natürlich auch andere Einträge, so wie den hier:

```
Lieber Autor,
natürlich benutzt Allen Carr eine stark pathetische
Sprache. Aber das ist so gewollt, denn nur durch
ständiges Wiederholen, ja fast «sektenmäßiges» Nach-
beten seiner Wahrheiten kommt man eben gegen die
ständige Unterwanderung durch die Tabakindustrie in
Werbung, Film, Fernsehen an. Der Duft von Freiheit,
den man an jeder Litfaßsäule liest und der sich in den
Kopf brennt, muss durch die ebenso stereotypen Aus-
sagen eben wieder aus dem Datenprogramm unseres Ge-
hirns gelöscht werden. Ich habe selber mit Allen Carr
aufgehört, und ich habe mich als kritischer Mensch
schon etwas zwingen müssen, hier zu folgen. Aber im
Grunde wusste ich, dass er recht hat. Sein Buch ver-
sucht eben, gegen die Gehirnwäsche vorzugehen, die
wir schon als Jugendliche im Kinosessel von den Marl-
boro-Reitern verpasst bekommen haben. Also, wer noch
raucht, versucht es ruhig mit Allen Carr - nicht für
alle, aber für viele ein guter Weg.
```

Nun ja. Der These von der Manipulation durch Medien kann ich persönlich nicht sonderlich viel abgewinnen. Werbung ist mir scheißegal, und der Marlboro-Mann war sicher nicht der Grund dafür, dass ich mit dem Rauchen angefangen habe. Gleich von «Gehirnwäsche» zu sprechen ist maßlos übertrieben, wir reden hier schließlich nicht über Kubricks «Clockwork Orange».

Zumindest argumentiert der Leser insgesamt noch einigermaßen sachlich. Letztendlich muss man es ja pragmatisch sehen: besser das Buch lesen als sich gar nicht vorbereiten. Und für diejenigen, die es damit schaffen, hat sich die Übung halt gelohnt. So einfach ist das.

Donnerstag, 29. Juni, 17.31 Uhr

Diät-Tipps von Gernot – stilecht kredenzt bei einem dicken Knacker an einer Bratwurstbude am Hafen. Zwischenzeitlich hatte er Senf am Kinn kleben, den er per Serviette noch großzügig verteilte. Ich musste an Loriot und seine Nudel denken. Echt grandios.

Nach dem Zoff am Dienstag hat er mich heute noch während der Schicht auf einen Happen zu essen eingeladen. Einfach nur plaudern als kleines Zeichen, dass alles wieder in Ordnung ist. Wir haben uns ja schließlich immer gut verstanden.

Auch auf das Thema Diät kamen wir ganz zufällig zu sprechen. Gernot hat im letzten halben Jahr rund zwölf Kilogramm abgenommen. Er war vorher nicht dick, maximal wohlgenährt. Als ich ihn im Mai zum ersten Mal wieder sah, hätte ich ihn kaum erkannt. Das Gesicht war für meinen Geschmack fast einen Tick zu hager. Aber er sagt, er fühle sich besser. Außerdem sei es vorausschauend, jenseits der 40 ist abnehmen nochmal schwerer als in jüngeren Jahren.

Sein Erfolgsrezept: eiserne Disziplin. Wann immer es ging, stand er in den letzten Monaten auf dem Crosstrainer, zwang sich sogar noch kurz vor dem Schlafengehen auf die eigens angeschaffte Fitnessmaschine. Vom abendlichen Redaktionsgrillen mal abgesehen, knabbert er im Büro ausschließlich Knäckebrot. Kohlenhydrate vermeidet er, wo er kann.

Anders wird es bei mir auch nicht laufen können, will ich wirklich Gewicht verlieren. Von der großen Balance, die Peter Lindinger in «Nichtrauchen und trotzdem schlank» prophezeit, bemerke ich noch nichts. Das Körpergefühl hat sich nach dem Rauchstopp unzweifelhaft verbessert. Dass ich dies jedoch für den Start in ein neues, ausgeglicheneres und vor allem gesünderes Leben hätte nutzen können, ist der Teil der Theorie, die bei mir nicht funktioniert. Vielleicht bekommen

Beamte, Hausfrauen oder Nichtrauchercoaches so etwas besser hin. Für Menschen mit viel Ehrgeiz und einem anstrengenden Job ist das dagegen nicht so einfach zu haben!

Ich esse weiterhin tendenziell zu viel und zu ungesund. Mit dem Kampf gegen den Schmachter hat das schon lange nichts mehr zu tun. Das Essen ist vielmehr Mittel gegen den Stress geworden. In der Kantine entscheide ich mich in hübscher Regelmäßigkeit für die falschen, sprich die kalorienhaltigsten aller Gerichte. Letztendlich nur eine Belohnung für die viele Arbeit. Früher habe ich geraucht, um harte Zeiten durchzuhalten – und jetzt wird halt gemampft, was das Zeug hält. Ich habe ja nichts anderes mehr, was ich dem Stress entgegensetzen könnte. Sport fällt durch die Arbeit und die allabendlichen Fußballpartys ohnehin flach, und an großartige Ruhe ist nicht zu denken.

Was ich hinsichtlich meiner Ernährung tatsächlich brauche, ist eine nachhaltige Verhaltensänderung. Mit der Reduktionsmethode – einfach mal weniger essen, mal einen Apfel etc. – ist auch hier kein Staat zu machen. Letztendlich muss es laufen wie beim Rauchstopp. Nur wenn ich die gleiche Disziplin und Entschlossenheit an den Tag lege, werde ich auch etwas gegen die zusätzlichen Kilos ausrichten können. Das bedeutet nochmal einen Kampf.

Samstag, 1. Juli, 17.20 Uhr
«Halbfinale, Halbfinale, wir ziehen wieder ein in das Halbfinale.» Lauthals schmetterte ich meine Freude über den Sieg unserer Mannschaft gegen Argentinien heraus. Manchmal klingt es tatsächlich ein bisschen wie Michael Holms «Mendocino». Es war ein unglaubliches Spiel. Ein historischer Sieg. Reine Nervensache. Erst totale Anspannung, dann blitzartige Entladung, grenzenloser Jubel. Ein Fußball-Orgasmus!

Das Spiel schaute ich mir nach Schichtende mit den anderen in der Redaktion an. Dabei nuckelte ich ein Bierchen nach dem anderen weg. Anders war die Spannung gar nicht auszuhalten, als Jens Lehmann immer wieder auf seinen Spickzettel schaute und Olli Kahn ihm Mut zusprach.

Nach Schlusspfiff ging es mit Niels, Carsten, Mark und noch ein paar anderen weiter durch die feiernde Stadt. Auf der Reeperbahn spielten sich unglaubliche Szenen ab. Menschenmassen lagen sich in den Armen, tanzten und sangen. Vor lauter Bier- und Sektflaschen auf der Straße konnte man kaum einen Fuß vor den anderen setzen. Es herrschte absoluter Ausnahmezustand, ganz Hamburg schien bei herrlichem Wetter ein spontanes Volksfest zu feiern. Es war ein perfekter Abend. Alles-ist-möglich-Stimmung wehte durch die Straßen.

Dem bemühten Nichtraucher eröffnet sich dadurch ein gewisser Spielraum.

Auf dem Heiligengeistfeld angekommen, nutzte ich den gedanklich voll aus. Als ich am Barbecue-Grill meiner australischen Freunde auf die obligatorische süß-saure Frikadelle wartete, beschäftigte ich mich bereits intensiv mit der Frage, ob zur Feier des Tages nicht eine Zigarette angemessen sei. Der Sieg war glorreich gewesen, die Zigarette danach würde es nicht weniger sein. Meine ganz persönliche Trophäe. Nur eine Ausnahme, an einem Abend, an dem Regeln nichts mehr galten.

Die nächsten 30 Minuten verbrachte ich wie in Trance. In meinem Kopf pochte es, die Gespräche der anderen nahm ich nicht mehr wahr. Allerdings war ich auch schon ziemlich betrunken. Ich starrte dumpf auf die Großbildleinwand, den Sieg der Italiener bekam ich nur am Rande mit. Es ging nur noch um eine Frage: Soll ich, oder soll ich nicht?

«Björn, willst du eine Zigarette?», fragte mich Mark plötzlich, als hätte ich meinen Schmachter nach außen weithin sichtbar ausgestrahlt. Doch er hatte bloß vergessen, dass ich nicht mehr rauche. Ich fühlte mich ertappt. Und reagierte mit einer Art Fluchtreflex, lehnte scharf ab. Kein fröhlich geflötetes «Nein danke», so wie sonst. Pure Notwehr, kein bisschen souverän.

Bald darauf bin ich nach Hause. Den Suff habe ich heute Morgen um sieben bitter bereut. Mir brummte der Schädel. Das Letzte, was ich im Sinn hatte, war eine Zigarette, von der spontanen Gier war nur noch ein dunkler Schatten geblieben.

Sonntag, 2. Juli, 17.46 Uhr

Das Wasserflugzeug ist abgestürzt. Drüben, auf der anderen Elbseite. Ich weiß nicht, wie oft ich den lauten, knatternden Motor schon gehört habe, wenn ich bei *stern.de* war und der Pilot keine 200 Meter Luftlinie entfernt zum Rundflug ansetzte. Erst gestern habe ich die Maschine noch landen sehen.

Ich erschrak, als auf einmal die Eilmeldung im Nachrichtenticker aufpoppte. Vom Fenster aus konnten wir das Blaulicht von Polizei und Krankenwagen sehen. Ich habe mir sofort die Kamera geschnappt und bin rausgelaufen, obwohl es ja gar nicht mein Aufgabengebiet ist. Aber bei so etwas bleibe ich nicht sitzen und warte auf weitere Informationen von den Agenturen.

Die Stimmung am Hafen war gespenstisch. Überall Polizei, ein Rudel von Journalisten war auch schon da. Die Sonne brannte auf das Straßenpflaster vor der Hafenbaracke, tauchte die Szenerie in ein hartes Licht. Der Pressesprecher der Feuerwehr, kalkweiß im Gesicht, versorgte uns mit den spärlichen Informationen, die er hatte. Vier Tote, darunter ein zwölfjähriger Junge.

Die junge Reporterin von RTL rauchte Kette. Ich hätte sie fast nach einer Zigarette gefragt. Auf dem Rückweg sprang mir das Schild «Rauchwaren» über dem kleinen Hafenkiosk ins Auge. Aber ich ging dann vorbei.

Ich war den ganzen Tag mies drauf. Als Christoph gegen 15.00 Uhr in die Redaktion schlenderte, dauerte es keine fünf Minuten, bis wir uns in den Haaren hatten. Es gab keinen echten Grund, einfach nur so. Danach schwiegen wir die meiste Zeit.

Als er sich am Arbeitsplatz eine Kippe anzündete, war das meine Chance, ihm einen mitzugeben. Der Qualm zog in meine Richtung. «Was soll der Scheiß, machst du das mit Absicht? Kannst du nicht mal ein bisschen Rücksicht nehmen?», giftete ich ihn an. Ausgerechnet ihn, den Bemühten.

Zum ersten Mal, seit ich denken kann, habe ich mich ernsthaft über einen Raucher in meiner Nähe beschwert. Habe mein Recht auf qualmfreie Luft eingefordert. Ich habe das früher gehasst, wenn Nichtraucher mir auf diese Weise kamen. Niemals wollte ich das so machen. Doch heute habe ich zum ersten Mal die moralische Macht des Nichtrauchers missbraucht.

Christoph setzte sich danach ans Fenster und blies den blauen Dunst hinaus.

Montag, 3. Juli, 20.12 Uhr

Hallo, Björn,
erst einmal auch von mir einen Glückwunsch zum bisher Erreichten. Mal ein kleiner Tipp zur WM-Sieges-
fluppe. Man kann Pfeifen und Zigarren PAFFEN!!! Also
nicht auf Lunge. Das mache ich recht regelmäßig, und
ich rauche seit dem 6.3.97 nicht mehr.

Hmm. Paffen. Gilt das schon als Rückfall?

Dienstag, 4. Juli, 19.10 Uhr

Den Tag über knisterte es geradezu vor Spannung. Deutschland gegen Italien, der Sieger steht im Finale. Auf der *stern.de*-Seite haben wir einen kleinen Ideenwettbewerb veranstaltet: «Wie ärgern wir die Italiener?», fragten wir unsere Leser. Und die haben reichlich geantwortet. Keine Bösartigkeiten, nur so kleine Sticheleien. Hier meine persönliche Top-3-Liste der eingegangenen Vorschläge:

1. Der Papst verlegt seinen Hauptsitz nach Deutschland.
2. Olli Kahn wird als Feldspieler eingesetzt.
3. Robert Hoyzer wird Schiri-Obmann in Italien.

Für heute Abend haben wir eine gute Truppe beisammen, Denise, Adrian, Niels, Sven und noch ein paar andere sind dabei. Es zählt nur eine Farbkombi: Schwarz-Rot-Gold. Denise hat entsprechende Blu-menkränze und Schminke besorgt, Adrian hat sich sogar einen großen

Deutschland-Finger gekauft. So, ab zum Spiel. Freue mich schon aufs Siegespaffen.

19.13 Uhr
Huch! Das soll natürlich Siegesparty heißen. Freud'sche Fehlleistung?

Mittwoch, 5. Juli, 0.17 Uhr
Was bleibt, ist ein großer, stiller Trauerkloß in Schwarz-Rot-Gold. In der Stadt ist es geradezu unheimlich leise, Kolonnen von Menschen schleichen mit gesenkten Häuptern von dannen. Hin und wieder hört man hupende Italiener. Die drehen natürlich jetzt durch. Diese dummen zwei Tore kurz vor dem Elfmeterschießen! Da hätten wir die Azzurri weggeputzt, keine Frage.

«Nicht schwach werden!», rief mir Denise beim Abschied auf der Fruchtallee zu und meinte natürlich Zigaretten. Konnte sie Gedanken lesen? Nachdem jede Möglichkeit auf eine gepaffte Siegeszigarette verpufft war, kreisten meine Ambitionen um das Gegenteil: die Kippe aus Frust. Auch irgendwie legitim, findet nämlich das wankelmütige Hirn des Ex-Rauchers.

Auf dem Weg nach Hause hielt ich an der Tanke an. Dort blieb mir noch ein wenig Zeit, über die eigentlich verbotene Option nachzugrübeln, die schwarz-rot-goldene Schlange vor dem Nachtschalter hatte eine beachtliche Länge. Als ich endlich dran war, kaufte ich mir zwei Tafeln Schokolade. Und so ist es immerhin ein kleiner Sieg heute Abend!

18.43 Uhr
Das ganze Land steht unter Schock. Alle sind traurig über das Ausscheiden, aber wir Deutschen präsentieren uns als angenehm faire Verlierer. Großartige WM-Gastgeber sind wir ja ohnehin. Sollte der Abschied von den Titelträumen ebenfalls nach den fünf Phasen der Trauer ab-

laufen, so bin ich nun bei «Verleugnung» angekommen: Ich feiere einfach weiter!

Gleich treffe ich mich mit Niels und den beiden aus dem Kulturressort bei Gruner + Jahr, um das zweite Halbfinale zu schauen. Ich hoffe, dass es die Franzosen machen, allein schon wegen Zidane. Jetzt, wo wir raus sind, soll er gefälligst zum Abschluss seiner Karriere nochmal Weltmeister werden.

Ich bin stolz darauf, dass ich die Kippe gestern Abend nicht geraucht habe! Heute werde ich das auch nicht tun!

Donnerstag, 6. Juli, 19.03 Uhr

Tiefschwarze Wolken türmen sich über Hamburg. Immer wieder durchzogen von einem Geäst heller Blitze. Der Donner, der eben noch dumpf in der Ferne grollte, kommt schnell näher. Ich liebe es, bei offenem Fenster einem Gewitter zuzuschauen. Ein krachender Abschluss für einen ganz, ganz schlimmen Tag. Es war schwül, hohe Luftfeuchtigkeit. Der Schweiß rann an mir herunter wie aus einem undichten Eimer.

Gestern Abend ist es spät geworden. Wir haben großartig im Portugiesenviertel gefeiert, dann war ich mit Carsten noch so lange in der Sofabar, bis auch die abgehärtetste Schanzen-Kellnerin auf unser laut geschmettertes «Du hast die Haare schön» nicht mehr reagierte. Heute Morgen ging es mir entsprechend. Ein Tag wie in Trance.

Letztendlich nur das Sahnehäubchen auf eine wenig witzige Woche. Die ständigen Suchtattacken machen mir langsam Sorgen. Am Anfang konnte ich es noch auf das fehlende Nikotin schieben. Gott sei Dank bin ich die Pflaster endlich los. Aber das allein ist es nicht. Ich fühle mich sicher – und das macht mich wieder mal leichtsinnig. Die Flirts mit diversen Siegeszigaretten waren riskant und entsprangen dieser Haltung. Kontrolle. Ich brauche mehr Kontrolle!

Gollum – ja, den gibt es noch – sucht sich exakt solche Ausnahmemomente für sein Muskelspiel aus. Er hat viel Geduld. Und überrascht mich mit heftigen Attacken. Ich dachte, ich wäre schon weiter.

Zugegeben, mein Gesamtzustand ist einigermaßen desolat. Ich fühle mich ausgebrannt von der vielen Arbeit und den ganzen Feiern, krieche nur noch auf dem Zahnfleisch durch die letzten WM-Tage. Heute habe ich erfahren, dass ich auch noch am Sonntag ran soll. Eigentlich wollte ich mindestens einen Tag freihaben, bevor es am Montag wieder zur Nordwohn AG geht. Aber daraus wird nichts, Klaus besteht darauf, dass wir in voller Mannschaftsstärke antreten.

Seit das Gewitter durchgezogen ist, sind die Temperaturen runtergegangen. Endlich wieder Luft, die man atmen kann. Ich brauche auch so ein reinigendes Gewitter.

Montag, 10. Juli, 2.07 Uhr

Warum hat er das bloß getan? Mir sitzt der Schock noch in den Knochen. Da rammt der Zidane in dem letzten Spiel seiner Laufbahn diesem schleimigen Materazzi seinen Kopf in den Bauch – und fliegt vom Platz. Diese Szene war so dermaßen unwirklich, dass ich es immer noch nicht ganz begriffen habe.

Christoph hat genauso blöd geguckt. Es war aber eines der wenigen Male, dass wir miteinander gesprochen haben, vorher immer nur das dienstlich Notwendige. Ich bringe keine Kraft mehr auf, freundlich zu ihm zu sein.

Nachmittags musste ich das nächste Online-Tagebuch schreiben, das morgen auf die Seite soll. Mir fiel überhaupt nichts ein. Als ich den ersten Entwurf durchlas, bemerkte ich, dass ich den Hinweis darauf, wie schlecht es mir geht, dreimal in abgewandelter Form drin hatte. Ansonsten lautet der Tenor: «Irgendwie durchhalten».

Tolle Botschaft für den Leser. Fertig geworden bin ich auch nicht, ich werde morgen früh noch Hand anlegen müssen.

Mir ist beim Schreiben heute ein Bild in den Sinn gekommen, an das ich schon lange nicht mehr gedacht habe: Das Nicht-mehr-Rauchen als Hürdenlauf. Einer, «bei dem die Hürden immer weiter auseinanderliegen und niedriger werden; die Attacken werden leichter, kürzer und seltener». Ich fand das Bild anfangs großartig. Leider stimmt es nicht. Es suggeriert nämlich permanenten Fortschritt und blendet die Wellenbewegungen aus. Die Hürden sind derzeit riesig und stehen viel zu dicht beieinander. Ich weiß nicht, ob ich die nächste schaffe.

In nicht mal sechs Stunden muss ich aufstehen, eine Stunde später wieder am Schreibtisch bei der Nordwohn AG sitzen. Das will ich mir noch nicht mal vorstellen. Ich wünschte, Christoph wäre hier. Dann könnte ich ihm meinen Kopf in den Bauch rammen.

17.45 Uhr

Zurück in der Wohnungswirtschaft. Übermüdet, unmotiviert, urlaubsreif. Nach der farbenfrohen WM und der Arbeit bei *stern.de* glich der Tag einer Rückkehr in eine längst vergessene Parallelwelt. «Sie sehen gut genährt aus», meinte Cheffe nur zur Begrüßung und ließ meine kleinen Augen mit den tiefen Ringen darunter unkommentiert.

Physisch war ich anwesend, mehr aber auch nicht. Als mich nach der Mittagspause ein Kollege aus der Rechtsabteilung auf dem Flur fröhlich fragte, ob ich mich in meinem Urlaub denn auch gut erholt hätte, wäre ich ihm fast an die Gurgel gegangen.

Das Tagebuch fertig zu schreiben war ein Kraftakt. Die letzten Pinselstriche habe ich fünf Minuten vor Veröffentlichung getätigt. So liest es sich auch. Ziemlich wehleidig. Die Quittung kam prompt:

```
Wenn ich das so lese, bin ich als ehemaliger Vielrau-
cher der Meinung, Du schaffst es nie! Das ist ja ein
Gejammere wie von einer alten Frau. Du kannst froh
sein, dass es nur die Lungentorpedos sind, die Dich
umtreiben. Geh doch mal in eine Suchtklinik, aber
höre auf, Deine Umwelt zu nerven.
```

Na danke! Das sind genau die Kommentare, die ich momentan brauche. Aber auf die Mitleidstour hat natürlich niemand Bock. Schon gar nicht, nachdem während der WM kollektiv beschlossen wurde, dass die Zeit des ewigen Gejammers in Deutschland nun vorüber ist. Ich brauche jetzt erst mal eine Pause.

Phoenix aus der Asche

Freitag, 14. Juli, 16.32 Uhr

Ruhe. Irgendwie auch der Tenor der Geschichte, die mir Hauke, einer unserer Fotografen, heute auf einem Shooting erzählte, für das ich ihn gebucht hatte. Er gehört zu den Leuten, die sich im Jahr 2000 mit der Raucherpille «Zyban» die Nikotinsucht austreiben wollten. Angeblich ein Wundermittel: kein Rauchverlangen, keine Entzugserscheinungen. Die üblichen Versprechungen.

«Ich hatte tatsächlich keinerlei Schmachter, nachdem ich das Zyban genommen hatte», sagte er. «Allerdings waren die Nebenwirkungen kein Spaß. Mir war übel und schwindelig, vor allem war mein Mund durchgehend trocken, egal, wie viel ich getrunken hatte.» Als ihm zu Ohren kam, dass in England 40 Menschen nach Einnahme der Pille gestorben waren, setzte er sie fix wieder ab – und blieb nach ein paar rumpeligen Wochen rauchfrei bis zum heutigen Tag.

Der in Zyban enthaltene Wirkstoff Bupropion wurde ursprünglich als Antidepressivum eingesetzt. Eher zufällig stellte sich heraus, dass die Pille auch die Lust auf Zigaretten nimmt. Der Grund: Bupropion hält die Konzentration der beiden Botenstoffe Noradrenalin und vor allem mein geliebtes Dopamin konstant. Dem körperlichen Entzug nimmt das den Schrecken. Aber es macht natürlich nur den halben Nichtraucher aus – der Kopf muss genauso mitspielen. Und die Nebenwirkungen muss man eben auch ertragen.

Die Berichte über die Todesfälle damals waren allerdings nur das Produkt miserabler journalistischer Recherche. In der Statistik, die den Meldungen zugrunde lag, werden sämtliche Personen aufgeführt, die Zyban eingenommen haben und verstorben sind. UND, nicht WEIL. Es fehlt der Kausalzusammenhang: Wer die Pille intus hatte und vom Blitz erschlagen wurde, fiel genauso in die Statistik.

Auf den Gedanken, per Raucherpille oder einen anderen Tranquilizer gegen meine Nikotinprobleme vorzugehen, wäre ich nicht gekommen. Ich bin medikamentenscheu, dem Lockruf der Pharmaindustrie erliege ich auch bei Grippe oder Ähnlichem nur selten. Die Nikotinpflaster waren für mich schon das höchste der Gefühle.

Das geht allerdings nicht jedem so: Vor ein paar Tagen gab ein Leser die Empfehlung, den Rauchstopp mit Valium zu versuchen. Er selbst habe sich mit zehn Milligramm täglich sediert und sich damit durch die ersten harten Tage der Entwöhnung gedämmert. Kein Kampf, kein Craving, das Schlafwagen-Ticket zur Nichtraucherei sozusagen.

Riskanter Ansatz. Die Wahrscheinlichkeit, nach ein paar Tagen Einnahme von Valium abhängig zu werden, ist sicher gering – aber auch nicht gänzlich auszuschließen. Vor allem sinkt dadurch die Hemmschwelle, beim nächsten Lebensproblem wieder auf den chemischen Trostspender zurückzugreifen. Nicht ohne Grund gilt Valium als beliebtes «Alltagsdoping».

Samstag, 15. Juli, 20.17 Uhr

Ich bin endlich Kaifu-Mitglied! Gestern habe ich mich entschlossen, beizutreten. Zwar ist das WM-Geld noch nicht auf dem Konto, aber planen lässt sich natürlich schon damit. Den ersten Mitgliedsbeitrag habe ich inzwischen allein durch das Weglassen der Nikotinpflaster locker eingespart, fast 80 Euro. Nun heißt es also völlig legal schwimmen, saunen, Wellness. Eine Investition in Dolce Vita.

Sport und Schlafen, mein derzeitiges Rezept gegen den mentalen Durchhänger. Beim Schwimmen habe ich es natürlich übertrieben. Vollgas, statt langsam wieder anzufangen. Das rächt sich nun mit einem heftigen Muskelkater. Dennoch ist es schön, meine Muskeln überhaupt wieder zu spüren.

Der Blick auf die Waage war allerdings ein Schock. Ich habe während der WM nochmal zugelegt. 91,7 Kilogramm. Lebenshöchstgewicht! Nimmt das denn gar kein Ende?

Mittwoch, 19. Juli, 22.21 Uhr

Ich habe ein Date. Ein Blind Date, um genau zu sein. Anja, Chatbekanntschaft bei finya. Unser Gespräch war schnell über die üblichen Online-Floskeln hinausgegangen. Gott, die Welt und vor allem Kunst – ein Thema, das mich demnächst eh beschäftigen wird. Endlich mal wieder eine Frau, die Spaß macht. Sie ist kreativ, witzig und spontan. Studentin der Theaterwissenschaft im 11. Semester. Auf ihrem Foto sieht sie aus wie die junge Brigitte Bardot. Zumindest ein bisschen.

Für Freitag, Punkt acht Uhr, haben wir uns verabredet an einem ungewöhnlichen Ort: das Becken der Kaifu-Lodge. Das ist sogar für mich als kontaktfreudigen Menschen eine Premiere. In einem Schwimmbad hatte ich noch nie ein erstes Date.

Der Anstoß kam von mir. Zuvor hatten wir uns beide in Rechtfertigungen überboten, was unsere Figur angeht. Ich solle kein Magermodel erwarten, schrieb sie, und auch die Floskel von den «paar Kilos zu viel» machte die Runde. Ich schob mein derzeitiges Gewicht einzig und allein auf das Nichtrauchen, meine Standardausrede für den Bauchumfang und erfreulicherweise allgemein akzeptiert.

Als sie erzählte, dass sie gelegentlich in der Kaifu schwimmt, wollte ich sie provozieren und schlug das Date im Becken vor. In puncto Eitelkeit steht sie mir gewiss in nichts nach, daher war ich mir sicher, dass sie entrüstet ablehnen würde. Tat sie aber nicht. «Prima, da können wir ja gleich was für unsere Linie tun», antwortete sie zu meinem Entsetzen.

Nun denn. Freitag ist der Tag der Wahrheit. Baucheinziehen wird nichts nützen. Die lässig geschnittene Badehose mit integriertem Hüftgurt ist leider bislang noch nicht erfunden.

Freitag, 21. Juli, 0.42 Uhr

Blonde Haare, weißer Badeanzug, den Kopf beim Schwimmen ständig über Wasser. Dieses Stenogramm hatte mir Anja als Suchhilfe mit auf den Weg gegeben. Ich sah sie prompt, als ich in der Kaifu ankam, und hechtete schnell ins Wasser. Sie ist ziemlich süß. Nicht ganz die Bardot und einen Tick fülliger als meine früheren Freundinnen. Dennoch hat sie in ihren Mails beim Gewicht heftig übertrieben.

Smalltalk im Becken ist nicht ganz einfach. Wir tauschten ein paar Floskeln aus. Dann tat ich, was jeder Mann an meiner Stelle getan hätte: balzen. Ich legte ein paar flotte Bahnen vor, beendete die jeweils – beim Brustschwimmen eher ungewöhnlich – mit eleganter Rollwende. «Schau her, ich bin Hecht im Kaifu-Teich!»

Manchmal bin ich allerdings wirklich clever: In weiser Voraussicht hatte ich den alten Armbandtrick angewandt und ihr ein rotes Bändel aus der Kaifu-Umkleidekabine mitgebracht. So konnten wir gemeinsam in den Wellness-Bereich mit seinen Ruheräumen. Dort lagen wir noch lange im Schein des Indoor-Kamins auf den Bastsesseln mit ihren weichen Kissen und plauderten. Zum Abschied küssten wir uns kurz.

Anja hat noch nie geraucht. Sie kommt aus einer Nichtraucher-Familie, die ihr von klein auf eingebläut hat, dass Rauchen Schwachsinn sei. Also der Gegenentwurf zu meiner Familie. Entsprechend viel hält sie von Rauchern. Sie argumentiert fast wie Allen Carr: Raucher sind Idioten. Ihrem Ex-Freund habe sie das Laster ausgetrieben, meinte sie noch. Ob ihre Beziehung deswegen in die Brüche gegangen ist?

Sollte es mit Anja klappen, wird das Neuland, bisher hatte ich fast ausschließlich Raucher-Freundinnen. Ich glaube nicht, dass ich sie mir instinktiv nach diesem Kriterium ausgesucht habe. Aber auffällig ist das schon. Rauchen war in meinen Beziehungen bisher selbstverständlich. Gemeinsam schmöken, Zigaretten teilen oder mal eine Schachtel als Geschenk mitbringen. Von Jeannie habe ich in unseren gemeinsamen fünf Jahren so viele Zigaretten geschnorrt, dass ich sie wohl heute noch abbezahlen müsste. Die einzige Nichtraucherin war Inka. Und mit der gab es ständig Stress deswegen. Wenn ich drüber nachdenke, fallen mir im Bekanntenkreis nur wenige Mix-Beziehungen ein, die wirklich funktionieren.

Kann mir ja jetzt egal sein. Mir passt Anjas militante Nichtraucherei gut ins Konzept. Bloß keine Raucherin mehr.

Sonntag, 23. Juli, 0.47 Uhr

Wir haben den ganzen Tag zusammen verbracht. Nach einem ausgiebigen Spaziergang an der Alster habe ich Anja in die «Erste-Liebe-Bar» auf der Fleetinsel zum italienischen Abendbrot mit Bruschetta, Tomaten und Olivenöl eingeladen. Danach machten wir es uns im Programmkino gemütlich. «Sommer vorm Balkon», ein schöner Film mit überragendem Ende. Als alle anderen raus sind – die Raucher natürlich schnellen Schrittes vorneweg –, blieben wir noch sitzen und knutschten rum, bis die Putzfrau uns rauswarf. Das Leben ist schön!

Samstag, 29. Juli, 12.22 Uhr

The three best things in life: A drink before and a cigarette after!
Judge Dread, Rocksteady-Legende

Auf diesen Tagebucheintrag habe ich mich schon lange gefreut: keine Kippe danach. Wohl um keine Zigarette auf der Welt ranken sich mehr Mythen und Geschichten als um die legendäre Kippe nach dem Sex. Jenes zärtliche Inhalieren, bei dem man das Geleistete stolz Revue passieren lässt. Das Gehirn ist ohnehin mit Dopamin überflutet, die Kippe setzt nochmal einen Hormonschub obendrauf. Der Höhepunkt nach dem Höhepunkt sozusagen. Mir hat das immer gefallen.

Anscheinend ist die Zigarette danach jedoch weit weniger verbreitet, als ich bisher dachte. Der Kondomhersteller Durex hat in einer Studie herausgefunden, dass sich nur jeder vierzehnte Deutsche nach dem Sex eine Zigarette anzündet. In Schlafzimmern ist vielmehr Romantik gefragt: Bei 81 Prozent der Liebespaare wird anschließend gekuschelt.

Was anderes fiel mir heute auch nicht ein. Allerdings hatte ich dabei einen ordentlichen Schmachter. Auch der mal wieder hausgemacht. Ich hatte schon vorher und – ja – auch währenddessen an Zigaretten gedacht. Anja werde ich das lieber nicht erzählen.

Den Schmachter nehme ich jedenfalls gerne in Kauf. Letztendlich ist es mit diesen besonderen Zigaretten auch nicht anders als mit den anderen: Man muss sein Verhalten ändern, den Verzicht erlernen – das alte Spiel also. Und in diesem Fall nehme ich die 21 nötigen Wiederholungen für die neue Gewohnheit nur allzu gern in Kauf!

Montag, 31. Juli, 14.19 Uhr

Allen Carr hat Lungenkrebs. Nicht heilbar. Diese Meldung lief heute über den Nachrichtenticker. Das ist ein ganz schöner Hammer. Ausgerechnet der Nichtraucher-Papst stirbt an einer Raucherkrankheit. Sowenig ich seine Texte mag: Als ich es las, lief es mir eiskalt den Rücken runter.

Dienstag, 1. August, 20.17 Uhr

Heute bin ich drei Monate rauchfrei. Es kommt mir inzwischen vor wie ein halbes Leben.

Ich bin froh, dass ich im April mutig genug gewesen bin, das Nichtrauchen endlich anzugehen. Dafür werde ich reich belohnt. Seit ich nicht mehr im Dauerstress bin, ernte ich die Früchte dieser Entscheidung. Ich gönne mir Ruhe, gehe regelmäßig zum Sport, habe sogar die Fressorgien in den Griff bekommen. Endlich ist sie da: die Balance.

Sie hat viele kleine Facetten, die aber zusammengenommen eine Lebensqualität ausmachen, die ich nicht mehr missen möchte. Ich fühle mich gesünder, freier, selbstbewusster. Ich spare Geld und habe der Sucht in den Arsch getreten! Das ist Autonomie!

Nach anderthalb ruhigen Monaten zieht der Stress langsam wieder an. Bis zum Ende meines Volontariats steht noch zweimal Redaktionsschluss auf dem Programm. Und auch das Kunstheft, das ich bisher habe schleifenlassen, muss bis Anfang September fertig sein. Da wird sich beweisen, ob ich wirklich ein neues Leben führe.

Freitag, 4. August, 14.33 Uhr

«Gegrillt wird in jedem Fall, egal, ob es stürmt oder schneit.» Angesichts der enormen Wolkenberge, die sich gestern Abend über Hamburg türmten, klang Christophers Einladung zu seiner nachträglichen Geburtstags-Grillparty wie eine handfeste Drohung. Als ich mit Adrian im Haynspark ankam, war es aber noch trocken, und Christopher hatte tatsächlich ein ganz ansehnliches Barbecue aufgefahren.

An diesem Abend lernte ich A. kennen. Eigentlich heißt sie Anne, Antje oder vielleicht auch Anke, so genau weiß ich das leider nicht mehr. Sie unterhielt sich gerade mit Lars, der aber auffällig schnell verschwand, als ich mich dazustellte. Bald schon ahnte ich, warum: Sie redete in einem Tempo, das einen Wasserfall neidisch gemacht hätte. Interpunktion war ein Luxus, den sie sich nur selten leistete. Als hätte ich danach gefragt, erfuhr ich in kürzester Zeit, dass ihr Bürojob sie nerve, sie viel lieber «was mit Medien» machen würde und ihr Ex-Freund ein Schwein sei.

Während ich mich hilfesuchend nach einer geeigneten Ablösung umschaute, erwähnte sie in einem Nebensatz, dass sie seit fünf Monaten Nichtraucherin sei. Ich wurde hellhörig. Ihre Geschichte ist meiner gar nicht so unähnlich: Auch sie hat eine Karriere als Suchtraucherin hinter sich, eine Schachtel pro Tag Minimum, bei Stress auch mehr. In diesem Frühjahr hatte sie es aber satt. Schluss, aus, Nullpunkt, seitdem hat sie keine Zigarette mehr angefasst.

«Na ja, fast. Seit drei Wochen bin ich Partyraucherin», erzählte sie mir. Als sie mit Freunden in einem Club war, hatte sie mal zwei Zigaretten geraucht. Das fand sie zwar eklig und irgendwie überflüssig, aber seither dampfte sie gelegentlich wieder eine. Nie tagsüber im Job, nur abends mal, wenn sie unterwegs war. «Aber ich habe das im Griff», betonte sie. «Heute Abend habe ich sogar schon zweimal eine angebotene Zigarette abgelehnt.» Ich schwöre, sie ruderte mit den Armen, während sie sprach.

Gelegenheitsraucher werden – mein uralter, unerfüllter Traum. Kontrolliertes Genussrauchen, immer nur dann, wenn man es selber will. Es gibt sie ja wirklich, die Spezies der Party- und Gelegenheitsraucher.

Jens und Carsten von *stern.de* sind solche. Eine gemütliche Zigarette nach dem Essen, eventuell eine nach Feierabend, ein paar mehr zum Bierchen. Keine Gefahr, ernsthaft abhängig zu werden. Pure Leichtigkeit, zumindest sieht das von außen so aus.

Es gibt natürlich einen gravierenden Unterschied zu A. und mir: Die Kollegen waren niemals Suchtraucher, haben sich niemals mit mehr als 20 Kippen die Lunge niedergeteert, hatten niemals den Gedanken, dass ihr Leben ohne Zigaretten keinen Sinn machen könnte. Als abstinenter Suchtraucher dagegen wird man den Schalter nicht finden können, der einen zum Partyraucher macht.

Ich kenne niemanden, dem diese Transformation gelungen ist. Keine einzige Zigarette oder weiter wie gehabt – eine andere Option bleibt nicht. Die Phase des kontrollierten Rauchens ist für den wirklich Abhängigen nur der Prolog zur alten Gewohnheit. Es ist wie bei vielen trockenen Alkoholikern. Innerhalb kürzester Zeit kommt die Sucht zurück. Und die ist bekanntermaßen nicht genügsam, sondern gierig.

An dem Barbecue-Abend im Park begann es erst gegen Mitternacht leicht zu regnen. Die verbliebenen Gäste kuschelten sich unter den mitgebrachten Regenschirmen zusammen. Auch A. war noch da und parlierte in die Nacht hinein, unterbrochen nur vom gelegentlichen Zug an der Zigarette. Ob die noch in ihrem selbstgesetzten Party-Limit lag, weiß ich nicht. Ich wünsche ihr jedenfalls sehr, dass es beim Gelegenheitsrauchen bleiben wird. Ansonsten gilt wohl auch für sie: Geraucht wird in jedem Fall, egal, ob es stürmt oder schneit.

Dienstag, 8. August, 12.27 Uhr

Heute wurde mir eine besondere Ehre zuteil. Ich bekam einen Anruf von einer Mitarbeiterin der «Aktion Mensch», ehemals bekannt als «Aktion Sorgenkind», die mit ihrer Initiative «Die Gesellschafter» einer fundamentalen Frage nachspürt: «In welcher Gesellschaft wollen Sie leben?» In diesem Rahmen wird täglich ein Beitrag zu einem Ereignis aus Politik, Kultur oder anderen Lebensbereichen veröffentlicht und online diskutiert. Leute wie Renate Künast, Ralph Giordano und Wiglaf Droste haben sich dort schon zu gesellschaftlich relevanten Fragen zu Wort gemeldet. Am kommenden Donnerstag ist es an mir, einen Kommentar beizusteuern. Das Thema: Raucherdiskriminierung am Arbeitsplatz – ja oder nein?

Ich mache das natürlich gern – und staune ehrlich gesagt über meine Wandlung vom kettenrauchenden Schreiberling zum gefragten Nichtraucher-Autor.

Eine schöne Gelegenheit. Die Einzige, die motzte, war Anja. Da der Beitrag Donnerstag früh fertig sein soll, muss ich unseren für Mittwoch geplanten Theaterbesuch leider absagen. Nicht zum ersten Mal. Aber ich habe derzeit eben viel zu tun, und sie hat gut reden: Sie kann den Sommer genießen, steht spät auf, und mit Glück schreibt sie mal eine Bewerbung – und dann immer Aufmerksamkeit beanspruchen. Langsam wird das anstrengend.

Donnerstag, 10. August, 11.20 Uhr

Gesellschafter-Tagebuch, 10. August

VIEL DUNST AUS BRÜSSEL
Ist der ausdrückliche Hinweis eines Arbeitgebers, Raucher bräuchten sich nicht zu bewerben, rechtens? Björn Erichsen kommentiert den Artikel «Arbeitgeber in Deutschland dürfen Raucher ablehnen». Darin lesen wir: «Unternehmen dürfen Jobbewerber ablehnen, allein weil sie Raucher sind. Das verstößt nach Ansicht der Bundesregierung weder gegen das Gleichbehandlungsgesetz noch gegen das Arbeitsrecht. Damit unterstützt Berlin die Politik der EU-Kommission.»

Raucher müssen derzeit viel erdulden. Teurer war der Tabak nie, Rauchverbote drohen allerorten. Überhaupt hat das Image der einst so coolen Kippe arg gelitten. Am Montag ein erneuter Tiefschlag: Arbeitgeber dürften Raucher als Bewerber ablehnen, so der EU-Sozialkommissar Vladimir Spidla. Das Vorgehen eines irischen

Callcenter-Betreibers, Raucher kategorisch vom Bewerbungsverfahren auszuschließen, verstoße nicht gegen das EU-Diskriminierungsgesetz. Ändern wolle Spidla daran nichts.

Gefährdet Rauchen also nicht nur die Gesundheit, sondern künftig auch den Arbeitsplatz?

Ganz so weit ist es noch nicht, dem Schutz der Privatsphäre sei Dank. Datenschützer haben darauf hingewiesen, dass das Rauchen – sowohl nach deutschem als auch nach europäischem Recht – als individuelle Lebensgewohnheit nicht durch den Arbeitgeber abgefragt werden darf. Das ist auch gut so, Rauchen als solches taugt bei der Stellenvergabe nicht zum K.-o.-Kriterium.

Es ist allenfalls ein Wettbewerbsnachteil. In einem Vorstellungsgespräch sind Rauchgeruch und nikotingegilbte Finger sicher keine positive Referenz, die Aussicht auf ausgedehnte Rauchpausen des Bewerbers gefällt wohl keinem Arbeitgeber. Jedoch sind dies nur mögliche Folgen des Konsums und keinesfalls zu generalisieren. Zwischen dem zwanghaften Nikotinjunkie und dem gemütlichen Genussraucher liegen mindestens 20 Zigaretten täglich. Folgt man Kommissar Spidla, dann sind alle Raucher gleich.

Bei einem Bewerbungsverfahren sollte primär die Qualifikation des Bewerbers den Ausschlag geben, in einem bestehenden Arbeitsverhältnis ist es die Leistung, auf die es ankommt. Gleichgültig, ob von Raucher oder Nichtraucher erbracht. Erst wenn der Zigarettenkonsum eindeutig auf Leistungsminderung schließen ließe, dürfte ein Personalchef handeln. Einen faulen Nichtraucher müsste er allerdings genauso sanktionieren.

Was es wirklich braucht, sind tragfähige Lösungen innerhalb der Betriebe. Die werden, darauf müssen sich die Raucher einstellen, restriktiver ausfallen als bisher. Dabei muss der Nichtraucherschutz an erster Stelle stehen. Auf ein firmeninternes Rauchverbot könnte etwa in einer Stellenanzeige hingewiesen werden, ein Raucher entscheidet dann selbst, ob er sich unter diesen Bedingungen bewirbt. Rauchpausen könnten gegebenenfalls nachgearbeitet werden, nur ein fairer Preis für die Tagesfreizeit in der Raucherecke.

Der generelle Ausschluss von Rauchern von Bewerbungsverfahren ist eine Diskriminierung, eine Ungleichbehandlung entlang eines Kriteriums, das weder Staat noch Arbeitgeber im Grundsatz etwas angeht. Raucher werden künftig Abstriche machen müssen. Der blaue Dunst, der die Lebensqualität von Nichtrauchern mindert, kommt schließlich aus ihrem Mund. Der aktuellen Debatte täte es aber gut, wenn sie weniger aufgeregt und applausheischend geführt werden würde. Nur dann sind Lösungen zu erwarten, mit denen Nichtraucher und Raucher in Frieden leben können.

Montag, 14. August, 18.11 Uhr

«Jeder Ire, ob Raucher oder nicht, ist Naturbursche und lässt sich durch ein bisschen Regen seine Kippe nicht vermiesen.» So habe der sympathische Ire Patrick, bärtig, rotbraune Haare und Gelegenheitsraucher, seine Erzählungen zum Rauchverbot mit einem Augenzwinkern beendet, erzählte Mia heute, als sie zum ersten Mal nach ihrem Urlaub wieder ins Büro gekommen war. Eine Woche lang hatte sie ihren Sohn Valentin in Dublin besucht und einen überraschenden Exklusivbericht über die dortige Kneipenszene mitgebracht.

Als erster Staat der Welt hat Irland im März 2004 ein umfassendes Rauchverbot am Arbeitsplatz erlassen. In Bars und Restaurants gelten seitdem die wohl schärfsten Anti-Raucher-Vorschriften Europas. Die Zwischenbilanz fällt sehr positiv aus. Von trister Stimmung keine Spur. Im Gegenteil: Selbst einer starken Raucherin wie Mia schmeckt das Guinness ohne blauen Dunst deutlich besser. Sie hat seltener zur Zigarette gegriffen und beim Grüppchen-Rauchen vor der Kneipentür nette Gespräche geführt.

Patrick hatte sie im «Brazen Head» getroffen, dem angeblich ältesten Pub Europas, mitten im Herzen von Dublin. Er erzählte, dass man in dem Kneipenraum mit den schiefen Fenstern und tief abgehängten Decken früher kaum die Hand vor den Augen sah, so verraucht war es. Inzwischen haben sich die meisten Pubs mit dem Verbot arrangiert: Tische und Stühle nach draußen gestellt und auch ihre Innenhöfe überdacht. Im Herbst und Winter werde der nasskalten Witterung einfach mit Wärmelampen getrotzt.

Patrick habe anfangs nicht geglaubt, dass sich dieses Verbot durchsetzen werde – das sei ja, wie in der Hölle das Fluchen zu verbieten. Jedoch habe nach seinem Wissen kein Pub deswegen seine Pforten geschlossen. Mias Schilderungen decken sich mit den Zahlen, die man aus Irland bekommt. Der Umsatz ist gestiegen, außerdem begrüßen inzwischen sagenhafte 90 Prozent der Bevölkerung das Rauchverbot. Oder um es mit Patricks Worten zu sagen: «Die Revolution ist ausgeblieben.»

Freitag, 18. August, 19.23 Uhr

In Deutschland ist die Lage weit davon entfernt, derart entspannt zu sein wie in Irland. Das konnte ich heute live erleben. Nach der Arbeit war ich zu einem Hamburger Galeristen gefahren, um ihn für das Kunstheft zum Thema «Horst Janssen» zu interviewen, und hetzte hinterher ins «Café Wien» in der Innenstadt, wo ich mit Anja verabredet war.

Die Kneipe selbst ist hip – Werber und Rechtsanwälte – und traditionell übel verqualmt. Daran hatte heute ein Typ am Nebentisch wesentlichen Anteil. Schweinchenroter Kopf, beachtliche Leibesfülle, etwa Mitte 40. Durchgehend blies er den Rauch seiner Selbstgedrehten zu uns herüber. Zu oft, als dass es Zufall gewesen sein könnte. Hüsteln und böse Blicke brachten nichts. Da habe ich ihn freundlich, aber bestimmt gefragt, ob er seinen Qualm nicht mal woandershin blasen könnte.

Sofort schäumte er vor Wut: «Ja, Herrgott nochmal, das ist ja die reine Hexenjagd», schimpfte er und versenkte seine Selbstgedrehte im Aschenbecher. Seine wohl bitterböse Beschwerde beim Zahlen am Tresen ging im allgemeinen Gemurmel unter und ließ die Kellnerin einen Augenblick perplex zurück. Voilà, diese ordentliche Prise Rauchercharme zum Milchkaffee dürfte sein Herzinfarktrisiko nochmal ein bisschen in die Höhe getrieben haben.

Samstag, 19. August, 23.45 Uhr

Sie will es partout nicht verstehen! Anja und ich machten uns heute einen schönen Abend auf ihrem Balkon. Tranken Bordeaux, futterten Trauben und plauderten lang. Auch und vor allem übers Nichtrauchen. Ich habe ihr versucht zu erklären, dass ich ihr nicht garantieren könne, niemals wieder eine Zigarette anzufassen. Völlig egal, wie oft ich betone, dass ich froh bin, den Scheiß los zu sein. Aber das ging nicht in ihren süßen Kopf.

Leute, die niemals geraucht haben, können es wohl auch nicht verstehen. Ihnen ist ja schon grundsätzlich schleierhaft, warum Raucher überhaupt zur Zigarette greifen und was daran so toll sein soll. Da lässt sich natürlich noch weniger nachvollziehen, warum es so schwer ist, damit aufzuhören.

Der Niemalsraucher ahnt, dass die Entwöhnung irgendwie anstrengend ist. Aber mehr als die Launen der bemühten Nichtmehrraucher bekommen sie nicht mit. Sie denken, dass nach ein paar Wochen alles geschafft wäre und man danach wieder sei wie sie.

Aber das stimmt einfach nicht. Wer noch nie dieses tumbe Wattegefühl in den ersten Tagen im Kopf hatte, wer das plötzliche Hervorschnellen der Sucht nicht erlebt hat, kann überhaupt nicht mitreden. Der hat keine Ahnung davon, was für ein mächtiger Gegner im Kopf des Süchtigen sein Unwesen treibt.

Ich hätte mir von Anja schon ein bisschen Verständnis gewünscht. Sie nickte zwar nach meiner langen Rede, aber es wirkte irgendwie aufgesetzt. Was ist denn, wenn ich wirklich wieder anfange? Macht sie dann mit mir Schluss?

Montag, 21. August, 20.12 Uhr

Als ich mit dem Online-Tagebuch bei *stern.de* anfing, hatte ich mir geschworen, die Raucherdebatte links liegenzulassen. Den politischen Zickzackkurs, die windelweichen Selbstverpflichtungen und die gespaltene Volksseele habe ich interessiert verfolgt, aber bewusst nicht thematisiert. Geschichten über das Nichtrauchen wollte ich schreiben, keine über Rauchverbote. Heute habe ich zum ersten Mal mit diesem Vorsatz gebrochen, noch voller Verärgerung über den dicken Typen aus dem Café Wien. Die Hysterie der Raucher geht mir langsam auf den Senkel. «Hexenjagd» habe ich ironisch getitelt.

Allzu viel Meinung habe ich in dem Text gar nicht gemacht, kein umfassendes Rauchverbot gefordert und niemanden verteufelt. Eine einzige These habe ich vertreten: Nichtraucherschutz muss an erster Stelle stehen! Dieser leider immer noch nicht weithin akzeptierte Grundsatz erfordert, dass Raucher sich einzuschränken haben. Aus der individuellen Entscheidung, ob man raucht oder nicht, leitet sich schlichtweg nicht das Recht ab, immer und überall rauchen zu dürfen. Vielmehr bringt diese Freiheit die Verantwortung mit sich, auf seine Umwelt Rücksicht zu nehmen. Eine qualmverhangene Kneipe wird nicht qua Tradition zum gastronomischen Naturzustand!

Mir geht es nicht darum, die Raucher aus dem öffentlichen Leben zu vertreiben. Dafür habe ich diese Freiheit selbst viel zu lange genossen und kenne das Bedürfnis zu gut, sich zum Kaffee oder Bierchen eine anzustecken. Ich persönlich etwa könnte gut mit abgeschlossenen Nichtraucherbereichen und modernen Filteranlagen leben. Realistisch betrachtet lässt sich der Grundsatz des Nichtraucherschutzes jedoch allein über ein Komplettverbot erreichen. Soll heißen: Kneipen und Restaurants bleiben komplett qualmfrei, wer rauchen will, geht vor die Tür.

Dafür muss zwingend ein Gesetz her. Mit Selbstverpflichtungen Marke Dehoga haben wir inzwischen viel zu lange rumgeeiert. Der einzelne Gastwirt scheut natürlich das ökonomische Risiko eines Rauchverbots und wird nicht selbst aktiv werden, solange die Konkurrenz es nicht auch tut. Der Markt allein – ein beliebtes Argument – regelt diese Frage nicht, solange ein De-facto-Monopol von Raucherkneipen besteht.

Der Ansatz, den Nichtraucherschutz über abgetrennte Bereiche und Belüftungstechnik zu lösen, scheint als Kompromiss sinnvoll. Doch er scheitert im Detail. In vielen Fällen wäre eine solche Zweiteilung schon architektonisch gar nicht durchführbar oder derart teuer, dass es für umsatzschwache Lokalitäten zwangsläufig die Pleite bedeuten würde. Es ist schon ein kurioser Gedanke, wenn etwa der schrammelige «Zapfhahn» am Hamburger Hauptbahnhof mit seinem Stehtresen und der immer beliebten «Trink-zwei-0,5-zum-halben-Preis-Happy-Hour» plötzlich einen gepflegten Nichtraucherbereich einrichten würde.

Nein, um ein Komplettverbot kommen wir nicht umhin. Und je schneller die verängstigten Raucherhirne das erkennen, desto schneller verflüchtigt sich der selbstverschuldete Verfolgungswahn!

Donnerstag, 24. August, 19.53 Uhr
Wow, das Thema hat ganz schön polarisiert, so hohe Zugriffszahlen hatte ich auf keinem anderen Tagebucheintrag. In einer Flut von Kommentaren entbrannte eine hitzige Debatte:

```
Es ist einfach zum Kotzen: Warum bleibt es mir als
Gastronom nicht selbst überlassen, ob ich in meinem
Lokal rauchende Gäste dulde oder nicht? Angenommen,
ich lasse Raucher in mein Lokal und andere mögen das
nicht, dann sollen die doch gottverdammt nochmal wo-
anders fressen gehen!!!
```

Nur eine Kostprobe von vielen mehr oder minder charmanten Pöbeleien. Beide Seiten geben sich da wenig, auch wenn die Raucher noch ein bisschen übler schimpften. Na klar, denen geht es natürlich auch an die Privilegien. Die Diskussion unter dem Tagebuch zeigt deutlich: Ein Kompromiss ist nicht drin. Es läuft auf eine Frage hinaus: wir oder die?

Sonntag, 3. September, 1.12 Uhr
Mehr als 120 Tage ohne, etwa 2600 nicht gerauchte Zigaretten – und doch scheint es mir so, als habe dies mein Suchtgedächtnis nicht mal angekratzt! Die Situation ist altbekannt: Ich sitze am Schreibtisch, der

«Zu-erledigen»-Stapel ist hoch, die Zeit dafür ist wie immer knapp. Bis Donnerstag müssen alle Texte und Bilder für das Kunstheft beim Verlag in Blankenese sein. Ein hartes Stück Arbeit, enormer Druck!

Und wie gewohnt in solchen Momenten schaut Gollum rein und singt sein jämmerliches Lied von der einen Kippe, die mir helfen würde. Ich darf diesem Gedanken nicht den geringsten Raum gewähren, sonst frisst er sich unaufhaltsam durch mein Hirn wie ein Schwarm hungriger Heuschrecken.

Doch ich habe meine Strategien dagegen, Spaziergänge helfen immer. Für eine halbe Stunde raus durch das nächtliche Altona, tief durchatmen und an schöne Sachen denken – schon ist der Schmachter nur noch halb so groß. Und wenn gar nichts mehr geht, geht immer noch Schokolade. Zwei Tafeln habe ich mir vorhin an der Tanke geholt und schnell verputzt – diese Kakaoallergie ist Gollums Achillesverse.

Dennoch: Suchtattacken, Entspannungsspaziergänge und Fresserei – das alles kommt mir gerade vor wie ein böser Blick zurück in die dunkle Anfangszeit der Rauchentwöhnung. Ich hatte gehofft, diese Kinderkrankheiten hinter mir zu haben. Aber sie lassen mich nicht in Ruhe.

Donnerstag, 7. September, 17.17 Uhr

Puh, das war eine schwere Geburt. Aber ich bin rechtzeitig fertig geworden. Heute Morgen habe ich den letzten Text weggeschickt. Geraucht habe ich nicht, obwohl ich häufig daran dachte. Vor allem die PR-Dame von der Hamburger Kunsthalle hat mich wahnsinnig gemacht. Erst hält sie mich ewig mit den versprochenen Bildern diverser Kunstwerke hin, dann stellt sie mir immer wieder die Zitatfreigabe eines windelweichen Satzes ihres Chefs in Aussicht, ohne dass auch nur irgendwas passiert. Wenn die im Kunstbereich alle so tranig sind, müssen die sich nicht wundern, dass sie ständig pleite sind!

Apropos Pleite: Seit Montag ist mit Anja Schluss. Sie hat es allen Ernstes fertiggebracht, mir drei Tage vor dem Redaktionsschluss eine Szene hinzulegen. Wieder mal das übliche Gequake: zu wenig Zeit, zu wenig Aufmerksamkeit. Ich konnte das schon lange nicht mehr hören. Als ob ich keine anderen Probleme hätte.

Sie rief just während einer kräftigen Suchtattacke an, sodass ich für meine Antwort recht deutliche Worte fand. Auch wenn das den Schmachter nochmal schlimmer machte. Seitdem haben wir nicht mehr miteinander gesprochen. Und ich werde mich auch nicht mehr melden. Da suche ich mir lieber eine andere Nichtraucherin.

Freitag, 22. September, 23.48 Uhr

«Bin seit Montag rauchfrei, bisher kein Problem. Jetzt gerade könnte ich aber töten für eine folgenlose Zigarette! Besten Gruß, Niels.» Ich musste den Text dieser SMS mehrfach lesen, bis ich glaubte, was da drin stand. Niels und Nichtrauchen? Schwer zu glauben, ausgerechnet er. Aber es ist doch schön, wenn Freunde einen immer mal wieder überraschen können.

Die SMS war letzten Freitag gekommen. Heute wollte ich seinem plötzlichen Sinneswandel auf den Grund gehen und besuchte ihn. Wie so oft schon saßen wir auf seinem Balkon und tranken Astra mit allerbestem Hafenblick. Nur der rappelvolle Aschenbecher fehlte diesmal.

Für seinen Rauchstopp hat der «überzeugte Raucher» Niels sogar einen richtig guten Grund: Außer den üblichen Verdächtigen wie Geld und Gesundheit geht es ihm vor allem um seinen Sohn. Der lebt bei der Mutter und fand Rauchen bisher ganz witzig. Sagt Niels. Doch beim letzten Besuch hat er ein paarmal gehustet. Und da hat der stolze Herr Papa beschlossen, das Rauchen sein zu lassen.

Er schlägt sich dabei recht beachtlich. «Alles kein Problem», meinte er, als ich ihn zur Begrüßung nach dem werten Befinden fragte, «aber sag mal, findest du nicht auch, dass Nichtrauchen eine fürchterlich langweilige Beschäftigung ist?» Niels, wie er leibt und lebt. Mir wäre im Zusammenhang mit meiner Rauchentwöhnung vieles in den Sinn gekommen. Aber Langeweile?

Letztendlich meinte er damit den Verlust der Raucherrituale: Das Kurz-mal-bei-der-Arbeit-Rausgehen, das Schnacken vor der Tür, die

Plauderkippe zum Kaffee. Dafür, dass er seine Abstinenz so langweilig findet, redet er aber ganz schön viel darüber. Denn auch er kommt um ein geradezu klassisches Phänomen nicht umhin: Akutphasen-Aufmerksamkeits-Defizit.

In mir fand er eben heute Abend einen aufmerksamen Zuhörer. Inzwischen bin ich in den Augen meines Umfeldes anscheinend zu so einer Art höheren Nichtraucher-Instanz geworden. Immer wieder kommen in der letzten Zeit Leute auf mich zu und erzählen mir ihre Geschichte. Und ich bemühe mich dann, ihnen etwas Sinnvolleres als «Durchhalten» mit auf den Weg zu geben. Doch so langsam werde ich des Themas müde.

Bei Niels bin ich allerdings wirklich gespannt, wie es weitergeht. Es wäre ja wohl ein Witz, wenn ausgerechnet er den Rauchstopp quasi im Vorübergehen schaffen sollte.

Samstag, 23. September, 20.12 Uhr

Bevor ich ein Nichtraucher mit Mission werde, würde ich lieber wieder rauchen – so lautete einer meiner Vorsätze vor der letzten Zigarette. Gehalten habe ich mich daran nicht. Seit fast fünf Monaten bin ich nun rauchfrei und stelle fest: Das Nichtraucher-Sein bestimmt das Bewusstsein, ganz unvermittelt träufeln kleine Nichtraucher-Spießigkeiten in meinen Alltag.

Es fällt mir immer schwerer, auf Raucher und ihre Befindlichkeiten Rücksicht zu nehmen. Das macht sich in Kleinigkeiten bemerkbar: Mal ist es betont genervtes Handwedeln in stickigen Cafés, mal fahre ich bewusst provokant Kampflinie bei der Diskussion um das Rauchen in der Öffentlichkeit. Und mein Mitteilungsbedürfnis zum Thema insgesamt beschränkt sich schon etwas länger nicht mehr auf die Momente, in denen ich danach gefragt werde. Daher muss ich mir eingestehen: Mein Nichtraucher-Dasein entwickelt gewisse militante Züge.

So wie heute. Ich bin mit Adrian nach Fuhlsbüttel gefahren, um dort einen Fernseher abzuholen, den er bei eBay ersteigert hatte. Wie selbstverständlich zündete er sich kurz nach der Abfahrt eine Zigarette an.

Als er bemerkte, dass in meinem blitzsauberen Aschenbecher inzwischen Kleingeld lagert, kurbelte er das Seitenfenster herunter, um rauszuaschen. Da bat ich ihn ganz direkt, die Kippe auszumachen. Kann er sich nicht einmal bei einer 20-minütigen Fahrt beherrschen? Er schaute irritiert. Und schnippte dann widerwillig, aber wortlos, die Kippe aus dem Fenster.

So richtig gut komme ich mir mit so einem Verbot nicht vor. Ich selbst habe die Freiheit zu rauchen immer hoch geschätzt und war ziemlich angefressen, wenn ich bei Besuchen auf kalte Balkone oder auf Partys in kleine Küchen geschickt wurde. Man fühlt sich wie ein Ausgestoßener.

Daher gilt nun folgende Regelung: Auf längeren Fahrten kann bei geöffnetem Fenster geraucht werden, sind wir nur kurz unterwegs, bleibt das Auto rauchfreie Zone. Auf die Wohnung wird das Rauchverbot nicht ausgedehnt. Das ist exakt das Maß Nichtraucher-Attitüde, mit dem ich persönlich gut zurechtkomme. Denn eines steht für mich seit einiger Zeit auch fest: Nur um nicht der Militanz verdächtig zu sein, werde ich nicht jeden blauen Dunst klaglos ertragen.

Was Adrian angeht, ist die Sache leider etwas komplizierter, solche Situationen wie heute münden schnell in einer Grundsatzdebatte. Seit seinem Rückfall zu WM-Zeiten raucht er wieder regelmäßig, so viel wie eh und je. Wenn wir zusammen losziehen, haben wir uns längst damit arrangiert. Er raucht, ich nicht. Punkt.

So ganz verknust hat er es nie, dass er damals eingeknickt ist. Aber über das Thema ist schwer zu sprechen, und leider neige ich dazu, gerade bei ihm offensiv zu missionieren, gebe ihm oft gute Ratschläge, wie er es vielleicht schaffen kann. Ich weiß ja, wie sehr er es sich wünscht, endlich rauchfrei zu werden. Aber ich denke, es ist manchmal einfach zu viel des Guten.

Mittwoch, 27. September, 21.43 Uhr

Nun will er es nochmal wissen. Gestern Morgen hat Adrian die Kippen weggelegt. Ich habe ihm viel Glück gewünscht, glaube aber nicht, dass er es packt. Das scheint mir lediglich Aktionismus zu sein, angestachelt durch unsere Diskussion. In nicht mal zwei Wochen hat er ein «Kapitalmarktbarometer» zu schreiben, eine dicke volkswirtschaftliche Analyse. Das kostet Nerven, viel Hirnschmalz ist vonnöten. Kein günstiger Zeitpunkt.

Freitag, 29. September, 15.15 Uhr

So, das war der letzte Tag. Anderthalb Jahre war ich Volontär in der Pressestelle der Nordwohn AG. Sosehr ich am Schluss das Ende herbeigesehnt habe, so schwer ist es mir heute gefallen, meinen Schreibtisch zu räumen. Ich freue mich auf die Zeit, die vor mir liegt, aber an solchen Tagen schaut man natürlich auch zurück.

Ich weiß noch, als ich im April 2005 dort antrat, hatte ich mir viel vorgenommen. Ich wollte endlich in ruhigeren Bahnen leben, was bekanntermaßen nicht so wirklich geklappt hat. Mit dem Rauchen aufhören wollte ich auch. Aber dann traf ich ja Mia mit ihren Selbstgedrehten. 13 Monate bin ich dort als Raucher unterwegs gewesen – bis ich es in den Griff bekommen habe.

Nun heißt es wieder einmal Abschied nehmen, von Mia und all den anderen Leuten, die mir dort ans Herz gewachsen sind. Die Zeit, die nun vor mir liegt, wird interessant werden, auch in puncto rauchen. Ich werde viel vom heimischen Schreibtisch aus arbeiten, jenem Ort also, an dem mich die Sucht immer noch am meisten quält. Es bleibt also spannend.

Endlich frei!

Montag, 2. Oktober, 21.15 Uhr

Diesmal musste Papi auf seinen Lieblingswitz verzichten: die persönliche Verkehrskontrolle, verbunden mit der Aufforderung, ihm sofort meinen Führerschein auszuhändigen. Diese alte Geschichte, weil ich doch nur ein Jahr nachdem ich den Führerschein bezahlt bekommen hatte, mit dem Rauchen anfing. Nach mehr als fünf Monaten ohne scheine ich mir den «Lappen» endgültig verdient zu haben.

Es ist mal wieder schön in der alten Heimat. Papi ist 62 geworden, und wir haben im kleinen Kreis gefeiert. Die Verhältnisse in unserer Raucherfamilie haben sich inzwischen dramatisch geändert. Von ehemals vier rauchen drei nicht mehr. Auch meine Schwester hat mittlerweile den Absprung geschafft. Nur Papi raucht noch.

Dass ich mein Volontariat am letzten Freitag beendet habe und nun offiziell und hauptberuflich als freier Journalist arbeite, habe ich ihm lieber nicht erzählt. Mit Mami habe ich folgende Übereinkunft getroffen: Zeig erst mal, dass du davon leben kannst, dann erzählen wir es ihm. Und das ist auch richtig. Er regt sich ja ganz gerne mal über die Rosinen im Kopf seines Sohnes auf.

Dienstag, 3. Oktober, 22.19 Uhr

Beim Abschied in Gelting war alles wie gehabt. Ich drücke meine Eltern, sage ihnen, wie schön es wieder mal bei ihnen gewesen ist und auch, dass ich, sobald es geht, wiederkommen werde. Allerdings bekomme ich dabei den Gedanken nicht aus dem Kopf, dass es das letzte gemeinsame Treffen gewesen sein könnte. Ein Hauch Melancholie ist auf der Rückreise immer im Gepäck.

Heute fiel mir auf, dass die Strecke von Gelting nach Hamburg bei mir immer drei Zigaretten dauerte. Die 160 Kilometer bin ich schon oft gefahren, jedes Mal waren es drei Zigaretten, stets an denselben Wegmarken. Eine kurz hinter Eckernförde, die nächste in Höhe der Autobahnausfahrt Kiel/Bordesholm und schließlich die letzte, wenn ich den Rastplatz Holmoor passierte. Wieder so ein Raucherritual, das man erst enttarnt, wenn man abstinent ist.

Als ich Holmoor links liegenließ, verspürte ich ein spontanes Glücksgefühl. Die nächste Kippe, die ich nicht geraucht habe. In dem Moment war ich wirklich stolz. In der Ferne sah ich schon die Lichter von Hamburg. Ich weiß, bald habe ich es geschafft.

Montag, 9. Oktober, 21.22 Uhr
Adrian hat geraucht. Heimlich, und ich habe ihn dabei erwischt. Aus seiner Wohnung brauchte ich dringend eine Windows-CD, da mein PC gerade rumzickt. Am Telefon ging niemand ran, und als ich bei ihm klingelte, kam auch keine Reaktion. Da bin ich mit dem Zweitschlüssel rein und traf ihn dort rauchend am Schreibtisch. Na ja.

Donnerstag, 19. Oktober, 23.37 Uhr
«Kommst du mit ins Bordrestaurant auf einen Kaffee?», fragte mich Andreas, kurz nachdem der ICE den Hamburger Hauptbahnhof verlassen hatte. Ich wollte lieber noch ein wenig dösen, doch er blieb erstaunlich hartnäckig und pries die Qualität des Bahn-Schümlis in allerhöchsten Tönen.

Wir waren auf dem Weg nach Berlin, um für *stern.de* einen Artikel über die Erotikmesse «Venus» zu schreiben. Jene Messe, über die ich vor zwei Jahren schon mal geschrieben hatte. Andreas sollte die Bilder machen. Seine Freude über den wohligen Kaffeeduft, der uns im Bordbistro entgegenwehte, blieb dann aber eher überschaubar. Sicher, das mit dem Kaffee in Gesellschaft war durchaus ernst gemeint, doch der wesentliche Antrieb für seine kleine Drängelei bestand vor allem in der Aussicht auf etwas Nikotin als Reiseproviant.

Er hatte dabei allerdings vergessen, dass die Bahn ihre Speisewagen seit Anfang Oktober zu rauchfreien Zonen erklärt hat. Angesäuert stapfte er in den einzig verbliebenen Raucherwaggon, eine Art Katzentisch auf Schienen, wie er später meinte.

«Das Rauchverbot ist ein Segen», meinte dagegen der ältere Bahnmitarbeiter, der mir in der Zwischenzeit den Kaffee servierte. «Meine Uniform hat früher jeden Abend übelst gestunken, und meistens tränten mir hier die Augen.» Das glaube ich ihm gern. Ich kann mich an viele Fahrten erinnern, bei denen man im Bordbistro nicht die Hand vor Augen sehen konnte und zum Atmen vor die Tür musste. Nicht dass ich mich dort zurückgehalten hätte. Dennoch war das Verbot überfällig. Ganz egal, ob Leute wie Andreas motzen.

Wie auch immer, wir sind gut in Berlin angekommen, und ich sitze bei einem alten Freund: Christoph. Als ich ihn vor drei Tagen anrief, war er genauso erleichtert wie ich. Nach unserem Zoff bei der WM hatten wir nicht mehr miteinander gesprochen. Das tat uns beiden leid, und wir haben eben noch lang geplaudert. Mal wieder unendliche Weiten. Er raucht noch – will aber aufhören. Schön, dass alles wie immer ist.

Montag, 23. Oktober, 22.41 Uhr

Ich bin völlig reizüberflutet. Die «Venus» hat mich geschafft. Sechs große Hallen vollgestopft mit Vollerotik, schmierige Porno-Produzenten mit offenen Hemden und schweren Siegelringen, Horden von schwitzenden Gaffern. Ab dem zweiten Tag war das nur noch eklig. Den Text habe ich heute fertig geschrieben – und will nun nichts mehr von Erotikmessen wissen.

Noch etwas anderes gab es in Berlin im Überfluss: Raucheralltag. Zumindest mittelbar. Dadurch, dass ich für drei Tage eng mit Andreas zusammenarbeitete, bekam ich das ganze Elend mal wieder hautnah mit: Kleingeld suchen vor dem Zigarettenautomaten, Ärgern über ein Feuerzeug, das bei kräftigem Oktoberwind beharrlich den Dienst verweigert, und häufige Pausen, die ein Raucher nun mal braucht, um seinen Tagesschnitt von 20 Zigaretten nicht zu unterschreiten. In Berlin ist mir so richtig bewusst geworden, wie wenig ich all das vermisse.

Um ein persönliches Zigaretten-Rendezvous kam ich dennoch nicht umhin: Vor der U-Bahn-Station «Zoologischer Garten» bekam Andreas einen Anruf, musste sich schnell etwas notieren. Um die Hand frei zu haben, drückte er mir mit einem schnellen «Halt mal» seine Selbstgedrehte in die Hand. Plötzlich stand ich da, mit der Kippe zwischen den Fingern, Björn E., der Raucher vom Bahnhof Zoo. Konsequent schaute ich auf das Straßenpflaster, stets in der Erwartung, angesprochen zu werden, ob ich nicht dieser Nichtraucher von *stern.de* sei. Das war nicht sehr wahrscheinlich, aber ich fühlte mich dennoch irgendwie schuldig.

Mittwoch, 1. November, 21.44 Uhr

Rauchfreie Tage zähle ich schon länger nicht mehr. Im Laufe des Sommers, irgendwo knapp jenseits der 100, habe ich damit aufgehört. Daran, dass meine letzte Zigarette nun schon ein halbes Jahr zurückliegt, hat mich Adrian heute erinnern müssen. Ich deute es als positives Zeichen, das einen Normalzustand anzeigt. Zeit für ein kleines Resümee.

Sicher zähle ich nicht zu den Leuten, die den Rauchstopp im Vorübergehen schaffen. Ich bezweifele noch immer, dass jemand, der das behauptet, die Wahrheit sagt. Meine Lebenswirklichkeit – und auch die vieler anderer Bemühter – sah und sieht ganz gewiss anders aus. Komplizierter, überhaupt nicht elegant, eher ruckelig.

Anspannung, Aggression und Verzweiflung in den ersten Tagen sind dabei nur das Vorspiel für die wirkliche Herausforderung: das große Lernen. Wie ein Pennäler muss der ambitionierte Ex-Raucher wieder die Schulbank drücken, nur dass diesmal «Alltag» auf dem Lehrplan steht. Es gilt, all die Situationen, die bis dahin ganz selbstverständlich mit Zigaretten verbunden waren, neu, sprich rauchfrei zu durchleben. Bei mir waren das so einige, vor allem nach dem Essen, beim Kaffee, im Auto, beim Schreiben. Vor allem beim Schreiben.

Die innere Programmierung, die bei all diesen Anlässen nach Nikotin giert, ist nicht leicht zu knacken, nur langsam wandelt sich der

Ausnahmezustand in Normalität. Die Prüfungen werden seltener, aber nicht weniger tückisch. Vor allem, wenn man sich in Sicherheit wiegt, bekommen sie den Charme einer unangekündigten Klassenarbeit. Schockzustand – wehe, man ist nicht vorbereitet.

Stresssituationen sind die schwersten. Etwa wenn ein Abgabetermin drückt und ich eine Nachtschicht einlegen muss. Dann klopft die Sucht wieder an, die eben noch gut verpackt im Unterbewusstsein schlummerte. Aber auch damit habe ich zu leben gelernt und Strategien entwickelt.

Ob die Attacken jemals ganz aufhören werden, weiß ich nicht. Ich habe da so meine Zweifel. Dafür habe ich mich schon zu oft zu sicher gefühlt. Einmal Raucher, immer Raucher. An diesem Sprüchlein ist wohl was dran.

Doch wäre das alles nur Leiden, vermutlich hätte ich schon längst wieder angefangen. Man wird belohnt für die Mühen. Der bellende Husten verschwindet, das Kratzen im Hals, die Kurzatmigkeit. Ich habe mich im vergangenen halben Jahr so fit gefühlt wie schon lange nicht mehr. Die etwa 500 gesparten Euro sind ein nettes Trostpflaster für die neun Kilogramm mehr auf den Hüften.

Nach einem halben Jahr ohne Zigaretten bereue ich meine Entscheidung nicht. Ganz im Gegenteil. Aber mehr als ein Achtungserfolg sind die 187 Tage nicht.

Ja, ich habe jetzt doch noch nachgezählt.

Donnerstag, 2. November, 18.26 Uhr

Ups, ich habe doch glatt Mias Geburtstag vergessen. Der fünfzigste, an dem sie mit dem Rauchen aufhören wollte. Heute habe ich sie angerufen, doch es war kein witziges Gespräch, es dauerte gerade mal eine Minute. Vermutlich macht ihr der runde Geburtstag zu schaffen. Wenn sie sich auch nur halbwegs so fühlt wie ich an meinem dreißigsten, habe ich dafür volles Verständnis. Ob sie noch rauchen würde, habe ich sie lieber nicht gefragt. Ich hörte, wie sie während des Telefonates an einer Zigarette zog.

Samstag, 18. November, 1.23 Uhr

GOLLUM: Hallo, Björn, wie geht es dir?

ICH: Oah, du schon wieder. Was willst du denn?

GOLLUM: Ich glaube, du weißt ganz genau, warum ich hier bin.

ICH: Ja, ja.

GOLLUM: 20 Starporträts für die *Gala* schreiben. Ein schöner Auftrag!

ICH: Ja, finde ich auch.

GOLLUM: Und, kommst du mit den Texten gut voran?

ICH: Frag nicht so scheinheilig!

GOLLUM: Über wen schreibst du denn gerade?

ICH: Lindsey Lohan.

GOLLUM: Ist die nicht Raucherin?

ICH: Ist mir scheißegal!

GOLLUM: Darf ich dir vielleicht ein Zigarette anbieten?

ICH: Gollum, darüber haben wir doch schon oft genug gesprochen. Du kommst jedes Mal angeschissen, wenn ich am Tippen bin, und nervst rum. Gebracht hat es dir gar nichts. Wird dir das nicht langsam zu blöd?

GOLLUM: Hey, ich will dir doch nur helfen.

ICH: Pass mal auf, wir können gerne mal wieder zusammen vor die Tür gehen. Aber da kneifst du ja jedes Mal. Frischluft ist nicht so deine Sache, gell?

GOLLUM: Hm.

ICH: Oder soll ich gleich die Schokolade rausholen?

GOLLUM: Ja, ja, ich geh ja schon!

ICH: Tschüs, Gollum. Kannst gerne wiederkommen. Und lass dir doch endlich mal was Neues einfallen. Ich bin hier schließlich auch kreativ!

Freitag, 24. November, 19.19 Uhr

Großkampftag für mein Suchtgedächtnis: Ich war heute Käffchen trinken in der Schanze. Mit Birte. Meine allererste Rauchpartnerin, die, mit der damals in Kappeln alles begann. Zum ersten Mal seit Jahren haben wir uns dafür wieder Zeit genommen.

Es war tatsächlich ein bisschen so wie in alten Zeiten. Lange sitzen, plaudern, lästern. Nur dass sie inzwischen geheiratet hat und Mutter geworden ist, wir inzwischen beide in Hamburg leben – und beide nicht mehr rauchen. An der Qualität des Gespräches änderte das allerdings nicht das Geringste.

Ein bisschen Wehmut war dennoch dabei. Ich habe mal wieder die ganzen Nebentische gescannt, an denen mindestens zwei Dutzend Mittzwanziger fröhlich vor sich hin barzten. Für eine Millisekunde dachte ich, dass die Plauderei mit Kippe vielleicht doch noch ein bisschen schöner wäre. Und ich glaube, in Birtes Augen auch diesen Gedanken gefunden zu haben. Wir sprachen es natürlich nicht aus. Ganz im Gegenteil, drei-, viermal betonten wir, wie schön es ist, nicht mehr zu rauchen.

Mittwoch, 29. November, 16.32 Uhr

Allen Carr ist tot, 72 ist er geworden. Ganz anständig für jemanden, der jahrzehntelang mehr als 100 Zigaretten am Tag geraucht hat. Heute Vormittag kam prompt ein Anruf von *stern.de*, ich solle doch bitte seinen Nachruf schreiben. Habe ich gern gemacht, fiel mir auch überhaupt nicht schwer. Und eine passende Überschrift war auch schnell gefunden: «Der Gehirnwäscher». Ruhe in Frieden.

Freitag, 1. Dezember, 22.33 Uhr

Adrian probiert es wieder. Er ist seit drei Tagen rauchfrei, hat es mir aber heute erst beim Schwimmen in der Kaifu erzählt. Das ist sein dritter Versuch in diesem Jahr. War Sisyphos eigentlich Raucher?

Donnerstag, 14. Dezember, 23.59 Uhr

«Und du hattest wirklich keinen Rückfall?» Als Sören mich dies beim obligatorischen Geburtstagsanruf heute am Telefon fragte, zog er das erste «i» in «wirklich» derart in die Länge, dass ich mir zwischendrin locker eine Schachtel Kippen hätte holen können. Gleich mehrfach bin ich von meinen Gratulanten – vornehmlich alte Kumpels, die mich nur als gierigen Suchtraucher kennen – mit ungläubigem Staunen gefragt worden. In meinem erweiterten Umfeld herrscht Skepsis. «Kann es sein, dass er es wirklich geschafft hat?»

Ja, es kann. Ich bin jetzt 32 und Nichtraucher. Zumindest auf dem besten Weg dahin. Offiziell, sprich statistisch, kann ich mich erst Ende April so nennen, wenn ich ein Jahr hinter mich gebracht habe. Und momentan sieht es ganz gut aus.

Insbesondere auch, weil ich den sinnfreien Ratschlägen von Christopher nicht folge. «Björn, was du dringend brauchst, ist ein Rückfall», dozierte er beim geselligen Geburtstagsglühwein auf dem Weihnachtsmarkt. «Man will doch nicht lesen, wie du es schaffst, sondern wie du dich abrackerst und vor allem auch mal scheiterst. Der Leser will mitleiden, es geht um Emotionen.» Seine Augen leuchteten, während er inzwischen sichtlich glühweintrunken seine These vom «unabdingbaren Spannungsbogen» ausführte. Typisch Boulevardjournalist.

Doch so ein Tagebuch ist nun mal keine Klatschpostille. Meine bisher blütenweiße Weste werde ich jedenfalls sicher nicht aus dramaturgischen Erwägungen besudeln, nur weil meinem *stern.de*-Tagebuch langsam die Puste ausgeht. Das wäre wie «Wag the Dog»: der Schwanz, der mit dem Hund wedelt.

Selbst ein fingierter Rückfall – etwa mit einer inszenierten Kippe auf irgendeiner Party – wäre mir zu riskant. Ich bin davon überzeugt, dass ich zur Dammbruch-Fraktion gehöre. Gutgemeinte Ratschläge der Fachliteratur wie «Eine ist keine, erst die zweite Zigarette stellt den Rückfall dar» oder «Nutzen Sie doch den Fall der Fälle für einen Lerneffekt» will ich gar nicht erst annehmen müssen. Es gilt nach wie vor: Die Null muss stehen.

Niels probt gerade das Spiel mit dem Feuer. Er hat lange rauchfrei durchgehalten. Doch seit ein paar Wochen raucht er auf Partys. «Aber nur halbe Zigaretten», wie er betont. Er sagt auch, dass sie ihm nicht schmecken. Und dennoch tut er es regelmäßig. Vielleicht ist ihm ja jetzt endgültig zu langweilig geworden.

Für mich hat die Diskussion über fingierte Rückfälle und Spannungsbögen in Nichtrauchertagebüchern nur eine Konsequenz. Ich werde das Tagebuch schließen, nur einen einzigen Eintrag liefere ich noch. Und da schreibe ich dann ganz groß rein, dass ich wiiiirklich keinen Rückfall hatte. Aus die Maus.

Sonntag, 31. Dezember 2006, 18.20 Uhr
Silvester. Wieder mal ist ein Jahr rum. Und es ist – um diese Plattitüde kommt man zum Jahreswechsel wohl nie herum – verdammt schnell vergangen. Aber es ist auch viel passiert in den letzten 365 Tagen. Die Fußball-WM mit der schönen Zeit bei *stern.de*, das Ende des Volontariats und der Beginn meiner Arbeit als freier Journalist. Und natürlich auch diese Sache mit dem Nichtmehrrauchen …

Wenn ich mir meinen Wunschzettel vom letzten Jahr anschaue, kann ich ganz zufrieden sein mit dem Jahr 2006. Kulturveranstaltungen besuche ich schon deswegen häufiger, weil ich inzwischen häufiger mal für das Kulturressort von *stern.de* schreibe. Aber das ist natürlich der kleinste der guten Vorsätze gewesen.

Sport treibe ich weiterhin regelmäßig. Das möchte ich überhaupt nicht mehr missen. Ich bin derart vital, wie ich es mir vor einem Jahr nicht hätte träumen lassen. Schon lange sieht man mich in der Kaifu nur noch auf der Tempobahn. Auf das Körpergewicht hat das leider keinen Einfluss. Nach der stressigen WM, also etwa drei Monate nach der letzten Zigarette, kam die Gewichtszunahme zum Stillstand. Seitdem tänzle ich so um die 90 Kilogramm herum, womit ich mich aber langsam abgefunden habe. Den Ehrgeiz, noch ein paar Pfund zu verlieren, habe ich dennoch nicht verloren.

Was das bisher noch verhindert, ist der Stress. An dem hat sich bis heute nichts geändert, und ich erwarte das auf absehbare Zeit auch nicht. Irgendwie mag ich die Drucksituationen sogar. Aber ich haue mir, wenn es mal wieder so weit ist, in hübscher Regelmäßigkeit den Bauch voll. Etwas anderes, sprich Zigaretten, habe ich nicht mehr, um den Druck zu kompensieren. Und da belohne ich mich kulinarisch.

Die dauerhafte Balance, wie sie mir dieser Nichtrauchercoach versprochen hat, habe ich also nicht gefunden. Aber dadurch, dass ich mir in den stressigen Phasen nicht mehr so viel Schlechtes antue und in den Regenerationsphasen bewusst sehr viel Gutes, habe ich durchaus zu einer neuen Ausgeglichenheit gefunden. Zumindest in einem übergeordneten Sinne.

Dienstag, 16. Januar, 14.42 Uhr

Zum ersten Mal seit Ende meines Volontariates habe ich heute wieder bei der Nordwohn AG reingeschaut. Ich soll für das nächste Kundenmagazin die Titelstory schreiben. Tenor: wie schön es sich in Hamburger Großwohnsiedlungen leben lässt. Da ist schon ein Hauch Kreativität gefragt. Es war jedenfalls toll, die alten Kollegen wieder zu treffen.

Einen Spaß konnte ich mir bei meinem Besuch nicht verkneifen: Ganz bewusst holte ich mir meinen Kaffee am Automaten im vierten Stock, direkt neben der Nordwohn-Raucherecke. Na, und wen traf ich da wohl? Richtig, den Zigarillo-Man in seiner ganzen Pracht, an einer «Black Vanilla» saugend. Manche Dinge ändern sich einfach nie.

Samstag, 10. Februar, 23.30 Uhr

Spaghettiessen bei Mia, diesmal erst im Februar, weil die vielen Terminkalender nicht früher zusammenzubringen waren. Diesmal lief die Veranstaltung für mich reibungslos. Leider hat mich niemand mit «Na, du Nichtraucher» begrüßt – das hätte ich eigentlich einfordern müssen. Dennoch schließt sich hier für mich ein Kreis: So geprügelt, wie ich im letzten Jahr dort raus bin nach all dem Spott, so hoch trug ich diesmal meine Nase.

Allerdings habe ich mir einen doofen Fauxpas erlaubt: Andreas hat sich das Rauchen abgewöhnt. Davon erzählte er mir noch in der letzten Woche stolz bei einem Käffchen in Ottensen. Über vier Wochen war er da schon abstinent. Ich habe mich sehr für ihn gefreut und es den versammelten Kollegen erzählt. Als Andreas eintrudelte, fielen ihm die

Mundwinkel runter, als er darauf angesprochen wurde. Vor vier Tagen hatte er einen Rückfall und heute wieder Tabak dabei. Rauchen ist so eine Pest. Zum Glück war Markus diesmal nicht da mit seinem Quadratgrinsen.

Montag, 30. April 2007, 17.00 Uhr

Morgen habe ich es geschafft: ein Jahr ohne Zigarette. Von da an darf ich mich offiziell mit einem Titel schmücken, für den ich hart gekämpft habe: Nichtraucher. Ich werde zu den lächerlichen drei Prozent der Statistik gehören, die durchgehalten haben. Warum? So recht kann ich es nicht sagen. An einem Rückfall bin ich so manches Mal nur haarscharf vorbeigeschrammt. Nicht selten ist es reiner Zufall gewesen oder, ja, einfach nur Glück. Natürlich hat der hohe Druck geholfen und auch der Zuspruch von vielen lieben Freunden, die meist bereitwillig meine Launen ertragen haben. Die Hauptsache aber war, dass ich es wollte. Klingt profan, ist aber so.

Das vergangene Jahr ist ein Lernprozess gewesen. Ich habe viel über das Rauchen erfahren und noch mehr über mich selbst. Über Gewohnheiten, die eben nicht selbstverständlich sind, obwohl man das immer glaubt. Ich habe meinen Körper neu erfahren, lebe seitdem bewusster und intensiver. Und mein Geist fühlt sich befreit von einer Geißel, die mich mehr als ein Jahrzehnt lang plagte. Das Nichtrauchen hat mich verändert. Ich führe nun ein besseres Leben!

Bei meinen Mitstreitern lief es anders. Der gute Woody hat nach der WM gar keinen Versuch mehr unternommen, auch Andreas nicht nach seinem Umfaller. Niels hat seine Gelegenheitsraucherei inzwischen mit einem richtigen Rückfall bezahlt und raucht nun wieder regelmäßig. Mia hat es gar nicht erst probiert, trotz rundem Geburtstag. Keinem von ihnen kann man einen Vorwurf machen oder gar über sie spotten. Ihre Erfahrungen zeigen nur die oftmals bittere Realität eines aufhörwilligen Rauchers, der in seiner Sucht gefangen ist. Mir selbst ist das über Jahre so ergangen.

Das wahre Phänomen unter den Mitstreitern heißt Adrian. Sein Versuch vom Dezember endete im nächsten Berufsstress Mitte Februar. Unterkriegen lässt er sich nicht: Vor acht Tagen hat er die Kippen weggeschmissen. Rauchstopp Nummer vier innerhalb der letzten zwölf Monate. Dass er gerade mal wieder schwer erträglich ist, muss ich wohl nicht erwähnen. Aber ich habe höchsten Respekt vor seiner Hartnäckigkeit und bin mir sicher, dass er es schaffen wird. Wenn nicht jetzt, dann beim nächsten Mal. Irgendwann wird der Gollum in ihm so genervt sein von dieser Hartnäckigkeit, dass der Lump freiwillig flüchtet.

Wenn ich die letzten zwölf Monate Revue passieren lasse, muss ich – bei aller Freude über das Nichtrauchen – vor allem an die extremen, unschönen Momente denken. Die bleiben haften: das Elend der Akutphase, die Suchtattacken beim Schreiben allein am Schreibtisch, die Wut, mit der ich so manches Mal Leute vor den Kopf gestoßen habe. Das Allerschlimmste war – und das kann jedem frustrierten Immernoch-Raucher Mut machen – die Angst vor der letzten Zigarette. Verglichen mit diesem mächtigen Gefühl ist jede noch so üble Suchtattacke ein Witz. Ich kann nur jedem Raucher raten, davon zu lassen. Gollum ist und bleibt ein Prahlhans, der zurückweicht, wenn man ihm auf die Pelle rückt.

Zäh ist er, das muss man ihm lassen. Ich glaube nicht, dass er mich jemals ganz verlassen wird, dafür habe ich ihm zu lange zu viel Raum gewährt. Und so kann ich auch als glücklicher Nichtraucher leider nicht ausschließen, dass ich irgendwann wieder zu einer Zigarette greifen werde. Aber wie immer im Leben bemühe ich mich um eine pragmatische Sicht der Dinge: Jeder Tag ohne Zigarette ist ein guter Tag!

Danksagung

Für Korrektur, Inspiration und engelsgleicher Geduld danke ich:

Adrian Röstel
Christopher John Peter
Kerstin Matzen
Jan Matthias Zier
Jens Lubbadeh
Martin Deisler
Gernot Kramper
Der Redaktion von *stern.de*

Das Buch widme ich meiner Familie. Vielen Dank für alles!

Sechs Richtige

Bestseller für ein glückliches Leben

Stefan Klein
Einfach glücklich
Die Glücksformel für jeden Tag
rororo 61677

Alexander von Schönburg
Der fröhliche Nichtraucher
Wie man sich gut gelaunt das Rauchen abgewöhnt
rororo 61660

Die Kunst des stilvollen Verarmens
Wie man ohne Geld reich wird
rororo 61668

Karen Kingston
Feng Shui gegen das Gerümpel des Alltags
rororo 61399

Abtprimas Notker Wolf
Worauf warten wir?
Ketzerische Gedanken zu Deutschland
rororo 62094

Stefan Klein
Die Glücksformel
oder Wie die guten Gefühle entstehen
«Wenn Sie dieses Buch gelesen haben, wird es in Ihrem Kopf anders aussehen als vorher.» (Der Spiegel)

rororo 61513

Weitere Informationen in der Rowohlt Revue oder unter www.rororo.de